Les philosophes meurent aussi

DU MÊME AUTEUR (principaux ouvrages)

De l'humour, Kimé, Paris, 2004.

The Ethics of Deconstruction: Derrida and Levinas, Blackwell, Oxford, 1992 (2nd edition, Edinburgh University Press, Edinburgh, 1999).

Emmanuel Levinas: Basic Philosophical Writings (ed. with Adriaan T. Peperzak and Robert Bernasconi), Indiana University Press, Bloomington, 1996.

Very Little... Almost Nothing: Death, Philosophy, Literature, Routledge, London & New York, 1997 (2nd Edition, 2004).

Ethics-Politics-Subjectivity: Essays on Derrida, Levinas, and Contemporary French Thought, Verso, London, 1999 (Reissued, 2009).

Continental Philosophy: A Very Short Introduction, Oxford University Press, 2001.

The Cambridge Companion to Levinas (ed. with Robert Bernasconi), Cambridge University Press, 2002.

On Humour, Routledge, London, 2002.

Things Merely Are: Philosophy in the Poetry of Wallace Stevens, Routledge, London, 2005.

Infinitely Demanding. Ethics of Commitment, Politics of Resistance, Verso, London & New York, 2007.

On Heidegger's 'Being and Time' (with Reiner Schürmann, edited by Steven Levine), Routledge, London & New York, 2008.

Democracy and Disappointment: On the Politics of Resistance (DVD) - Alain Badiou and Simon Critchley in Conversation, Slought Books, Philadelphia, 2008.

Ouvrage dirigé par Julien CHARNAY.

Titre original : *The Book of Dead Philosophers.*
Originally published in English by Granta Publications.

Simon Critchley

Les philosophes meurent aussi

Traduit de l'anglais
par Jean-François Chaix

François
Bourin
Editeur

10, rue d'Uzès 75002 Paris

« Si j'étais faiseur de livres, je ferais un registre commenté des morts diverses. Qui apprendrait aux hommes à mourir, leur apprendrait à vivre. »

MONTAIGNE
« Que philosopher,
c'est apprendre à mourir »
(Essais)

Introduction

Ce livre part d'un simple postulat : au-delà même de la peur de la mort, c'est aujourd'hui une *terreur* dévastatrice de l'anéantissement qui définit la vie humaine sur notre petit bout de planète. Cette terreur se nourrit à la fois du caractère inévitable de notre fin, avec son cortège de souffrances parfois inutiles, et de l'horreur qui nous saisit en pensant à ce qui gît dans la tombe en plus de notre corps enfermé dans une caisse et descendu en terre pour y nourrir les vers.

D'un côté, tout nous pousse à nier la mort pour nous précipiter tête baissée dans les plaisirs insipides de l'oubli, de l'ivresse et de l'accumulation bêtifiante d'argent et de biens. De l'autre, notre terreur de l'anéantissement nous pousse à croire aveuglément aux promesses d'immortalité des diverses religions traditionnelles et aux formules magiques de salut que nous proposent les nombreux sophismes du New Age (et pour certains d'un âge assez reculé). Nous donnons le sentiment de chercher soit une forme de consolation éphémère dans l'oubli momentané, soit une rédemption miraculeuse dans la vie après la mort.

L'idéal de la mort philosophique est d'autant plus dégrisant qu'il rejette radicalement ce besoin d'ivresse, d'évasion et de fuite. Comme l'écrit Cicéron – sa formule fut l'un des axiomes de la philosophie ancienne avant de résonner au fil des siècles –, « philosopher, c'est apprendre à mourir ». Dans cette perspective, le but essentiel de la philosophie est de nous préparer à la mort. Elle représente une forme d'entraînement à celle-ci, et invite à porter sur notre finitude un regard capable d'affronter – et de surmonter – la terreur de notre anéantissement, sans céder aux promesses d'une vie après la mort. Dans ses écrits, Montaigne nous rappelle cette coutume égyptienne qui consistait à faire apporter une grande image de la mort – en général un squelette humain –, au terme d'un festin. L'homme qui se voyait attribuer cette tâche était tenu de crier aux convives : « Bois et te réjouis, car, mort, tu seras tel. »

Montaigne tirait de son anecdote égyptienne la morale suivante : « Aussi ai-je pris en coutume d'avoir, non seulement en l'imagination, mais continuellement la mort en la bouche. »

Philosopher, c'est donc apprendre à avoir la mort en bouche dans les mots que l'on prononce, dans la nourriture que l'on ingère et la boisson que l'on absorbe. C'est ainsi qu'on peut commencer à affronter la terreur de l'anéantissement puisqu'en fin de compte, la peur de la mort nous asservit et nous pousse à l'oubli momentané ou au désir d'immortalité. Comme l'écrit encore Montaigne : « Qui a appris à mourir, il a désappris à servir. » Voilà une conclusion surprenante : se préparer à la mort n'est rien moins qu'envisager la liberté ; qui cherche à échapper à la mort renonce à sa liberté et se fuit lui-même. Le déni de la mort n'est jamais qu'une haine de soi.

C'était un lieu commun de l'Antiquité que de souligner le rôle de la philosophie comme sagesse nécessaire pour nous aider à affronter la mort. Le philosophe est celui qui regarde la mort en face, et possède une force suffisante pour affirmer qu'elle n'est rien. Le modèle originel de ce type de mort philosophique est à trouver chez Socrate, une figure sur laquelle je reviendrai en détail. Dans le *Phédon*, il affirme que le philosophe doit accueillir la mort avec joie. En fait, Socrate va jusqu'à dire : « Ceux qui philosophent droitement font profession de mourir. » L'homme qui a appris à mourir philosophiquement peut envisager sa fin avec sang-froid, sérénité et courage.

Cette sagesse socratique s'exprime encore plus radicalement quelques siècles plus tard dans le stoïcisme de Sénèque, qui écrit : « On vit mal si l'on ne sait pas bien mourir. » Pour Sénèque, le philosophe vit longtemps parce que la brièveté de la vie n'est pas chez lui source d'inquiétude. Le stoïcisme essaie d'enseigner « quelque chose de grand, de suprême et de presque divin », en l'occurrence la tranquillité et le calme face à la mort.

Sénèque savait de quoi il parlait : en 39 av. J.-C., Caligula l'avait pratiquement condamné à mort ; en 41, une accusation d'adultère avec la nièce de l'empereur Claudius lui valait d'être banni ; en 65, enfin, Néron ordonna le suicide du plus éminent intellectuel du monde romain, par ailleurs l'un de ses plus puissants administrateurs. Sénèque avait écrit de façon prophétique :

Je savais que la résidence où m'avait enfermé la nature était soumise à bien des secousses. Que de fois dans mon voisinage ai-je entendu des cris de douleur ! Que de fois ai-je vu passer devant ma porte les torches et les flambeaux qui précédaient le convoi funéraire d'un enfant! Souvent a retenti tout près de moi le fracas d'une maison qui s'écroulait; tant de gens que j'avais vus le matin au Forum ou au Sénat, avec qui j'avais discuté, furent enlevés dans la nuit! Tant de fois le nœud formé par les mains jointes de deux amis fut rompu! Et je m'étonnerais d'être un jour atteint par ces périls qui de tout temps ont rôdé autour de moi.

Bien que l'attitude des philosophes devant la mort ne soit pas toujours aussi noble que celle de Socrate – nous verrons plus loin les circonstances extrêmement déplaisantes du suicide bâclé de Sénèque – je souhaite défendre l'idéal de la mort philosophique. Je ne nie pas qu'il s'agisse d'une tâche difficile dans un monde où l'argent comme la science médicale constituent la seule métaphysique, tandis que la longévité est perçue comme un bien qu'on ne saurait remettre en cause. Toutefois, je suis convaincu que la philosophie peut nous apprendre à nous préparer à la mort et que, sans cette préparation, l'idée même d'une forme de contentement, et a fortiori de bonheur, resteront illusoires. Aussi étrange que cela puisse paraître, je ne me soucie, dans ces pages à la tonalité morbide que de la signification et de la possibilité du bonheur.

Pour dire les choses simplement, ce livre parle de la mort des philosophes et de l'attitude philosophique à adopter à l'heure de la mort. Pour reprendre l'épigraphe de Montaigne, je dirais que j'ambitionne ici de « faire un registre commenté des morts diverses ». Mon pari est qu'en apprenant à mourir, on peut aussi apprendre à vivre.

Que l'on m'autorise quelques mots en guise d'avertissement sur la forme de ce livre. L'ouvrage est composé d'articles courts, parfois très courts, qui recensent les circonstances de la disparition d'un certain nombre de philosophes et viennent souvent souligner le lien existant entre leur mort et leur pensée fondamentale. Il ne s'agit parfois que d'articles d'une ou deux phrases, tandis que d'autres peuvent s'apparenter à un court essai comme dans le cas de philosophes particulièrement importants ou pour lesquels j'éprouve une estime particulière. Le lecteur aura par exemple l'occasion de lire des développements plus poussés sur des figures telles que Socrate, Diogène, Epicure, Lucrèce, Zhuangzi, Sénèque, saint Augustin, Thomas d'Aquin, Montaigne, Descartes, Locke, Spinoza, Hume, Rousseau, Hegel, Schopenhauer et Nietzsche. Je me suis également beaucoup intéressé à des penseurs du XXe siècle comme Wittgenstein, Heidegger, Ayer, Foucault et Derrida. Mes articles suivent un ordre chronologique, depuis Thalès de Milet, au VIe siècle av. J.-C., jusqu'à aujourd'hui. Ils forment une série de chapitres qui suivent les périodes majeures de l'histoire de la philosophie. Toutefois, les philosophes ne sont pas traités dans un ordre strictement chronologique, en particulier quand il convient à mon propos de procéder autrement.

Je n'ai pas tenté de raconter comment sont morts *chacun* des philosophes importants. L'œil averti notera un certain nombre d'absents et exprimera son désaccord sur beaucoup de mes choix. Quelques philosophes manquent à l'appel, soit parce que je n'ai rien trouvé de particulièrement intéressant à dire sur leur mort – c'est le cas de Frege, Gilbert Ryle ou J. L. Austin – soit parce que leur mort était trop proche – comme Richard Rorty, décédé le 8 juin 2007 quand j'achevais ce livre. Autrement dit, je me suis limité aux philosophes qui me séduisent. Cela en fait déjà un certain nombre, environ 190.

Outre maintes figures majeures et mineures de l'histoire de la philosophie occidentale, y compris des femmes, dont le nombre est une bonne surprise, le lecteur trouvera un petit groupe de saints, d'anciens sages chinois et de philosophes médiévaux islamiques ou juifs dont certains cultivaient un point de vue fascinant sur la mort (quelques-uns ayant connu une fin spectaculaire).

Les articles peuvent être lus du premier au dernier, ou au hasard. Je n'ai aucune objection à ce que le livre soit utilisé comme une anthologie, mais, s'il est lu du début à la fin, j'espère qu'il s'en dégagera une série cumulative de thèmes au-delà de l'argument selon lequel la philosophie peut nous apprendre à mourir et, par conséquent, à vivre.

Un jour qu'on lui demandait s'il croyait en Dieu, Matisse répondit : « Oui, quand je travaille. » Je me contenterai de dire que ce livre représente beaucoup de travail. Bien que mes recherches aient nécessité de rassembler une énorme quantité de matériau littéraire, j'ai décidé de ne pas encombrer le texte de notes de bas de page. Le lecteur doit me faire confiance. Ceux qui veulent connaître mes sources et en savoir davantage se reporteront à la bibliographie située à la fin de l'ouvrage. J'encourage par ailleurs ceux qui souhaiteraient obtenir des indications supplémentaires sur l'histoire de la philosophie et des philosophes à poursuivre la lecture de cette introduction.

Apprendre à mourir : Socrate

Il est traditionnellement admis que la philosophie commence avec le procès et l'exécution de Socrate, condamné à mort sur des accusations forgées de toutes pièces par Mélétos, Anytos et Lycon. Deux charges furent retenues contre lui : il se vit accusé de corrompre la jeunesse d'Athènes et de manquer à son devoir de révérence envers les dieux de la cité. Platon mentionne un troisième chef d'accusation : Socrate aurait introduit ses propres « nouveaux » dieux. Peu importe la vérité, Socrate a toujours soutenu avoir suivi son propre *daïmon*, ce « principe divin » dont parle Cicéron : un dieu ou esprit personnel dont nous pouvons penser qu'il est une conscience. Cependant, le « démon » de Socrate ne fut pas quelque « voix intérieure », mais un signe extérieur ou commandement qui le conduisit à s'arrêter brusquement en chemin.

On considère parfois la mort de Socrate comme le procès politique et l'exécution exemplaires d'un innocent dissident livré aux mains d'un État tyrannique. N'oublions pas toutefois que l'entourage de Socrate comptait quelques jolis réactionnaires. Critias, disciple de Socrate, dirigea le règne antidémocratique et fondé sur la terreur des Trente Tyrans en 404-403 av. J.-C. Rappelons également que, selon Xénophon, la seule figure ayant jamais été poussée en politique par Socrate fut le réticent Charmide, un des Trente Tyrans, mort sur le champ de bataille aux côtés de Critias. Quant à Alcibiade, le bel aristocrate charismatique à la vie dissolue qui nous est dépeint dans *Le Banquet* de Platon, il fuit Athènes et passa à l'ennemi à deux reprises : chez les Spartiates, puis chez les Perses. Comme le donne à voir en particulier *La République* de Platon, Socrate n'avait rien d'un démocrate forcené et l'on peut à juste titre considérer que son enseignement accéléra la désillusion démocratique qui gagnait les aristocrates de droite.

La mort de Socrate fut une tragédie en plusieurs actes. Hegel écrit d'ailleurs que le procès de Socrate marque le moment où la tragédie quitte la scène pour entrer de plain-pied dans la vie politique, avec le déclin et l'effondrement d'Athènes.

Platon ne consacre pas moins de quatre dialogues aux événements entourant le procès et la mort de Socrate (*Euthyphron*, *Apologie*, *Criton* et *Phédon*) ; nous disposons de surcroît des *Mémorables* et de l'*Apologie* de Xénophon. Dans le *Phédon*, généralement considéré comme le dernier des quatre dialogues, les paroles de Socrate sont largement colorées par la croyance en l'immortalité de l'âme qui inspire Platon, influencé par les pythagoriciens. Mais l'*Apologie*, qui précède le Phédon, donne à voir un point de vue différent sur la question chez Socrate. Il y affirme que la mort, loin d'être une infortune, constitue au contraire une bonne chose. Cela dit, la mort offre deux possibilités :

En ce qui concerne la mort, de deux choses l'une, en effet. Ou bien effectivement celui qui est mort n'est plus rien et ne peut avoir aucune conscience de rien, ou bien, comme on le raconte, c'est un changement et, pour l'âme, un changement de domicile qui fait qu'elle passe d'un lieu à un autre.

Socrate soutient que dans un cas comme dans l'autre, la mort n'a pas à être redoutée. Si elle est anéantissement, ce n'est qu'un long sommeil sans rêve, et qu'y a-t-il de plus agréable ? Si c'est un passage vers un autre lieu, nommément l'Hadès, elle devient également souhaitable car nous y rencontrerons de vieux amis et les héros grecs, et il nous sera donné de converser avec Homère, Hésiode et les autres Immortels.

Une autre histoire rapporte qu'un jour un homme lança à Socrate : « Les Trente t'ont condamné à mort », et se vit répondre : « Eux aussi, la nature les y a condamnés. » De même, Socrate renverse les rôles pour prendre ses accusateurs et le jury à contre-pied en expliquant qu'ils devront eux aussi affronter la mort avec confiance. Condamné à mort, c'est sur ces mots extraordinaires qu'il conclut son discours :

Voici déjà l'heure de partir, moi pour mourir et vous pour vivre. De mon sort ou du vôtre, lequel est le meilleur ? La réponse reste incertaine pour tout le monde, sauf pour la divinité.

Ces mots incarnent l'attitude philosophique classique envers la mort : il ne faut en rien la redouter. Bien plus, la vie doit être vécue en relation avec la mort. Les derniers mots énigmatiques de Socrate – « Criton, nous devons un coq à Asclépios » – expriment l'idée que la mort est le remède de la vie. Asclépios était le dieu de la guérison, et les malades avaient pour habitude de lui offrir un sacrifice avant d'aller se coucher, dans l'espoir de se réveiller guéris. Chez Socrate, la mort est donc ce sommeil curatif.

Dans l'*Apologie*, Socrate insiste sur un point : bien que la mort renvoie à l'une ou l'autre des deux possibilités discutées plus haut, nous ne *savons* pas laquelle est vraie. En d'autres termes, la philosophie nous apprend à mourir, mais ne nous transmet pas à proprement parler de *connaissance*. Il s'agit d'un point capital. Ce que la philosophie enseigne n'est pas une somme quantifiable de connaissances qu'on pourrait acheter ou vendre au marché comme n'importe quelle denrée. Une telle conception était celle des sophistes – Gorgias, Prodicos, Protagoras, Hippias d'Élis et les autres – dont Socrate, dans les dialogues de Platon, s'acharne à tailler les idées en pièce. On sait que le virulent Aristophane tenta d'accoler cette étiquette à Socrate dans *Les Nuées*, mais rappelons que les sophistes formaient une classe à part entière d'éducateurs professionnels, apparue au Ve siècle av. J.-C. ; ils prodiguaient leurs cours à de jeunes élèves et étaient connus pour faire publiquement étalage de leur éloquence en retour d'honoraires. Ces maîtres « à la langue mielleuse », pour reprendre les termes de Philostrate l'Athénien, voyageaient de ville en ville, offrant leur savoir contre rétribution.

À l'opposé de ces sophistes charismatiques qui, souvent vêtus de couleurs vives, offraient une promesse de connaissance, Socrate, mal vêtu et plutôt laid, incarne un petit paradoxe. D'une part, l'oracle de Delphes tenait Socrate pour l'homme le plus sage de toute la Grèce. De l'autre, Socrate lui-même affirmait sans cesse qu'il ne savait rien. Comment l'homme le plus sage du monde pouvait-il ne rien savoir ? Le paradoxe apparent se dissipe quand nous apprenons à distinguer entre sagesse et connaissance, et devenons amants de la première ; en d'autres mots, quand nous nous faisons philosophes.

Prenons l'exemple du débat sur la justice qui occupe *La République*. « Qu'est-ce que la justice ? » demande Socrate. Diverses opinions plus ou moins conventionnelles sont discutées, démontées et rejetées. Mais dans les livres centraux de *La République*, Socrate n'offre pas de réponse à cette question, n'avançant aucune théorie auprès de ses interlocuteurs. Une série d'histoires nous est contée – la plus célèbre étant le mythe de la caverne – dont le but est de nous fournir *indirectement* une indication sur la question. En l'occurrence, il nous est seulement dit qu'il faut suivre le chemin de la justice en dirigeant l'âme vers le Bien, ce qui ressort davantage d'un travail d'amour que de connaissance. La philosophie commence donc par mettre en doute nos certitudes dans le domaine de la connaissance et nous incite à cultiver l'amour de la sagesse. La philosophie n'est pas seulement épistémique, elle est aussi érotique.

Il n'a jamais été aussi important qu'aujourd'hui de souligner la différence entre la philosophie et la sophistique. Car nous sommes entourés d'innombrables sophistes d'un nouveau genre. Les télévangélistes font entendre leurs vérités officielles sur la parole de Dieu et promettent des guérisons miraculeuses en échange de donations appropriées à leur cause. Toute une industrie New Age a vu le jour, où la Connaissance (C majuscule) de quelque chose appelé le Moi (M majuscule) se vend à un prix élevé dans de superbes paquets cadeaux.

J'écris ces lignes sur West Sunset Boulevard, à Los Angeles, à un jet de pierre de ce véritable palais qu'est le « Self-Realization Center », avec ses jardins exubérants, son lac sacré, son architecture kitsch de style hindou et ses onéreux programmes visant à une meilleure connaissance spirituelle de soi, en communion avec Dieu.

Je crois qu'il est justifié de dire que les sociétés occidentales, mais pas seulement elles, font l'expérience d'un profond vide de sens qui pourrait se transformer en abysse. Pour combler ce vide, diverses formes d'obscurantisme concourent à promouvoir la croyance, premièrement que la connaissance de soi est accessible ; deuxièmement qu'elle est monnayable ; et troisièmement, qu'elle est totalement compatible avec la quête de richesses, de plaisirs et de salut personnel. Par comparaison, Socrate n'a jamais prétendu savoir, n'a jamais promis la connaissance à autrui et, point capital, n'a jamais accepté d'honoraires.

Ce désir de certitude trahit une terreur profonde de la mort et une angoisse irrépressible d'être vraiment sûr que la mort ne signifie pas une fin, mais un passage vers la vie après la mort. En vérité, s'il y a un prix d'entrée pour la vie éternelle, qui ne serait prêt à le payer ? Par contraste, il est frappant de revenir à Socrate et à son scepticisme. Socrate n'exprime pas seulement son incertitude d'une vie après la mort, il soulève la question de savoir ce qui est préférable : la vie ou la mort. Amant de la sagesse, le philosophe ne prétend pas savoir, mais il exprime un doute radical envers toute chose, y compris le meilleur état : la vie ou la mort. « Seule la divinité le sait » : tels furent les derniers mots de Socrate à son procès. De fait, Diogène Laërce, l'auteur au IIIe siècle av. J.-C. des *Vies, doctrines et sentences des philosophes illustres*, un ouvrage qui eut une grande influence, raconte une anecdote fascinante sur Thalès, généralement considéré comme le premier philosophe.

> *Il disait que la mort ne diffère en rien de la vie. « Et toi, demanda quelqu'un, pourquoi ne meurs-tu pas ? » « Parce que cela ne fait aucune différence » répondit-il.*

Ainsi, être philosophe, c'est apprendre à mourir et commencer à cultiver l'attitude appropriée envers la mort. Comme l'écrit Marc Aurèle : « L'une des plus nobles fonctions de la raison est de nous indiquer s'il est temps de quitter le monde ou pas. » Ignorant et incertain, le philosophe marche.

Mourir de rire

Les philosophes meurent aussi n'est pas un « Livre des morts » égyptiens ou tibétains, ces textes anciens qui décrivent minutieusement les rituels nécessaires pour se préparer à la vie après la mort. Le *Livre des morts des Anciens Égyptiens* compte cent quatre-vingt-neuf formules magiques permettent à l'âme de passer dans une vie astrale ou solaire après la mort. Le *Livre des morts tibétain* décrit les rituels mortuaires nécessaires pour rompre les cycles illusoires de l'existence et parvenir à l'Illumination (I majuscule) supposée voir le jour dans cette forme d'achèvement qu'est le nirvana.

Ces croyances ont exercé une influence profonde, et vont de la Doctrine secrète de la société théosophique de madame Blavatsky, datant de la fin du XIXe siècle, à la version psychédélique du *Livre des morts tibétain* achevée dans les années 1960 par Timothy Leary sous l'emprise du LSD, sans oublier ces expériences de « mort imminente » et de « sortie du corps » popularisées par Raymond Moody dans *La Vie après la vie* (1976) et qui hantent aujourd'hui nos sociétés contemporaines.

Nietzsche parlait déjà d'un « bouddhisme européen », et il existe aujourd'hui une bonne dose de bouddhisme américain. Le point capital c'est que, dans les livres des morts égyptien, tibétain ou contemporains, *la mort est une illusion.* L'existence est un cycle de renaissances qui ne s'achève qu'avec le passage final à l'Illumination. La question est donc celle de l'accès à la Connaissance (C majuscule, une fois de plus), à même de venir défaire le voile de l'illusion de la maya dont parle Schopenhauer, et par là même de libérer notre âme.

Le grand poète bengalais Rabindranath Tagore se fait l'écho de cette conception de la mort lorsqu'il dit : « La mort n'éteint pas la lumière, elle souffle la lampe parce que l'aube point. » L'influence de telles idées se donne aussi à voir dans les écrits, toujours très populaires, d'Élisabeth Kübler-Ross, dont l'approche profondément psychologique de la mort annoncée – basée sur les fameuses cinq étapes du mourir (déni, colère, marchandage, dépression et acceptation) – a joué un si grand rôle dans le développement des soins palliatifs. Une citation de Tagore figure ainsi en exergue de chacun des chapitres de son livre *Sur le chagrin et sur le deuil* (1969), tandis que *La mort, dernière étape de la croissance* (1974), ouvrage au titre révélateur, est l'occasion pour elle de rendre un hommage plutôt appuyé au *Livre des morts tibétain.*

De telles conceptions ont indéniablement des effets thérapeutiques salutaires. Je m'inquiète seulement de ce qu'elles puissent venir alimenter cette croyance qui tient la mort pour une illusion dont il s'agirait de se délivrer au terme d'une bonne préparation spirituelle. La mort n'est pas une illusion, mais une *réalité* qu'il faut accepter. Plus encore, je dirai que l'existence se structure par rapport à la réalité de la mort. Le désir de fuir devant cette réalité si difficile à accepter est peut-être un des pires traits de nos sociétés contemporaines. Plus précisément, ce livre offre une série d'évocations de la mort, ou *memento mori*. Il ne s'agit pas là de sonner le clairon d'un nouveau dogme ésotérique mais de poser quelque cent quatre-vingt-dix points d'interrogation susceptibles de nous aider à affronter la réalité de la mort.

En voilà assez pour les bonnes nouvelles. Car l'histoire de la mort des philosophes touche aussi à l'étrangeté de la vie, à la folie, au suicide, au meurtre, à la malchance, au pathos, au passage du sublime au ridicule, à l'humour noir. S'il y a parfois de quoi mourir de rire, il y a toujours matière à réfléchir. Voici quelques exemples de ce que vous lirez plus loin :

Pythagore préféra se faire massacrer plutôt que de traverser un champ de fèves ;
Héraclite s'étouffa dans de la bouse de vache ;
Platon serait mort d'une infestation de poux ;
Aristote se serait tué avec un extrait de plante vénéneuse, l'aconit ;
Empédocle se jeta du haut du mont Etna dans l'espoir de devenir un dieu – une de ses chaussures en bronze, retrouvée au bord du cratère, viendra confirmer sa qualité de mortel ;
Diogène est mort en retenant son souffle ;
Même fin pour le grand penseur « radical » Zénon de Cittium ;
Zénon d'Élée mourut en héros après avoir mordu un tyran à l'oreille, ne lâchant prise qu'à son dernier souffle, atteint de plusieurs coups de poignards
Lucrèce se serait suicidé après qu'un philtre d'amour l'eut rendu fou ;

Hypatie d'Alexandrie fut lapidée par une foule de chrétiens fanatiques et écorchée vive avec des coquilles d'huîtres ;

Boèce subit d'atroces tortures avant d'être tué à coups de gourdins sur l'ordre du roi ostrogoth Théodoric ;

Jean Scot Erigène, grand philosophe irlandais, fut battu à mort par ses étudiants anglais ;

Avicenne succomba à un excès d'opium après un rapport sexuel un peu trop intense ;

Thomas d'Aquin est mort à quarante kilomètres de son lieu de naissance en se cognant la tête contre une branche d'arbre ;

Pic de la Mirandole fut empoisonné par son secrétaire ; Siger de Brabant fut, lui, poignardé par son collaborateur ;

La peste emporta Guillaume d'Ockham ;

Thomas More fut décapité et sa tête termina au bout d'une pique sur le pont de Londres ;

Giordano Bruno fut bâillonné et brûlé vif sur le bûcher de l'Inquisition ;

Galilée échappa de peu au même sort, mais en fut quitte pour un emprisonnement à vie ;

Bacon mourut après avoir bourré de neige un poulet dans les rues de Londres dans le but d'établir les effets de la réfrigération ;

Descartes fut emporté par une pneumonie à la suite des leçons matinales qu'il prodiguait au cœur de l'hiver suédois à un prodigieux travesti, la reine Christine ;

Spinoza s'est éteint dans l'appartement qu'il louait à La Haye tandis que les autres locataires étaient à l'église ;

Leibniz est mort dans la solitude ; critiqué pour son

athéisme, il avait disparu de la scène publique; un seul de ses amis vint à son enterrement;

Le beau et brillant John Toland s'est éteint à Londres dans un état de pauvreté tel qu'aucune pierre tombale ne fut placée sur sa sépulture;

Berkeley, ardent critique de Toland et autres soi-disant « libres penseurs », est mort un dimanche soir à Oxford tandis que sa femme lui lisait un sermon;

Montesquieu est mort dans les bras de son amante, laissant inachevé un article sur « le goût » pour *L'Encyclopédie*;

L'athée et matérialiste La Mettrie fut emporté par une indigestion de pâté aux truffes;

Rousseau succomba à une hémorragie cérébrale massive, peut-être consécutive à une violente collision avec un chien danois, survenue deux ans plus tôt dans une rue de Paris;

Diderot est mort étouffé par un abricot, peut-être pour montrer qu'on peut éprouver du plaisir jusqu'au dernier souffle;

Condorcet fut assassiné par les Jacobins durant les années les plus sanglantes de la Révolution;

Hume s'éteignit paisiblement dans son lit après avoir éludé les questions de Boswell sur l'attitude athée envers la mort;

Kant termina sa vie sur ce mot: *« Sufficit »* (« c'est assez »);

Hegel est mort pendant une épidémie de choléra après avoir dit: « Un seul homme me comprenait… et il ne m'a pas compris. » (sans doute parlait-il de lui-même);

Bentham se fit embaumer; il est depuis exposé dans une vitrine à l'University College de

Londres – façon pour lui de maximiser l'utilité de sa personne ;

Max Stirner est mort d'une forte fièvre après s'être fait piquer au cou par un insecte volant ;

La pierre tombale de Kierkegaard jouxte celle de son père ;

Nietzsche connut une longue, lente et douce descente dans l'oubli après avoir embrassé un cheval à Turin ;

Moritz Schlick fut assassiné par un étudiant mentalement perturbé qui rejoindra ensuite le parti nazi ;

Wittgenstein est mort le lendemain de son anniversaire. Son amie, Mme Bevan, lui avait offert une couverture électrique en lui souhaitant *« Many happy returns »*, selon la formule anglaise ; la regardant fixement, il répondit : *« There will be no returns »* ;

Simone Weil est décédée pendant la Seconde Guerre mondiale après avoir volontairement limité sa quantité de nourriture par solidarité avec la France occupée ;

Edith Stein est morte à Auschwitz ;

Giovanni Gentile fut exécuté par les partisans italiens antifascistes ;

Sartre lança un jour : « La mort ? Je n'y pense pas. Elle ne vient pas dans ma vie » ; 50 000 personnes assistèrent à ses funérailles ;

Merleau-Ponty s'éteignit dans son bureau, la tête posée sur un livre de Descartes ;

Roland Barthes fut renversé par la camionnette d'un teinturier en sortant d'un rendez-vous avec Jack Lang, futur ministre de la Culture ;

Freddie Ayer s'étouffa avec un morceau de saumon

et rencontra les maîtres de l'univers au cours d'une expérience de mort imminente ;
Gilles Deleuze sauta par la fenêtre de son appartement parisien pour échapper aux souffrances de l'emphysème ;
Derrida est mort d'un cancer du pancréas au même âge que son père, emporté par la même maladie ;
Mon maître Dominique Janicaud est mort seul sur une plage en août 2002 près du point de départ du chemin Nietzsche, aux alentours de Nice, victime d'une crise cardiaque pendant un bain de mer.

La mort n'est pas loin et elle se rapproche tout le temps. Amusant, n'est-ce pas ?

Ma propre conception de la mort est proche de celle d'Épicure et de ce qu'on appelle le quadruple remède : les dieux ne sont pas à craindre ; la mort n'est pas à craindre ; on peut atteindre le bonheur ; on peut supprimer la douleur. Dans la dernière des quatre lettres qu'on lui attribue, Épicure s'adresse à Mécénée en ces termes :

> *Accoutume-toi à penser que pour nous la mort n'est rien, puisque tout bien et tout mal résident dans la sensation, et que la mort est l'éradication de nos sensations. Dès lors, la juste prise de conscience que la mort ne nous est rien autorise à jouir du caractère mortel de la vie : non pas en lui conférant une durée infinie, mais en l'amputant du désir d'immortalité.*

La conception épicurienne de la mort exerça une profonde influence dans l'Antiquité, par exemple chez Lucrèce, avant qu'un philosophe comme Pierre

Gassendi la redécouvre au XVIIe siècle. Au sein de la pensée occidentale, elle représente une sous-tradition distincte et puissante qui n'a pas obtenu l'attention qu'elle mérite : quand la mort est, je ne suis pas ; quand je suis, la mort n'est pas. Ainsi est-il vain de s'inquiéter de la mort. La tranquillité de notre âme ne se gagne qu'au prix d'un renoncement à ce désir angoissant d'une vie après la mort.

Cette conception, aussi séduisante soit-elle, pose cependant un problème évident en ce qu'elle n'offre aucun remède à la mort dans sa dimension la plus insupportable – non pas notre propre mort, mais celle de ceux que nous aimons. La mort des proches nous défait, elle découd le vêtement soigneusement tissé du moi ; elle vient anéantir notre univers de sens patiemment construit. Pour moi – et aussi étrange que cela puisse paraître – c'est seulement dans la peine que nous devenons vraiment nous-mêmes. C'est-à-dire qu'être soi ce n'est pas avoir une connaissance trompeuse de soi, mais reconnaître cette part de nous-mêmes que nous avons perdue irrémédiablement. Toute la difficulté consiste ici à imaginer une forme de joie ou de tranquillité possible face à la mort de ceux que nous aimons. Je ne promets pas de répondre à cette question, mais le lecteur pourra en tout cas s'y confronter à plusieurs reprises au fil des pages de ce livre.

Écrire sur les philosophes disparus

Écrire un livre sur la mort des philosophes est, on en conviendra, une étrange façon de passer le temps. Le lire est peut-être plus étrange encore. Ce double exercice n'en soulève pas moins des questions pertinentes sur la manière de comprendre la philosophie et d'écrire son histoire.

Sur ce dernier point, la difficulté initiale – et en fin de compte insoluble – consiste à savoir précisément par où commencer. Les plus anciennes versions de l'histoire de la philosophie connues à ce jour furent léguées par un maître et son disciple: ce sont le livre A de la *Métaphysique* d'Aristote et les *Sensations* de Théophraste. Dans ces textes, les deux philosophes développent leurs vues à partir des doctrines antérieures. D'un côté, Aristote passe brillamment en revue les philosophes présocratiques de la physique (qu'il nomme *physiologi*) comme Thalès, Anaxagore et Empédocle, se livrant au commentaire de leurs conceptions sur l'origine matérielle des choses de la nature. De l'autre, il porte un regard critique sur son maître Platon, ainsi que sur les pythagoriciens pour qui ce sont les

« idées » qui sont à l'origine des choses de la nature. Développant ce qui deviendra un modèle classique de la discussion philosophique, Aristote traite et intègre les conceptions matérialistes et idéalistes, avant d'introduire sa propre notion de substance, fondement de ce qu'une tradition ultérieure nommera « métaphysique ».

Le cas de Théophraste est un exemple poignant de notre manque de connaissances face à la philosophie de l'Antiquité. Les dix-huit volumes de ses *Opinions des physiciens* constituaient une source majeure de la pensée présocratique ; il n'en reste aujourd'hui qu'un fragment (*Des sensations*) et les discussions qu'on y trouve sur la nature des sens chez Empédocle, Anaxagore, Démocrite et Platon ont le don d'exciter notre curiosité sur le reste de cette somme qui fait défaut aujourd'hui.

Notre situation devant ce qui subsiste de la littérature de l'Antiquité est tragique. Nous savons qu'une grande partie des textes anciens a été perdue, notamment quand la plus grande bibliothèque du monde classique (celle d'Alexandrie) fut détruite par une foule de chrétiens déchaînés à la fin du IIIe siècle après J.-C. Il ne reste que des fragments d'une riche totalité dont nous peinons à concevoir l'étendue. Un peu comme s'il s'agissait aujourd'hui d'évaluer les possessions de la Bibliothèque nationale à partir d'une centaine de classiques en livres de poche.

Dans cet ouvrage, je m'attache à faire ce que les érudits de la philosophie antique nomment « doxographie », c'est-à-dire le compte rendu des vies, opinions, doctrines et parfois morts des philosophes. Le mot « doxa » signifie communément « opinion », mais aussi « réputation », c'est-à-dire l'opinion collective sur un individu. La culture grecque accordait une énorme importance à la réputation, en particulier la réputation posthume. « Doxa », dans un sens élargi, signifie « grande réputation », et même « gloire ». Pour les Grecs de l'Antiquité, la gloire était un concept fondamental ; selon une croyance largement répandue, l'immortalité s'exprimait dans la gloire d'une réputation, c'est-à-dire dans les histoires racontées après la mort.

Étendue dans un sens aussi large (ce qui, je l'avoue, est assez singulier), la doxographie se donne ainsi pour tâche d'établir les réputations glorieuses des philosophes – les doxographes étant les biographes de ces personnages exemplaires. À ce titre, la doxographie est un parent proche de l'hagiographie. De Socrate à Spinoza, et de Hume à Wittgenstein, il est intéressant de noter combien les histoires relatant la vie des philosophes s'apparentent aux récits qui touchent à la vie des saints. Avec une différence fondamentale : les philosophes sont exemplaires non dans la sainteté, mais dans leur manière de montrer leurs faiblesses et leurs forces. Le plus souvent, leurs vies ne peuvent guère être qualifiées de saintes, ce qui nous rend ces personnages attirants. Les philosophes nous deviennent accessibles dans les détails étranges de leurs faits et gestes : pensons à la prédilection de Hobbes pour le tennis et le chant, à la passion de Kant pour le fromage anglais et à son horreur de la transpiration, ou encore aux furoncles de Marx.

Avec ce livre, je voudrais montrer qu'il est possible d'aborder l'histoire de la philosophie comme une histoire des philosophes nourrie d'exemples gravés dans les mémoires, souvent nobles et vertueux, parfois pathétiques et comiques. Les circonstances de leur mort viennent les humaniser ; elles montrent que, malgré leurs donc particuliers, ils doivent compter, comme le reste d'entre nous, avec les cartes que la vie leur a distribuées.

« Doxographie » est un néologisme de l'érudit allemand Hermann Diels dont la synthèse monumentale de l'histoire philosophique grecque fut publiée en latin, en 1879, sous le titre *Doxographi Graeci.* Cependant, et pour des raisons historiques totalement fortuites, notre principal guide dans l'approche « doxographique » de l'histoire de la philosophie, s'agissant en particulier de la mort des philosophes, sera Diogène Laërce, dont les écrits remontent au IIIe siècle ap. J.-C.

Malgré le plaisir et l'intérêt qu'on trouve à la lecture de ses *Vies des philosophes illustres*, on ne peut pas dire qu'il s'agisse là d'une étude précise, complète ou profonde sur le plan philosophique. Diogène Laërce nous livre des digressions bavardes, anecdotiques et très syncrétiques sur l'Antiquité, parfois terriblement drôles. L'ouvrage a aussi la particularité d'être émaillé de vers atroces. Pour ma part, je trouve en Diogène Laërce une compagnie très agréable et j'aime assez sa manière de collecter des faits sans les critiquer, en particulier lorsqu'ils sont sujets à caution et scandaleux. Vous verrez que par moments, ma démarche tend, elle aussi, au scandaleux. On trouve également chez Laërce des histoires très savoureuses sur la mort des philosophes.

Diogène Laërce ouvre son propos en se demandant si la philosophie n'est pas apparue chez les « barbares », Chaldéens de Babylone et d'Assyrie, gymnosophistes d'Inde, druides celtes et gaulois, Thraces (comme Orphée), Zoroastriens de Perse et Égyptiens. Mais il a tôt fait ensuite de situer son essor dans la Grèce antique, précisant que le terme « philosophie » lui-même résistait à la traduction dans les langues étrangères ou barbares. La philosophie parle grec et son histoire commence chez les Grecs ; et par conséquent en Europe. Selon un point de vue devenu classique, les sources non grecques, non européennes et « barbares » ne sont jamais que des « traditions de sagesse » ; il ne leur est pas reconnu le statut de philosophie proprement dite. La perspective d'une philosophie comparative n'a alors plus lieu d'être puisque la philosophie grecque ne trouve aucun équivalent.

La démarche de Diogène Laërce trouva une postérité chez Walter Burley, un Anglais itinérant, mais aussi chez Gualteri Burlaei dont le *Liber de vita et moribus philosophorum*, un livre qui aurait été écrit en Italie ou dans le sud de la France dans les années 1340, fut considéré comme le grand classique de l'histoire de la philosophie pendant des siècles. John Passmore explique à juste titre que le texte de Burley « prend des libertés et n'est pas fiable », bien que l'ouvrage contienne quelques curiosités. Par exemple, on y trouve des articles sur Hermès Trismégiste, Esope et Zoroastre, mais aussi sur Euripide, Sophocle, Hippocrate et des écrivains romains tardifs comme Plaute, Virgile ou Ovide. Curieusement, Burley se plaît à noter l'origine ethnique de la plupart des philosophes – « *Thales, asianus* » (« Thalès, asiatique »), « *Hermes, egipcius* » (« Hermès, égyptien ») – et indique le nom du roi hébreu au pouvoir à chacune des époques citées.

Thomas Stanley poursuivit dans cette veine avec les trois impressionnants tomes de *History of Philosophy, containing the lives, opinions, actions and discourses of the philosophers of every sect, illustrated with effigies of divers of them* (« Histoire de la philosophie, contenant les vies, opinions, actes et discours de philosophes de chaque école, illustrée d'effigies de plusieurs d'entre eux »), imprimés en 1687. Le livre contient des « effigies » particulièrement belles et les trois volumes sont truffés de grandes figures héroïques du passé. Bien que Stanley s'inspire encore très largement de l'histoire de Diogène Laërce – il traite exclusivement de l'Antiquité –, un certain nombre de nouveautés se font jour. Je pense en particulier à un long chapitre final traitant de la philosophie « chaldaïque », avec un texte et un commentaire sur les Oracles de Zoroastre, en plus de remarques sur les philosophes perses et sabéens.

Dans l'épître dédicatoire de son *Histoire*, Stanley est pour le moins explicite : « Mon modèle est l'érudit *Gassendus* ». Il fait référence au *De Vita, moribus et doctrina Epicuri* (1647), une défense saisissante et panoramique (elle comprend huit livres) de la philosophie épicurienne contre les infamies et les distorsions dont elle fut victime depuis Zénon, les Stoïciens, Cicéron, Plutarque et jusqu'aux Pères de l'Église. Pour Gassendi, la question – et je m'en fais l'écho – n'est pas vraiment : « Qu'est-ce que la philosophie ? » mais plutôt : « Qu'est-ce qu'un philosophe ? » Et cette question est indissociable de la suivante : « Comment meurt un philosophe ? »

Au dire d'un certain William Enfield de Norwich, l'*Histoire* de Stanley est écrite dans un « style fruste et obscur ». Mais cette question importe au fond assez peu : le livre sera totalement éclipsé par l'*Historia Critica Philosophiae* de Jakob Brucker, publiée à Leipzig entre 1742 et 1767. L'œuvre de Brucker, qui fit autorité au XVIIIe siècle, fut librement adaptée en anglais par le même Enfield, en 1791.

Ce qui frappe dans ce livre dense et concis, c'est son approche globale de la philosophie dans les diverses traditions philosophiques, non seulement chez les Chaldéens, les Perses, les Indiens et les Égyptiens, mais aussi les Hébreux, les Arabes, les Phéniciens, les

Éthiopiens, les Étruriens, les « nations nordiques » comme les Scythes et les Thraces, et les Celtes, y compris les Bretons. (La plus grande vertu morale des Celtes était l'attitude qu'ils cultivaient devant la mort ; Brucker écrit : « Nous ne trouvons aucun peuple supérieur à eux dans le noble mépris de la mort. »)

Auteur d'un ouvrage en six volumes intitulé *Geist der spekulativen Philosophie (1791-1797) (L'Esprit de la philosophie spéculative),* Dietrich Tiedemann est peut-être l'auteur qui développe de la manière la plus convaincante cette idée que la seule et unique source de la philosophie serait à trouver chez les Grecs – les travaux antérieurs n'étant tout simplement pas de la philosophie à ses yeux. Son œuvre aura une profonde influence sur nombre des écrits ultérieurs relatifs à l'histoire de la philosophie ; John Passmore dit qu'elle est « la première histoire de la philosophie d'un genre moderne ». Dans sa préface, Tiedemann ne laisse planer aucun doute : il ne parlera pas des « Chaldéens, Perses et Indiens » dont il rattache les traditions au champ de la poésie ou de la religion, mais pas au domaine de la philosophie au sens strict. Sa démarche témoigne également d'une moindre attention portée aux éléments doxographiques ; comme le titre le suggère, il attache surtout de l'importance à la pensée spéculative qui s'exprime systématiquement en philosophie, plutôt qu'à la chair et au sang des philosophes.

Cette indifférence à la vie de l'individu va de pair avec cette idée que l'histoire de la philosophie fait des progrès d'ordre scientifique, ou du moins que les diverses philosophies peuvent être exprimées sous une forme scientifique où elles déploient des développements logiques. L'idée s'exprime dans *Geschichte der*

Philosophie (1789-1819) *(Histoire de la philosophie)*, de Gottlieb Tenneman, où la philosophie symbolise la marche de l'esprit scientifique vers la vérité. Je dirai seulement que je doute au plus haut point qu'on puisse séparer l'esprit de la philosophie du corps du philosophe, et que l'idée d'une philosophie réalisant des progrès d'ordre scientifique me laisse sceptique.

Le fait fondamental est que Tiedemann, comme Tenneman, ont profondément influencé les *Leçons sur la philosophie de l'histoire* (1833-36) de Hegel. Pour ce dernier, rien n'est moins philosophiquement signifiant que de savoir comment un philosophe a vécu et dans quelles circonstances il est mort, quelles étaient ses opinions, ses habitudes ou sa réputation. Hegel définit la philosophie comme « esprit de l'époque existant comme esprit qui se pense ». Par conséquent, ce qui s'articule dans une philosophie est la totalité du monde des Grecs, des médiévaux ou de qui vous voulez. Plus encore, Hegel considère que l'histoire antérieure de la philosophie est moins une histoire des erreurs qu'un dévoilement progressif de la vérité, dont l'expression trouve son achèvement – ô surprise – dans sa propre œuvre.

Bien que Marx et Kierkegaard, et d'autres après eux, aient souvent attaqué cette conception hégélienne, c'est en ces termes que continue de s'écrire l'histoire de la philosophie. Ce cortège magistral d'idées qui se déplacent d'est en ouest, des Grecs jusqu'à « nous Européens », « nous Américains », renvoie à ce que Geoffrey Hartman a appelé « occidentalisation de l'esprit » dans une formule restée célèbre. Mais cette « occidentalisation » est également, pour ainsi dire, une « excellentisation ». Nous sommes apparentés aux Grecs, mais d'une certaine manière nous sommes plus intelligents qu'eux car nous possédons des joyaux intellectuels comme la conscience, la logique propre et la science empirique. La philosophie ne commence pas avec un groupe hétéroclite de traditions multiples, elle procède d'une source originale et unique qui est grecque – et par conséquent européenne.

C'est peu dire que cette version de l'histoire de la philosophie a justifié et continue de justifier des formes d'eurocentrisme. Dans quelle mesure cet eurocentrisme est ou n'est pas philosophiquement légitime, c'est un vaste débat auquel je souhaite participer avec ce livre. Je me permettrai toutefois de préciser ici que l'approche eurocentrique me laisse aussi sceptique que les tentatives visant à remettre en question les privilèges de la philosophie grecque en situant la véritable source de la philosophie en Perse, en Inde ou en Chine – et par conséquent en Asie –, ou en Égypte – et par conséquent en Afrique. La philosophie n'a pas de véritable source ; l'un des mérites de l'étude de la vie et de la mort des philosophes est de nous aider à comprendre à quel point l'histoire de la philosophie est embrouillée, plurielle et géographiquement éparpillée.

Les philosophes meurent aussi est plus une histoire des philosophes que de la philosophie. C'est l'histoire d'une lignée de créatures mortelles, matérielles et limitées, qui se confrontent à leurs derniers instants avec dignité ou dans la folie, noblement ou couverts de sueurs froides. Mon approche est par conséquent profondément en désaccord avec celle de Hegel. Je ne vois pas l'histoire de la philosophie comme la révélation logique et progressive de l'« Esprit », dont le destin serait de culminer avec la philosophie occidentale contemporaine. C'est, pour moi, de l'« occidentalisation » autant que de l'« excellentisation », et cette théorie n'accorde aucune importance à la vie des philosophes. En fait, cette conception de la philosophie où l'histoire a pour seule fonction de tendre un miroir dans lequel nous regardons notre propre reflet et celui de notre monde, est entachée d'un profond narcissisme.

J'espère au contraire montrer que l'aspect matériel des nombreuses vies et morts que nous allons passer en revue vient enrayer cette marche vers l'« Esprit », et remettre en cause une certaine manière de faire de la philosophie. À cet égard, l'indifférence d'un philosophe envers la vie et la mort d'autres philosophes peut paraître intensément arrogante, voire présomptueuse. En 1924, dans un cours sur Aristote, Heidegger disait :

> *La personnalité d'un philosophe n'a d'intérêt que dans cette mesure : il est né à telle ou telle époque, il a travaillé et il est mort.*

Cette position relève d'une posture olympienne et divine devant la philosophie et la vie. Celui qui déclare cela est peu disposé (sinon incapable) à considérer les philosophes comme des créatures soumises à « tous les maux dont la chair est l'héritière ». Pour moi, le philosophe qui méprise la vie et la mort des autres philosophes refuse de voir en lui-même et en l'autre une individualité incarnée et mortelle. Comme dans le cas de Hegel et de Heidegger, cette attitude mène également à une version triomphaliste et mégalomaniaque de l'histoire qui défigure totalement le passé.

Ce que je présente dans ces pages est donc un assemblage hétéroclite et pluriel de vies et de morts, qui refuse tout simplement de former un schéma conceptuel cohérent. Regardant ces nombreux disparus dans les yeux, mon espoir n'est pas tant de voir notre propre reflet surgir devant nous et nous rejoindre ; il est surtout de voir émerger quelque chose de différent, de distant et d'étranger à nous-mêmes de qui nous pourrions apprendre. Mais il est grand temps de commencer.

Sur quelque
190 philosophes disparus

Présocratiques, physiologues, sages et sophistes

La pensée philosophique est apparue dans le monde grec il y a deux mille cinq cents ans. Les premières figures que nous rencontrerons ici sont des sages et « physiologues » comme Thalès et Anaxagore, qui tentèrent d'expliquer les origines de l'univers et l'organisation de la nature. Puis nous croiserons des personnages parfois mystérieux, tels Pythagore, Héraclite et Empédocle, figures du monde de la pensée avant la naissance de Socrate et la lutte entre la philosophie et la sophistique, dont Athènes sera le théâtre pendant la période classique, aux Ve et IVe siècles av. J.-C.

Bien entendu, on pourrait légitimement prétendre que le premier philosophe fut le (ou la) Sphinx, suivi d'Œdipe. Voilà qui aurait le mérite de faire débuter la philosophie avec une figure féminine et de la voir se poursuivre dans un parricide incestueux. Le Sphinx, ou plutôt la Sphinx, avait pour habitude de poser à ses visiteurs une question en forme d'énigme, voire de plaisanterie : à quel être prête-t-on d'avoir quatre pattes le matin, deux à midi et trois le soir ? La Sphinx tuait ses hôtes s'ils avaient le malheur de ne pas trouver la bonne réponse. Quand il fut donné à Œdipe de résoudre l'énigme – l'homme marche sur à quatre pattes quand il est bébé, se tient sur deux jambes quand il est adulte et se déplace avec une canne quand il est vieux –, la Sphinx se résolut à commettre un suicide philosophique en se jetant du haut du rocher.

Thalès

(vécut au VIe siècle av. J.-C.)

Thalès était originaire de Milet, jadis un port puissant situé sur la côte d'Asie Mineure (l'actuelle Turquie) dont la baie fut comblée par les assiduités infinies de la vase.

Célèbre pour avoir prédit l'éclipse solaire de mai 585 av. J.-C., on lui doit peut-être la paternité de l'adage « Connais-toi toi-même. » Persuadé que l'eau constituait la substance universelle, il se retrouva un jour dans un caniveau après qu'une fille de Thrace l'eut entraîné dans la rue pour observer les étoiles. « Eh bien, tu n'es pas capable de voir où tu mets les pieds et tu prétends connaître les choses du ciel ! » lança-t-elle à Thalès qui se lamentait. La philosophie n'arrivera jamais à se défaire complètement de cette accusation au cours des vingt-cinq siècles de son existence – c'est du moins l'avis partagé par certains, peut-être à raison.

Thalès est mort à un âge avancé, pendant une compétition d'athlétisme, victime d'une insolation et de déshydratation.

Sa disparition inspira à Diogène Laërce ces vers exécrables :

Comme Thalès regardait les jeux un jour de fête
Le soleil féroce le châtia et il connut sa défaite.

moutons. Il décida d'aller se reposer dans une grotte plutôt que de monter la garde, et son sommeil ne prit fin que cinquante-sept ans plus tard. À son réveil, Épiménide se mit en quête des moutons, persuadé de n'avoir fait là qu'une courte sieste. De retour à la maison de son père, il s'aperçut que tout avait changé (ce qui n'a rien de surprenant). Un nouveau propriétaire occupait la ferme et son jeune frère, devenu un vieillard, lui apprit la vérité.

La réputation d'Épiménide commença à s'établir ; on lui prêtait un don de prophétie. Diogène Laërce raconte ainsi que les Athéniens vinrent le trouver alors que la peste ravageait la ville. Il se rendit aussitôt à l'Aréopage, le grand rocher au centre d'Athènes, à nouveau entouré de moutons, et demanda qu'un sacrifice soit fait à chacun des endroits où une bête déciderait de se coucher. C'est ainsi qu'Athènes aurait été délivrée de la peste.

Dans son *Livre de la longévité*, Phlégon affirme qu'Épiménide aurait vécu jusqu'à cent cinquante-sept ans. Ce qui en fait un centenaire, sans compter sa longue sieste dans la grotte. Les Crétois affirment pour leur part qu'il ne s'éteignit qu'à l'âge de deux cent cinquante-neuf ans. Mais c'est bien connu : les Crétois mentent toujours.

Anaximandre
(610-546/545 av. J.-C.)

Anaximandre déclarait (mais tout ça n'est guère clair) que la matière originelle de toute chose réside dans l'« indéfini » ou *apeiron*, « ce qui ne connaît pas de limites ». Il découvrit les siennes à l'âge de soixante-quatre ans.

Pythagore
(580-500 av. J.-C.)

Les spécialistes de la période classique s'accordent presque tous pour dire que Pythagore n'a jamais existé, et c'est bien dommage. Tout laisse à penser, en effet, que les « pythagoriciens », établis dans le sud de l'Italie, s'inventèrent un « fondateur » dont la vie et la mort correspondaient à leurs croyances. Mais ne nous laissons pas décourager par ce doute sur l'existence de Pythagore, tant les légendes fascinantes qui l'entourent foisonnent. Elles prouvent aussi que les disciples d'un penseur se montrent souvent prêts à inventer toutes sortes d'histoires et d'anecdotes qui illustrent la vie du maître qu'ils se sont choisi. Peut-être faudrait-il d'ailleurs se méfier d'un tel désir pour un maître.

Quoi qu'il en soit, les doctrines de Pythagore étant soumises au secret, nous en savons très peu sur elles avant la version qu'en donne Platon. Parmi ces théories, on mentionnera la croyance en l'immortalité et la transmigration de l'âme, et l'idée que la réalité ultime de l'univers est contenue dans les nombres. Les pythagoriciens se représentaient les nombres pairs comme féminins et les nombres impairs comme masculins. Le nombre 5 était appelé « mariage » parce que produit du premier nombre pair (2) et du premier nombre impair (3) (pour les Grecs de l'Antiquité, le nombre 1 était une unité et non pas un nombre authentique, lequel doit exprimer un multiple). Les pythagoriciens pensaient aussi que leur maître avait pu établir les rapports qui sont à la base de la musique. Cette découverte exerça une immense influence sur la notion de *musica universalis*, ou « musique des sphères », fondée sur l'idée que les mathématiques fournissent la clef de l'harmonie musicale dont le cosmos est l'expression.

Les pythagoriciens étaient également fidèles à des doctrines plus matérialistes, en particulier sur la nourriture. Ainsi s'abstenaient-ils de manger de la viande et du poisson. Pour je ne sais quelle raison, le rouget faisait l'objet d'un interdit particulier ; Plutarque note pour sa part que l'œuf était frappé de tabou. Pythagore et ses disciples avaient aussi hérité des Égyptiens une forte répulsion pour les fèves, compte tenu de leur ressemblance avec les organes génitaux. Le mot « fève » était à l'époque un terme argotique désignant les testicules. Mais il existe de nombreuses autres raisons possibles à cette antipathie pour les fèves.

Le *Philosophumena* de l'évêque chrétien Hippolyte de Rome, écrit vers 220 ap. J.-C., contient quelques remarques fascinantes sur le sujet. Selon Hippolyte, les fèves mâchées et exposées au soleil émettent l'odeur du sperme. Pis, si l'on enterre une fève en fleur pour ensuite la déterrer quelques jours plus tard, on verra « qu'elle a d'abord la forme des parties génitales de la femme », puis « un examen attentif révélera la tête d'un enfant croissant avec elles ». Bien entendu, comme beaucoup d'entre nous le savent à leurs dépens, les fèves produisent de terribles flatulences. Assez étrangement, c'est aussi une histoire de fèves qui aurait occasionné la mort de Pythagore. Mais j'en dis déjà trop.

La légende dit que le philosophe quitta son île native de Samos, au large de la côte ionienne, parce qu'il était fermement opposé à la politique du tyran Polycrates. Entouré de ses disciples, il prit la fuite pour

Croton (région du Sud de l'Italie, aujourd'hui la Calabre), où il jouira par la suite d'une influence et d'un pouvoir considérables. Porphyre de Tyr, dans sa *Vie de Pythagore*, relate qu'un certain Cylon, riche potentat local, offensé par le traitement arrogant que lui avait réservé Pythagore, décida d'incendier la maison où le Maître et ses disciples étaient rassemblés. Pythagore réussit à s'échapper après que ses disciples eurent formé un pont de leurs corps au-dessus du feu. Mais un champ de fèves l'arrêta net dans sa course : plutôt mourir que de le traverser, expliqua-t-il. Ses poursuivants s'emparèrent de lui et l'égorgèrent.

Hermippe relate une autre histoire : au cours d'une guerre opposant Agrigente et Syracuse, les pythagoriciens prirent le parti d'Agrigente, et, vous n'allez pas le croire, Pythagore fut tué par les Syracusains en essayant d'éviter un champ de fèves. Trente-cinq de ses disciples furent par la suite brûlés vifs pour trahison.

Diogène Laërce consacre à cet incident ses vers les plus déplorables (si c'est possible). Ils commencent ainsi : « Hélas ! D'où, Pythagore, te vient cette vénération pour les fèves ? » Lucien de Samosate, le merveilleux satiriste du IIe siècle, nous décrit Pythagore dans l'Hadès en train de dialoguer avec le cynique Ménippe de Sinope ; Pythagore harcelle Ménippe pour qu'il lui donne de la nourriture :

> PYTHAGORE : Laisse-moi voir s'il y a quelque chose de bon dans ta besace.
> MÉNIPPE : Des fèves, mon bon ami – quelque chose que tu ne dois pas manger.
> PYTHAGORE : Donne-m'en quelques-unes. Les doctrines ne sont plus les mêmes chez les morts.

Timicha

(dates inconnues, IVe siècle av. J.-C.)

Pardonnons à ceux qui, à tort, pensent que l'histoire de la philosophie n'est qu'un club masculin. J'essaierai autant que possible de corriger cette opinion dans ce livre. Notons qu'en 1690, l'érudit français Gilles Ménage, auteur d'un livre intitulé *Historia Mulierum Philosopharum (Histoire des femmes philosophes),* identifiait – non sans un certain opportunisme – pas moins de soixante-cinq philosophes du sexe féminin. Dans le monde antique, l'école des pythagoriciens était sans aucun doute celle qui attirait le plus grand nombre de femmes. On comptait parmi elles Thémistoclea, Théano et Mya, respectivement la sœur, l'épouse et la fille de Pythagore, ainsi que Timicha.

J'aimerais cependant revenir à la question des fèves pour nous arrêter sur une histoire rapportée par Jamblique de Chalcis dans sa *Vie de Pythagore*. À la suite des persécutions menées par Dionysius contre les pythagoriciens, Timicha, alors enceinte, fut capturée en compagnie de son mari Myllias de Crotone. On tortura le couple dans le but d'obtenir une réponse à la question suivante: pourquoi les pythagoriciens préfèrent-ils mourir plutôt que de marcher sur des fèves? Craignant de trahir le secret de sa secte, Timicha se sectionna la langue et la cracha au visage du tyran avant d'être tuée.

Héraclite
(540-480 av. J.-C.)

Traditionnellement, Héraclite est surnommé « le Pleureur » ou « l'Obscur ». Plutarque nous le décrit comme affligé de terribles maux. Il ne reste que 139 fragments de son œuvre, certains aussi obscurs que pouvait le laisser présager son surnom : « Les âmes ont le sens de l'odorat dans l'Hadès. » D'autres viennent illustrer de façon pittoresque les thèses d'Héraclite sur la relativité du jugement : « Les ânes préfèrent la paille à l'or », ou « Les porcs se lavent dans la fange, les oiseaux de basse-cour dans la poussière. »

Les larmes d'Héraclite trouvent leur source dans le comportement des hommes, en particulier celui de ses concitoyens d'Éphèse. Dans le premier de ses fragments, il est dit que chacun doit se conformer au *logos*, un mot signifiant la loi, le principe ou la raison de l'existence de l'univers. Toutefois, loin de suivre le *logos*, la plupart des gens agissent comme s'ils étaient endormis, à peu près aussi conscients de leurs actes que des ânes ruminant la paille.

Ayant pris l'humanité en horreur, Héraclite se mit à arpenter seul les montagnes, se nourrissant de plantes et d'herbes (ici il n'est pas fait état de fèves). Malheureusement, cette mauvaise nutrition provoqua un œdème chez notre philosophe, qui dut retourner en ville pour se guérir. Convaincu que la bouse de vache pourrait chasser les mauvaises humeurs de son corps et soigner son œdème, il demanda à en être enduit. Deux histoires rapportent qu'Héraclite serait mort à cause de cette bouse de vache. Dans la première, la bouse était fraîche et notre philosophe « pleureur » s'y serait noyé ; dans la seconde histoire, la bouse était trop sèche et Héraclite aurait littéralement cuit sous le soleil ionien.

(D'après une troisième version, héritée de Diogène Laërce, les amis d'Héraclite furent incapables de retirer la bouse de vache qui avait séché sur son corps, devenu méconnaissable, et le philosophe fut dévoré par les chiens. Ce qui confirme le fragment 97 de son œuvre: « Les chiens aboient contre ceux qu'ils ne connaissent pas. » Malheureusement, ils mordent aussi.)

Eschyle

(525/524-456/455 av. J.- C.)

Eschyle a rarement droit au qualificatif de philosophe. Pourtant, les quelques pièces de lui qu'il nous reste traitent abondamment de la manière dont les mortels – selon l'antienne de l'*Orestie* – doivent souffrir pour la vérité. Dans un fragment de *Niobé* passé à la postérité, Eschyle écrit :

Seule parmi les dieux la Mort refuse les offrandes,
D'aucune aide ne vous sont libations et sacrifices,
Elle n'a point d'autel et n'entend point les hymnes ;
Pour elle seule, la persuasion est muette.

Il se distingua dans les batailles de Marathon et de Salamine contre les Perses, et l'épitaphe de sa tombe fait référence à ses prouesses militaires. Toutefois, cette même tombe est à l'origine d'une histoire amusante, mais apocryphe, sur sa mort.

Selon une croyance largement répandue, Eschyle aurait été tué par un aigle qui, confondant sa tête chauve avec un caillou, lâcha une tortue vivante sur son crâne. Il semble que la pierre tombale d'Eschyle représentait le grand tragédien penché en avant, tandis qu'un aigle – l'oiseau d'Apollon – emportait son âme en forme de lyre au paradis. Mais une lyre ressemble à une carapace de tortue sur laquelle on aurait tendu quelques cordes (ce qui fut peut-être le cas à l'origine). Il se peut qu'une personne ignorante en iconographie ait confondu l'« aigle-emportant-au-paradis-l'âme-en-forme-de-lyre-d'un-poète-mort » avec l'« aigle-lâchant-une-tortue-sur-la-tête-d'un-poète-endormi-et-tuant-les-deux ».

Anaxagore
(500-428 av. J.-C.)

Élève d'Anaximène, Anaxagore tenait que l'air est la substance universelle illimitée dont nous tirons notre existence.

Sa théorie affirmait que le *noûs* (l'esprit ou l'intelligence) était le principe dynamique de l'univers, et le philosophe recommandait à ses concitoyens de Milet d'étudier la lune, le soleil et les étoiles. Quand on lui demandait : « N'as-tu donc aucun souci de ta patrie ? », il répondait : « De ma patrie, j'ai souci, et grandement », pointant du doigt le ciel.

Anaxagore fut banni de Milet après un procès où il se vit accusé de tenir le Soleil pour une masse de métal en incandescence ; il mourut en exil. D'après Plutarque, il aurait demandé à ce que les enfants soient en vacances le jour de sa mort.

Parménide
(515-? av. J.-C.)

On prête à Parménide une jeunesse pythagoricienne, et il aurait été à l'origine de l'École éléatique. Mais l'on ne sait rien des circonstances de sa mort, et seuls quelques faits rares mais précieux sont connus sur sa vie, bien que Parménide joue un rôle très important dans le dialogue éponyme avec le très jeune Socrate, que nous rapporte Platon. Pour autant, nous ne sommes pas sûrs que Socrate et Parménide se soient jamais rencontrés. Au cœur de la métaphysique de ce dernier, on trouve la distinction entre l'être, « gonflé à l'instar d'une balle bien ronde », et le non-être, qui n'a rien à voir avec une balle. Nous n'avons jamais su de quelle façon Parménide avait cessé de rouler sa bosse – ou sa balle.

Zénon d'Élée
(495-430 av. J.- C.)

Il fut l'auteur de l'*Epicheiremate (Attaques)*, un manuscrit aujourd'hui disparu dans lequel il prenait la défense de son maître Parménide. Zénon défendait les doctrines de Parménide d'une manière unique, en exposant les vues contraires à celles de son maître pour montrer, ensuite, qu'elles menaient à des paradoxes insolubles. Par exemple, Zénon argumente contre le mouvement. Il dit que si une chose bouge, elle bouge soit à l'endroit où elle se trouve, soit à l'endroit où elle ne se trouve pas. Cette dernière hypothèse est impossible parce qu'aucune chose ne peut être à l'endroit où elle n'est pas, ou être mue de cet endroit; donc, cette chose doit être là où elle est. En conséquence, les choses sont au repos et le mouvement n'est qu'une illusion.

Cet argument contre le mouvement est poussé plus loin dans le célèbre paradoxe de la flèche, et celui d'Achille et de la tortue. Une flèche qui nous semble voler est en réalité immobile parce que toute chose occupant un espace égal à elle-même doit être au repos dans cet espace. Étant donné qu'une flèche peut seulement occuper un espace égal à elle-même à chaque instant de son vol, la flèche est immobile.

De même, si le rapide Achille donne à la lente tortue une longueur d'avance dans leur course, il ne la dépassera jamais. Pourquoi? Tout simplement parce que, le temps qu'Achille atteigne le point d'où la tortue est partie, celle-ci aura avancé. Et quand Achille aura couvert cette nouvelle distance, la tortue aura de nouveau progressé, et ainsi de suite *ad infinitum.* Aristote prend un certain plaisir à démonter ces paradoxes dans sa *Physique.* Une histoire rapporte par ailleurs que Diogène le Cynique quitta son siège en signe de protestation après qu'on eut nié devant lui l'existence du mouvement.

La mort de Zénon fut héroïque et dramatique. Impliqué dans un complot visant à renverser le tyran Néarque, il finit par être arrêté après que l'affaire fut éventée. Au cours de son interrogatoire, Zénon se dit prêt à livrer des informations sur certaines personnes au tyran, mais à la seule condition de pouvoir les lui chuchoter. On appela Néarque, et Zénon le mordit aussitôt à l'oreille. Il ne lâcha prise qu'après avoir été tué à coups de couteaux. (Démétrius, dans les *Homonymes,* prétend pour sa part que Zénon s'en prit non pas à l'oreille, mais au nez du tyran.)

Empédocle
(490-430 av. J.-C.)

Dans la famille présocratique, il n'a peut-être pas existé de personnage aussi étrange et fascinant qu'Empédocle. Il est certainement celui qui, parmi tous, connut la fin la plus spectaculaire. Plutarque rapporte qu'il quitta la philosophie dans un état d'excitation intense. La transformation d'Empédocle en dieu a été une source intarissable de légendes. Ses deux longs poèmes, *Sur la Nature* et *Catharmes*, ne nous sont pas parvenus, mais on sait qu'il s'y présentait comme un « dieu immortel ». Selon le portrait qu'en fait Diogène Laërce, Empédocle avait pour habitude de porter des robes de couleur pourpre, symbole de la royauté, une ceinture en or, des chaussures en bronze et une couronne de lauriers delphiques sur la tête. Il avait les cheveux longs, ne quittait jamais son bâton de commandement et s'entourait d'une garde de jeunes garçons. Empédocle tenait du magicien et du mage, mais aussi du charlatan. Cependant, il fut toujours considéré comme un homme aux idées politiques radicales pour l'époque, favorable à la démocratie. D'après une histoire, il serait parvenu à convaincre ses concitoyens d'Agrigente (Sicile) de mettre un terme à leurs luttes de factions et de cultiver une forme d'égalité politique.

Dans un fragment de ses écrits, Empédocle parle de la mort comme de « la Grande Vengeresse » ; une légende veut qu'il ait maintenu une femme sans souffle ni pouls en vie pendant trente jours. D'après Aetius, Empédocle affirmait que le sommeil résulte d'un refroidissement du sang auquel succède la mort une fois que la chaleur a reflué. Mais si la chaleur est le véhicule de la vie, c'est dans le feu volcanique où il cherchait l'immortalité qu'Empédocle trouva la mort. Il se serait jeté du haut de l'Etna, vêtu de ses plus beaux atours, dans le but de vérifier qu'il s'était élevé au rang de divinité. La triste vérité éclata lorsque l'une de ses chaussures en bronze fut découverte sur la pente du volcan après avoir été rejetée par les flammes.

D'autres histoires moins glorieuses circulent sur la mort d'Empédocle : il aurait quitté à jamais la Sicile pour aller finir ses jours en Grèce ; il se serait fracturé la cuisse en se rendant à un jour à une fête avant de succomber aux complications qui s'ensuivirent ; tombé à la mer, il n'aurait pu éviter la noyade du fait de son grand âge.

Vingt-deux siècles plus tard, dans la foulée de l'enthousiasme et de la déception soulevés par la Révolution française, c'est ce mélange d'orgueil mystique démesuré et de radicalisme politique qui poussa le grand philosophe poète allemand Friedrich Hölderlin à écrire *Der Tod des Empedokles (La mort d'Empédocle).* Cette stupéfiante tragédie moderne dont il existe trois versions est restée inachevée et fut mal reçue par la critique. Hölderlin nomme Empédocle « l'homme-dieu ivre », et s'identifie à lui comme réformateur religieux et révolutionnaire politique. Sa mort, dans ce que Hölderlin nomme « le plus haut feu », prend le sens d'un sacrifice à la nature. Elle est l'expression d'un consentement à un pouvoir plus grand que la liberté humaine : la destinée.

Toujours décrit comme un homme grave et impérial, Empédocle est couvert de ridicule dans les *Dialogues des morts* de Lucien, où on le voit faire son entrée dans l'Hadès « à demi bouilli par l'Etna ». Quand le cynique Ménippe de Sinope lui demande pourquoi il a sauté dans le cratère, Empédocle répond :

« Un moment de dépression, Ménippe. » Ce dernier se plaît alors à le railler :

> *Non, une bouffée de vanité et d'orgueil, et une dose de folie et de sottise ; voilà ce qui t'a réduit en cendres, les chaussures et tout le reste – tu le méritais bien.*

(Sans aucun rapport, et juste pour le plaisir de revenir à ces légumes honnis des pythagoriciens, voici le fragment 141 d'Empédocle : « Malheureux, malheureux que vous êtes, ne touchez pas aux fèves ! »)

Archélaos de Milet

(dates inconnues, probablement
né au début du Vᵉ siècle av. J.-C.)

Archélaos fut l'élève d'Anaxagore et le maître de Socrate. On considère en général que son travail opéra un rapprochement entre la « physiologie » ionienne et la pensée éthique athénienne. La cause de sa mort est inconnue et tous ses écrits ont disparu. À l'exception d'une seule formule pour le moins énigmatique : « Le froid est le lien. »

Protagoras

(485-410 av. J.- C.)

Comme nous l'avons vu dans l'introduction, Protagoras fut le premier et le plus grand des sophistes, mais l'on pourrait aussi attribuer la paternité de la sophistique à l'astucieux et doucereux Ulysse. Platon consacre à Protagoras un dialogue dans lequel celui-ci apparaît sous un jour plus favorable que de nombreux autres adversaires de Socrate. On lui doit une phrase restée célèbre : « L'homme est la mesure de toute chose. » Il professait l'agnosticisme sur la nature des dieux : « En ce qui concerne les dieux, je ne peux savoir s'ils existent ou pas. » Il fut aussi le premier à enseigner, moyennant rétribution, une forme d'éloquence mielleuse et le doux art de la persuasion.

Dans *Vies des sophistes,* qui date du début du IIIe siècle, Philostrate soutient que nous ne devons pas reprocher à Protagoras de demander des honoraires « dans la mesure où nous apprécions plus les activités qui nous coûtent de l'argent que celles qui ne nous coûtent rien ». Philostrate savait de quoi il parlait : issu d'une longue lignée de sophistes, il jouissait d'un luxe matériel considérable à la cour de la très intellectuelle impératrice syrienne Julia Domna. (L'épouse de l'empereur romain Septime Sévère était elle-même un personnage fort intéressant ; Philostrate la nomme « Julia la philosophe ». Après la mort de Sévère au cours d'une campagne militaire en Bretagne, Julia conserva une grande influence à travers ses fils, les empereurs conjoints Caracalla et Geta. On dit que Caracalla assassina Geta dans les bras de sa mère et que Julia se laissa mourir de faim après le meurtre de Caracalla, en 217.)

Protagoras aurait été l'auteur de nombreux ouvrages, dont *Procès à propos d'un paiement. Deux livres d'arguments opposés.* L'anecdote qui suit offre un exemple frappant de l'usage qui peut être fait d'arguments opposés. Un jour, Evathle, disciple de Protagoras, se vit réclamer des honoraires par ce dernier. « Mais je n'ai pas encore gagné mon procès » s'exclama-t-il en guise de protestation. À quoi Protagoras rétorqua :

> *Si je t'attaque et gagne mon procès contre toi, tu devras me payer mes honoraires parce que j'aurai gagné ; et si tu gagnes contre moi, tu devras me payer parce que tu auras gagné.*

On dit que Protagoras fut jugé et banni (ou condamné à mort, selon certains récits) pour avoir professé des opinions agnostiques, et qu'il mourut au cours d'un naufrage. On lui doit également un traité sur la lutte.

Démocrite
(460-370 av. J.-C.)

Certains le considèrent comme « le prince des philosophes ». Cependant, il n'est évoqué dans aucun des écrits de Platon qui, selon la rumeur, souhaitait voir ses livres jetés au feu. Les désastres de l'histoire ont involontairement exaucé le vœu de Platon puisqu'il nous reste aujourd'hui très peu d'œuvres de Démocrite.

Depuis Cicéron et Horace, Démocrite est connu sous le sobriquet de « philosophe riant » (par opposition à Héraclite « pleurant ») ; c'est souvent ainsi que l'iconographie médiévale dépeint les deux philosophes. En 1621, Robert Burton s'était amusé à signer du nom de « Démocrite junior » sa monumentale *Anatomie de la mélancolie*. Démocrite était le disciple de l'obscur Leucippe, dont aucun des travaux ne subsiste aujourd'hui, et qui fut le co-auteur de l'atomisme grec, une explication entièrement matérialiste du monde physique en termes d'organisation des atomes dans l'espace. D'après cette théorie, qui préfigure puissamment la vision scientifique moderne du monde, les chiens, les chats, les rats et les ziggourats seraient simplement des arrangements différents d'atomes.

On doit à Démocrite la formule suivante : « Les idiots veulent vivre vieux parce qu'ils redoutent la mort. » Bien que tout sauf idiot, notre philosophe vécut jusqu'à l'âge très avancé de 109 ans et n'exprima aucune peur de la mort. Quand sa fin fut patente, sa sœur s'en montra contrariée ; elle craignait que son frère ne meure pendant les fêtes des Thesmophories, ce qui l'empêcherait d'honorer la déesse. Démocrite ordonna qu'on lui apporte plusieurs miches de pain chaudes. Dans un geste bizarre, il les appliqua contre ses narines et réussit à retarder sa fin.

Lucrèce raconte une histoire différente : Démocrite se serait suicidé dans la joie à un âge très avancé quand il comprit que « s'affaiblissaient en lui les mouvements de l'esprit qui forment l'intelligence ».

Prodicos

(Dates précises inconnues,
né avant 460 av. J.-C.)

Une plaisanterie bien connue de l'Antiquité avait pour protagoniste Prodicos, un sophiste visiblement sensible à l'argent qui dispensait des cours de sémantique au prix de une ou cinquante drachmes. Socrate ne manque pas d'ironiser à son sujet dans le *Cratyle*, expliquant que le cours à cinquante drachmes lui aurait évidemment permis de faire le tour d'une question comme celle de la « justesse des noms », mais qu'il avait dû se contenter de la version au rabais, à une drachme. Nous ne connaissons pas la date du décès de Prodicos, mais nous savons qu'il était vivant à l'époque du procès et de l'exécution de Socrate. Étrangement, il connut une fin semblable à ce dernier : accusé lui aussi de corrompre la jeunesse, il fut condamné à mort par les Athéniens. Le dernier des fragments qui nous soient parvenus indique : « Le lait est meilleur si on le tire directement de la femelle. »

Platoniciens, cyrénaïques, aristotéliciens et cyniques

Platon
(428/427-348/347 av. J.-C.)

À l'instar de Pythagore, d'Anaxagore, du Christ ou de la Vierge Marie, Platon n'était pas franchement du genre à rire facilement. Nietzsche rapporte toutefois qu'il avait pour habitude de s'endormir sur un exemplaire des œuvres d'Aristophane, le grand poète comique. En vérité, nous savons relativement peu de choses sur sa vie et ne disposons d'aucune information fiable sur sa mort, malgré l'énorme influence qu'il exerça sur le plan philosophique.

Platon ne fait d'ailleurs référence à lui-même qu'à deux reprises dans ses deux douzaines de dialogues : quand il est dit qu'il assiste au procès de Socrate et quand on apprend qu'il n'est pas présent à son exécution. Xénophon, qui a beaucoup écrit sur Socrate, ne cite Platon qu'une seule fois, et Démosthène à peine deux fois, en passant. Quant à Apulée, il raconte une histoire controversée : Socrate aurait rêvé qu'il tenait sur ses genoux un petit cygne qui, après s'être couvert instantanément de plumes, aurait déployé ses ailes avant de s'envoler en émettant les chants les plus doux. Le lendemain, le père de Platon présenta à Socrate le nouveau-né qu'il venait d'avoir, et ce dernier aurait déclaré : « C'est le cygne que j'ai vu. »

Les rares aperçus autobiographiques offerts par Platon sont contenus dans sa célèbre Septième Lettre. Malheureusement, la majorité des spécialistes du monde classique s'accordent à dire que cette lettre n'est pas authentique. Platon y évoque les débuts de sa carrière et ses deux premiers voyages en Sicile sur invitation de Denys l'Ancien. En fait, il se serait rendu en Sicile à trois reprises avant de perdre ensuite toute illusion sur la politique. D'après une histoire qui a traversé les siècles, Denys, irrité par l'influence de Platon à sa cour, l'aurait vendu comme esclave avant que le philosophe cyrénaïque Annicéris ne le rachète. Saint Jérôme affirme que Platon fut capturé par des pirates et vendu comme esclave, mais sa qualité de philosophe en faisait « un bien plus grand homme que celui qui l'acheta ».

Nous savons que Platon avait trente et un ans à la mort de Socrate. Qu'il ne s'est jamais marié. Et qu'il adorait les figues, comme le signale Plutarque qui contribua beaucoup à le faire connaître. En fait, nous ne savons même pas pourquoi il s'appelait « Plato », ce qui, en grec, signifie « large ». Le qualificatif fait peut-être allusion à un physique musculeux et aux prouesses qu'on lui prêtait dans l'art de la lutte.

D'après Cicéron, Platon se serait éteint en train d'écrire, à sa table de travail. Hermippe affirme pour sa part qu'il aurait trouvé la mort au cours d'un banquet de mariage, à l'âge de quatre-vingt-un ans, et qu'il fut enterré dans les jardins de l'Académie. Marsile Ficin, le platonicien de la Renaissance, qui attache une grande signification au chiffre 81, produit de 9 fois 9, soit l'expression de la perfection, précise que Platon disparut le jour de son anniversaire. On dit aussi que le philosophe est mort d'une infestation par des poux. Comme le signale Thomas Stanley dans son *Histoire de la philosophie* (1687), ceux qui répandirent une aussi vilaine histoire sur Platon « lui firent beaucoup de tort ».

Speusippe

(date de naissance inconnue,
mort en 339/338 av. J.-C.)

Neveu de Platon, il fut son successeur comme scolarque, c'est-à-dire directeur, de l'Académie (à l'origine un verger d'oliviers, à l'extérieur de la vieille ville d'Athènes, où Platon délivrait son enseignement à ceux qui s'intéressaient à la philosophie). Speusippe souffrait d'une paralysie douloureuse qui le poussa au suicide.

Xénocrate

(date de naissance inconnue,
mort en 314 av. J.-C.)

Élève de Platon et successeur de Speusippe. Mort à l'âge de quatre-vingt-deux ans après avoir glissé en pleine nuit sur un quelconque ustensile en bronze.

Arcésilas
(316/315-241 av. J.-C.)

Fondateur de la « Moyenne Académie », il introduisit le scepticisme dans l'École, mais ne légua aucun écrit à la postérité. Arcésilas refusait d'accepter et de nier la possibilité de la certitude, mais plaidait pour une suspension de jugement en toutes choses, ou *épochè*. Il est mort après avoir un peu trop abusé d'un mélange de vins.

Carnéade
(214 ?-129 ? av. J.-C.)

Fondateur de la « Nouvelle Académie » et disciple d'Arcésilas, Carnéade compte parmi les auteurs sceptiques qui ne laissèrent aucun écrit. Plutarque rapporte que doté d'une voix forte, Carnéade aurait prononcé deux discours solennels (à plein gosier, on imagine) à Rome en 155 av. J.-C. Dans le premier, il argumentait en faveur de la justice ; dans le second, il prenait la position inverse. Soulignant ainsi qu'une thèse, quelle qu'elle soit, se prête tout aussi bien à être défendue que réfutée, Carnéade démontrait que la bonne attitude philosophique consiste en une suspension sceptique du jugement.

Dans *Les Sceptiques grecs* (1887) – l'un des derniers livres que Nietzsche aurait lus avant son accès de démence – Victor Brochard nous apprend que la vie n'épargna guère Carnéade dans sa vieillesse. Devenu aveugle, il souffrait cruellement d'infirmités et était terrassé par la langueur. Critiqué pour n'avoir pas eu le courage de se suicider (bien qu'il eût été sur le point de le faire), il s'expliqua en ces termes : « La Nature qui m'a fait me défera. » Carnéade est mort à l'âge de quatre-vingt-cinq ans.

Hégésias

(dates inconnues, IIIe siècle av. J.-C.)

Disciple peu connu de l'école cyrénaïque qui doit son nom à la ville de Cyrène, située dans l'actuelle Libye (Carnéade en était également originaire). Pour les cyrénaïques, le plaisir expérimenté dans le moment présent est le seul critère du bonheur. Cependant, Hégésias était d'un tempérament trop sombre pour pratiquer cette forme d'hédonisme. Comme le rapporte Brucker dans son *Historia Critica Philosophiæ*, le plaisir était chose impossible pour ce philosophe qui voyait en l'homme un être uniquement soucieux d'éviter la douleur. La vie était pour lui si peu source de satisfaction qu'il rédigea un ouvrage visant à prouver que la mort, remède à tous les maux, constitue le bien suprême. Surnommé *peisithanatos*, « celui qui conseille de mourir », il préconisait instamment le suicide. On ignore s'il se prescrivit ce traitement.

Aristote

(384-322 av. J.-C.)

Pour les lettrés du Moyen-Âge, il était tout simplement « le Philosophe ». Quelques faits curieux nous sont connus à son sujet : Aristote avait des petits yeux, des mollets grêles et un cheveu sur la langue, ce qui, d'après Plutarque, lui valut d'être singé par certains. Il portait des bagues et se vêtait de fins tissus. Il était fréquent de lire que, comme d'Eschyle, Aristote était chauve, ce qui donne une tournure ironique à son discours sur la mutilation dans la *Métaphysique*. Aristote soutient qu'une écuelle percée n'est pas mutilée, elle l'est seulement si l'anse ou toute autre partie est brisée. De même, un être humain n'est pas mutilé s'il perd de la chair ou la rate, mais seulement s'il lui manque une extrémité. Aristote précise immédiatement que ceci n'est pas vrai de *chaque* extrémité, « mais seulement de celles qui ne peuvent pas repousser une fois qu'elles ont été totalement supprimées ». Il en conclut que « les chauves ne sont pas des mutilés ». Sans doute parce que le cheveu peut – en principe – repousser. (Pour des raisons que je ne divulguerai pas, cette conclusion est plutôt rassurante pour moi).

Il est bien connu qu'Aristote fut le tuteur d'Alexandre entre l'âge de treize et seize ans, avant que ce dernier ne devienne Alexandre le Grand. Apparemment, Alexandre était plus impressionné par Diogène que par Aristote. Dans un mouvement d'humilité toute relative, Alexandre aurait dit un jour que Diogène était la personne qu'il aurait le plus aimé être – après lui-même. Alexandre rendit un jour visite au philosophe qui prenait un bain. Il s'approcha de lui et lui dit qu'il pouvait avoir tout ce qu'il voulait. Diogène répondit : « Cesse de me faire de l'ombre. » On raconte aussi que Diogène offrit une figue sèche à Aristote qui la prit, l'éleva en l'air et s'exclama : « Que Diogène est grand ! »

En 323 av. J.-C., quand la nouvelle de la mort d'Alexandre atteignit Athènes, la cité se souleva contre la domination macédonienne avant d'être défaite et assujettie à la puissance étrangère au terme de la guerre lamiaque. Ses concitoyens l'ayant accusé d'impiété parce qu'il était un proche d'Alexandre, Aristote lança en quittant la ville: «Je ne laisserai pas les Athéniens pécher deux fois contre la philosophie.» Il se retira sur la propriété de sa défunte mère à Chalcis, sur l'île d'Eubée, où il décéda l'année suivante.

Eumélos rapporte qu'il serait mort à l'âge de soixante-dix ans après avoir bu un extrait d'une plante vénéneuse, l'aconit, tandis qu'Apollodore dit qu'il connut une mort naturelle à l'âge de soixante-trois ans. On raconte aussi qu'il fut emporté par une maladie de l'estomac dont il aurait longtemps souffert.

Grâce à Diogène Laërce, nous connaissons ses dernières volontés, mais sans doute s'agit-il d'un testament imaginaire. Aristote avait pris des dispositions généreuses en faveur d'Herpyllis, sa concubine – un statut qui n'était nullement déshonorant dans l'Antiquité – disant qu'elle avait «été bonne pour (lui)». Il demandait à ses exécuteurs testamentaires de veiller à ce que les os de son épouse, Pythias, morte après dix années de mariage, soient enterrés avec sa dépouille.

Théophraste
(372-287 av. J.-C.)

Élève d'Aristote, il lui succéda comme scolarque de l'école péripatéticienne (ainsi nommée parce qu'Aristote aimait marcher en parlant). Il fut également son exécuteur testamentaire et peut-être le rédacteur des œuvres du Maître.

Diogène Laërce recense plus de 200 écrits, y compris des traités sur le miel, les cheveux, les fruits et le tumulte, totalisant 232 808 lignes. Selon Plutarque, Théophraste aurait dit que l'âme paie un loyer élevé au corps. De son vaste corpus ne survivent que deux traités sur la botanique et les quatre-vingt-onze fragments des *Sensations*.

Théophraste est mort à l'âge de quatre-vingt-cinq ans et ses derniers mots sont l'expression parfaite de la mort philosophique. Comme ses disciples lui demandaient s'il avait d'ultimes recommandations à faire, il répondit :

> *Rien d'autre que ceci : nombreux sont les plaisirs dont la vie se vante et qui ne sont qu'apparence. Car quand nous commençons juste à vivre, regardez ! C'est déjà l'heure de mourir. Ainsi, il n'est rien de moins profitable que l'amour de la gloire. Adieu et bonne chance. La vie offre davantage de déceptions que de réjouissances. Mais comme il ne m'est plus permis de discuter plus longtemps de la conduite à tenir, examinez, vous, ce qu'il convient de faire.*

Sur ces mots, Théophraste expira. Par la suite, aucun des scolarques du Lycée n'a connu de fin aussi noble.

Straton
(date de naissance inconnue,
mort en 270 av. J.-C.)

Straton était si frêle qu'il ne ressentit rien au moment de mourir.

Lycon

(dates inconnues)

Vêtu de blanc et de carrure athlétique, il est mort à soixante-quatorze ans après avoir terriblement souffert de la goutte.

Démétrios

(dates inconnues)

Disparut après qu'un aspic l'eut mordu.

Antisthène

(445-365 av. J.-C.)

Rien ou à peu près n'a survécu de cet intime de Socrate. On le considère parfois comme le fondateur de l'école stoïcienne, ce qui permet aux stoïciens de se rattacher directement à Socrate. On sera plus proche de la vérité en disant qu'Antisthène est le premier des cyniques, les philosophes « chiens » ou *kunikos.* D'après une histoire, également attribuée à Diogène, on l'appelait le « Vrai Chien » ; Antisthène appréciait tellement l'épithète qu'on fit sculpter une tête de chien pour décorer sa sépulture. Quand on lui demandait quel était le comble de la béatitude humaine, il répondait : « Mourir heureux. » Un jour qu'il rendait visite à Platon qui était malade et avait vomi dans une bassine, Antisthène, regardant la bassine, dit : « La bile, je la vois bien là, mais ton orgueil je ne le vois pas. »

Dans la *Métaphysique*, Aristote analyse la doctrine philosophique d'Antisthène de la façon suivante : rien ne peut être décrit, sinon par son propre nom, c'est-à-dire un nom pour chaque chose. Antisthène paraît avoir conclu que la contradiction est impossible, et le mensonge presque autant. À quoi nous sommes tentés de répondre : faux !

Quand il fut donné à Antisthène d'être admis à la connaissance des mystères orphiques, ces rituels secrets liés à la possibilité de passer dans la vie après la mort, le grand prêtre annonça que les initiés participeraient à des choses merveilleuses une fois dans l'Hadès. À quoi Antisthène rétorqua : « Pourquoi donc ne meurs-tu pas ? »

Quand Antisthène fut vieux et malade, Diogène lui rendit visite. Il portait une dague. Comme Antisthène lui demandait ce qui pourrait le soulager de ses maux, Diogène lui tendit son arme. Antisthène le railla : « J'ai dit me soulager de mes maux, pas de la vie. » Antisthène est mort d'une maladie inconnue.

Diogène

(date de naissance inconnue,
mort en 320 av. J.-C.)

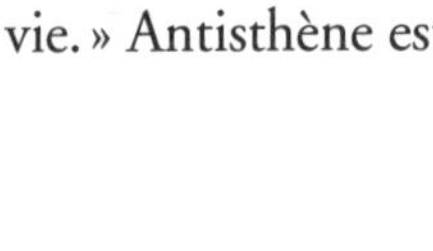

Contrairement à l'opinion commune, le cynisme n'est pas cynique au sens moderne du mot. Diogène le Cynique a été qualifié de « Socrate devenu fou », mais ceci ne tient pas compte du bon sens de son approche de la vie et de ses affinités réelles avec Socrate, le taon de la cité-État athénienne.

Quand on lui demandait quelle était la plus belle chose au monde, Diogène répondait : « Le franc-parler » (*parrhèsia* en grec). Ses mots et ses actes expriment une protestation résolue et sans fin contre la corruption, le luxe et l'hypocrisie. La voie de la liberté individuelle requiert de l'honnêteté et une austérité matérielle absolue. Diogène était reconnaissant à son maître Antisthène de l'avoir introduit à une vie de pauvreté et de bonheur ; comme Antisthène, il acceptait volontiers l'épithète de « chien ». À Platon qui le traitait de chien, il répondit : « Tu as raison, car je suis retourné auprès de ceux qui m'ont vendu. »

Diogène est la source d'histoires merveilleuses : voyant un enfant boire à même ses mains, il jeta sa tasse. Il vivait dans un tonneau et le faisait rouler sur le sable chaud en été. L'hiver, il s'endurcissait contre le froid en étreignant les statues couvertes de neige. Il disait qu'on apprend dans un bordel qu'il n'y a aucune différence entre ce qui coûte de l'argent et ce qui n'en coûte pas. Un jour qu'il se masturbait sur la place publique, il s'écria : « Plût au ciel qu'on se soulage aussi facilement de la faim en se frottant l'estomac ! » Il mangeait des calamars crus pour éviter d'avoir à les cuire. Il se moqua du marchand qui le vendait comme esclave. Comme l'apothicaire Lysias lui demandait s'il croyait aux dieux, il répondit : « Comment n'y croirais-je pas dès lors que je vois en toi un ennemi des dieux ? » À quelqu'un qui l'interrogeait pour savoir quel est le meilleur moment pour se marier, il répliqua : « Quand on est jeune, c'est trop tôt ; quand on est vieux, c'est trop tard. »

Il était apparemment favorable à des phalanstères où les enfants seraient gardés et éduqués en commun. Il estimait qu'il n'y a pas de mal à voler dans un temple, et qu'on peut manger n'importe quelle viande, y compris la chair humaine. Quand on lui demandait d'où il venait, il répondait qu'il était « citoyen du monde » ou *kosmopolites*. Imaginez un instant les prétendus cosmopolites d'aujourd'hui en train de boire dans leur main, de se délecter de chair humaine, de se jeter sur des statues gelées, ou de se masturber en public. Le « cosmopolitisme » de Diogène est en fait beaucoup plus une attitude anti-politique que l'espèce d'internationalisme banal qu'on observe de nos jours.

Pour Diogène, les leçons de Platon étaient une perte de temps. Une fois, Platon ayant défini l'être humain comme un bipède sans plumes, et l'assistance l'ayant chaudement applaudi, Diogène pluma un poulet et l'apporta dans la salle de cours en déclarant : « Voici l'homme de Platon. » Quand celui-ci discourait sur les Idées, et faisait référence à l'Idée de table et l'Idée de gobelet, Diogène disait : « Pour ma part, je vois une table et un gobelet, mais l'Idée de table ou de gobelet, je ne la vois pas du tout. »

Diogène Laërce attribue à son illustre homonyme un grand nombre d'écrits dont aucun n'a survécu. Mais il signale un traité *Sur la mort*, ainsi qu'un texte étrangement intitulé *Le Geai*.

Un jour où Xéniade lui demandait comment il faudrait l'enterrer, Diogène répondit : « Face contre terre. » Xéniade lui ayant demandé pourquoi, il eut cette réponse mystérieuse : « Parce que sous peu tout sera sens dessus dessous. »

À sa mort, Diogène aurait quasiment atteint quatre-vingt-dix ans. Selon un témoignage, il serait mort après avoir mangé des calamars crus ; selon un autre, il se serait suicidé en retenant sa respiration.

Lucien décrit Diogène dans l'Hadès, ridiculisant le roi Mausole, jadis puissant et beau, enterré dans son vaste mausolée éponyme après avoir conquis la plus grande partie de l'Asie Mineure. Nous sommes tous égaux devant la mort ; dans l'Hadès, nous ne comptons pour rien. La mort fait des cyniques de nous tous.

Cratès de Thèbes
(365-285 av. J.-C.)

Ce disciple de Diogène fut un autre cynique. Plutarque a écrit une *Vie de Cratès,* dont nous n'avons pas le manuscrit. Il semble qu'elle fut toute de pauvreté et de rire. Se sachant proche de la fin, Cratès entonna ce chant magique : « Tu t'en vas, cher bossu, vers la demeure d'Hadès, tout courbé par les années de vieillesse. »

Hipparchia
(dates inconnues, vécut
à la fin du IIIe siècle av. J.-C.)

Hipparchia est la première philosophe que mentionne Diogène Laërce. Dans sa jeunesse, elle tomba amoureuse de la philosophie et de Cratès, qui était considérablement plus âgé qu'elle. Refusant de nombreux prétendants de haute naissance et de grande fortune, elle ne voulait épouser que Cratès. Désespérés, ses parents convoquèrent l'objet de sa passion pour qu'il dissuade leur fille. Cratès échoua dans sa tentative ; son dernier geste fut de se dévêtir :

> *Voici le jeune époux et voilà ce qu'il possède ; décide en conséquence. Car tu ne seras pas mon épouse si tu ne pratiques pas le même genre de vie que moi.*

Hipparchia fit son choix et, à partir de ce moment-là, elle vécut et s'habilla comme Cratès et suivit la vie du Cynique. Selon Sextus Empiricus, elle et son époux avaient l'habitude insolite de faire l'amour en public. On ne connaît pas les circonstances de sa mort.

Métroclès

(dates inconnues,
fin du IIIe siècle av. J.-C.)

Frère d'Hipparchia. Il n'aurait pu s'empêcher de péter un jour qu'il répétait un discours. Pris de désespoir, celui-ci décida de ne plus rien manger jusqu'à la fin de ses jours. Au cours d'une visite, Cratès parvint tout de même à lui faire avaler un plat de lupins. Membre de la famille des fèves, ou *fabaceæ,* les lupins plongèrent évidemment l'infortuné Métroclès une seconde fois dans l'embarras. Pour des raisons qui m'échappent (si j'ose dire), les lupins étaient très réputés parmi les cyniques ; ils sont mentionnés par Diogène dans les *Dialogues* de Lucien.

Cratès finit par convaincre Métroclès qu'il n'avait aucune raison d'avoir honte de ces émissions gazeuses et celui-ci, ancien disciple de Théophraste, devint le disciple de Cratès. Ainsi, la philosophie commence en pétant ; certains iraient jusqu'à dire qu'un vent chaud à une extrémité du corps s'accompagne simplement d'un vent chaud à l'autre extrémité.

Métroclès mourut à un âge avancé, « s'étant lui-même étranglé », comme le note sèchement Diogène Laërce. Pas à cause des lupins, espérons-le.

Ceci me rappelle les *Nuées* d'Aristophane, où Socrate, dans le rôle d'un sophiste charlatan, veut convaincre le crédule Strepsiades de l'origine du tonnerre. Il lui dit :

Pense d'abord aux minuscules pets que produisent tes intestins. Puis considère les cieux : leurs pets infinis sont le tonnerre. Car le tonnerre et le pet sont par principe une seule et même chose.

Les orages seraient donc pour la nature une manière flatulente de faire entendre un point de vue philosophique.

Ménippe
(vécut au IIIe siècle av. J.-C.)

Il est né en Phénicie et fut d'abord un esclave pratiquant l'usure avec succès. Puis il devint citoyen de Thèbes et, on l'imagine, quelqu'un de fortuné. L'histoire dit qu'il se pendit de désespoir après qu'on lui eut volé tout son argent. Ménippe, qui était un disciple de Diogène, est peut-être le plus cynique des cyniques au sens moderne. Il fut certainement le cynique le plus enclin au rire et aux grivoiseries délicieusement cruelles. Bien qu'aucun de ses écrits n'ait subsisté, il est connu pour le genre littéraire qu'il a inspiré, dont Pétrone et Lucien sont les champions. Dans les *Dialogues des morts* de Lucien, il est le parfait antihéros : on le voit convoqué dans l'Hadès pour se moquer des plaintes des anciens riches et puissants comme Midas et Crésus, et des inanités de philosophes comme Socrate, qui est décrit coursant de jeunes garçons (les vieilles habitudes ont la vie dure). Ménippe refuse de payer Charon, le passeur des Enfers, ce qui lui vaut l'admiration de Cerbère, le suppôt à trois têtes de Satan. Une histoire de chien en admirant un autre. Cerbère conclut ainsi leur dialogue :

> *Toi seul as fait honneur à ta race – toi et Diogène avant toi, parce que tu es venu ici sans y être forcé ou poussé, mais de ton plein gré, en te riant de chacun et en les insultant.*

Passons désormais à trois écoles philosophiques ayant exercé une influence majeure dans l'Antiquité tardive et au-delà : les sceptiques, les stoïciens et les épicuriens.

Sceptiques, stoïciens et épicuriens

Anaxarque

(dates inconnues,
vécut au IVe siècle av. J.-C.)

Il fut un disciple de Démocrite et le maître de Pyrrhon d'Élis. Anaxarque prétendait qu'il ne savait rien, y compris le fait qu'il ne savait rien.

On l'appelait « le Bienheureux », l'*eudaimonikos*, mais sa fin fut tout sauf heureuse. À l'instar de Pyrrhon, il voyagea avec les armées conquérantes d'Alexandre le Grand. Au cours d'un banquet avec ce dernier, il insulta Nicocréon, le tyran de Chypre. Celui-ci n'oublia jamais l'offense. Et quand le mauvais temps contraignit Anaxarque à abriter son navire à Chypre, il fut capturé. Nicocréon ordonna qu'on le place dans un énorme mortier et qu'on le broie à mort avec un pilon en fer. C'est alors que le sceptique s'exclama : « Broie, broie le sac qui enveloppe Anaxarque, mais Anaxarque tu ne broieras pas ! »

Il est dit que quand Nicocréon ordonna qu'on lui coupe la langue, comme Timicha, il la sectionna de ses propres dents avant de la cracher au visage du tyran.

Pyrrhon
(360-262 av. J.-C.)

Pyrrhon est le fondateur de la tradition extrêmement importante du scepticisme antique. Il n'a laissé aucun écrit, et ses idées nous ont été transmises par son disciple Timon, qui, avant de devenir philosophe, était danseur professionnel (n'ayant qu'un œil, il se nommait lui-même « le Cyclope »).

Nous devons à Sextus Empiricus, un médecin du IIe siècle, l'exposé le plus clair et le plus vigoureux sur le scepticisme pyrrhonien, mais la vie de Pyrrhon, et cela est vrai des autres sceptiques, nous reste très largement méconnue. Il aurait vécu jusqu'à l'âge de quatre-vingt-dix-neuf ans. On sait qu'il voyagea en Inde comme philosophe à la cour d'Alexandre le Grand ; il semble qu'il rencontra des ascètes nus, que les Grecs appelaient « gymnosophistes ». Comme l'écrit Jonathan Barnes : « Il n'est nullement impossible que le pyrrhonisme ait eu un parrain indien. »

Timon, l'ex-danseur à un œil, dit : « En vérité, aucun mortel ne pouvait rivaliser avec Pyrrhon. » Sa tranquillité d'esprit est restée célèbre. Un jour qu'il se trouvait à bord d'un bateau pris par la tempête, Pyrrhon indiqua aux autres passagers terrorisés un cochon qui continuait de manger paisiblement, et expliqua qu'ainsi devait se comporter le sage. Férocement mordu par un chien, il fut saisi un instant par la peur avant de s'en excuser aussitôt. « Il est difficile de se dépouiller de son être d'homme » glissa-t-il. Le scepticisme antique vise à cette tranquillité d'esprit où réside le bien-être. En cela, il diffère radicalement de la connotation moderne du scepticisme que nous associons en général au doute radical sur l'existence du monde matériel, de Dieu ou de l'âme. Dans la philosophie moderne, par exemple chez Descartes ou Kant, le scepticisme est une menace dangereuse et vertigineuse à laquelle la découverte de la certitude doit offrir une réponse. À l'opposé, dans l'Antiquité, le scepticisme *est* la réponse ; il n'est pas une expérience académique du doute, mais l'expression d'un mode de vie total. Le scepticisme est éminemment pratique.

En grec, *skeptikos* signifie « celui qui examine » ; le sceptique ne prétend pas savoir, mais persiste dans ses enquêtes ou examens. Chaque histoire a deux aspects, et nous pouvons toujours trouver des preuves qui justifient la croyance *x* ou sa négation *y*. Pour prendre quelques exemples pittoresques, les Perses ne trouvaient rien d'étonnant à coucher avec leurs filles, et Chrysippe estimait que les relations sexuelles entre une mère et ses enfants devaient nous laisser indifférents, alors que dans la Grèce antique, ces deux perspectives faisaient grimacer de dégoût l'opinion dominante et le droit.

En revanche, le sceptique est simplement sceptique de la possibilité de la croyance en soi. Il conseille d'observer les deux aspects d'une question et de pratiquer en toutes choses une suspension du jugement, ce qu'on appelle *épochè*. Selon les mots de Philon : « Nous ne pouvons rien dire de définitif sur quoi que ce soit. » Le sceptique ne décline ni ne choisit ; il suspend son jugement et pratique le silence, ou *aphasia*. Ainsi refuse-t-il d'affirmer ou de nier qu'il y a une vie après la mort, que l'âme est séparée du corps, qu'il existe un enfer ou un paradis. Celui qui n'affirme rien et ne nie rien goûte à une tranquillité qui ouvre à toutes les formes d'observation, loin de toutes les formes de dogmatisme. Nous n'avons aucune certitude (c'est le cas de le dire) sur les circonstances entourant la disparition de Chrysippe ;

mais ce serait pousser un peu loin le scepticisme que de nier sa mort.

Zénon de Cittium
(335-263 av. J.-C.)

Le fondateur du stoïcisme aimait manger des figues vertes et se dorer au soleil. Il était basané, avait le cou déformé et, de l'avis général, des manières plutôt rudes. Il est intéressant de noter que Zénon n'était pas grec, mais phénicien, et qu'il se retrouva totalement démuni à Athènes après le naufrage au large du Pirée d'un bateau chargé d'étoffes pourpres. On sait bien entendu que *La République* de Platon se situe au Pirée et c'est en réponse au philosophe que Zénon écrivit sa propre *République*, une œuvre extrêmement radicale qui fut immensément admirée et établit sa réputation de philosophe. D'après Plutarque, Zénon soutenait que l'organisation politique ne devait pas se fonder sur les cités, qui ont toutes un système juridique différent ; au contraire, il fallait considérer l'ensemble des êtres humains comme nos concitoyens. Prenant à contre-pied l'opinion grecque, Zénon recommandait d'étendre la citoyenneté aux femmes et aux esclaves. Il s'opposait également à la construction de temples et de tribunaux, et dénonçait l'usage de l'argent. Il était favorable à une communauté ouverte d'épouses et d'époux, et partisan de vêtements unisexes. Il est probable qu'il justifiait aussi l'inceste et le cannibalisme. À vrai dire, le radicalisme de Zénon fut une source d'embarras pour des stoïciens romains comme Sénèque et Marc Aurèle, à l'époque où le stoïcisme jouissait de l'assentiment impérial aux plus hauts échelons de la société.

La frugalité de Zénon est légendaire ; il mangeait sa nourriture crue et s'habillait seulement d'une cape de tissu fin. On le disait insensible à la pluie, à la chaleur et aux souffrances de la maladie. Pour en revenir au thème des lupins qui embarrassèrent tant Métroclès, une histoire rapporte qu'au cours d'une fête, Zénon se serait enivré au point de devenir amical avec son entourage. Lorsqu'on lui fit remarquer qu'il avait rompu avec ses mauvaises manières, il répondit : « Les lupins aussi, bien qu'amers, s'adoucissent quand ils sont humidifiés. »

Zénon donnait ses leçons sur le *stoa*, le passage couvert ou Portique qui entourait la place du marché athénien. Ses disciples furent d'abord appelés zénoniens et, plus tard, stoïciens. Il présida son école pendant cinquante-huit ans ; les circonstances de sa mort, à l'âge de quatre-vingt-dix-huit ans, sont bizarres. Un jour qu'il quittait l'école, il trébucha, tomba et se cassa un orteil. Frappant le sol de son poing, il cita un vers tiré du *Niobé* de Timothée de Milet : « Je viens de mon plein gré ; pourquoi m'appelles-tu ? » Il mourut volontairement sur place en retenant son souffle.

Cette manière de mourir illustre une des croyances chères aux stoïciens : la vertu consiste à suivre les lois de la nature et tous les événements et entités naturels – y compris les lupins – sont l'expression de la divine providence.

Ariston

(vécut au IIIe siècle av. J.-C.)

Disciple de Zénon, surnommé « le Chauve », il professait l'indifférence envers toutes choses. Il disait que la finalité de la vie est la culture de l'indifférence envers le vice et la vertu, de telle sorte qu'on puisse être disposé aux deux, ou à aucun des deux. L'histoire veut qu'il ait succombé à une insolation du fait de son crâne chauve. Diogène Laërce consacre ses plus mauvais vers à l'événement :

Pourquoi Ariston, âgé et chauve, consentir
À laisser au soleil ton front rôtir ?
Ainsi, cherchant la chaleur plus que nécessaire,
De l'Hadès tu découvres la froideur meurtrière.

Dionysius

(vécut au IIIe siècle av. J.-C.)

Pour une raison ou pour une autre, on le surnommait « le Renégat ». Il s'est suicidé en cessant de se nourrir.

Cléanthe

(331-232 av. J.-C.)

Successeur de Zénon, premier scolarque de l'école stoïcienne et au départ boxeur professionnel, Cléanthe était un philosophe connu aussi bien pour sa patience à toute épreuve que pour sa légendaire lenteur d'esprit (faut-il y voir un lien avec la boxe ?). C'était un bûcheur et voilà pourquoi on l'appelait parfois « l'Âne ».

Avec Zénon, il pensait qu'on peut définir le bonheur comme un « cours harmonieux de vie ». Pour gagner un peu d'argent, il retranscrivait les cours de Zénon sur des coquilles d'huîtres et des os de bœuf. Cléanthe jouissait du respect de Chrysippe, son disciple, qui était intellectuellement plus vif, mais tous deux eurent un curieux désaccord sur la nature de la marche : pour Cléanthe, la marche était le souffle qui s'étend, depuis ce que les stoïciens appelaient le « principe directeur » de l'âme, en direction des pieds, alors que pour Chrysippe, la marche était le principe directeur lui-même.

Dans sa vieillesse, Cléanthe souffrit d'une virulente inflammation des gencives et refusa toute nourriture. Quand les médecins l'eurent guéri, il persista dans son jeûne, expliquant qu'il s'était trop avancé sur la route de la mort. Il s'affama jusqu'au dernier soupir.

Chrysippe
(280-207 av. J.-C.)

Deuxième scolarque du Portique, de 232 jusqu'à sa mort. On disait à l'époque : « S'il n'y avait pas Chrysippe, il n'y aurait pas de Portique. »

Chrysippe, philosophe extrêmement brillant et d'une certaine arrogance, aurait écrit 705 livres traitant de la logique et de la nature des propositions. Voici quelques exemples de sa dextérité en logique :

Ce qui n'est pas dans la cité n'est pas non plus dans la maison ; or il n'y a pas de puits dans la cité ; donc il n'y en a pas non plus dans la maison.

Et à nouveau, plus déconcertant encore :

Il y a une tête, mais tu n'as pas cette tête-là ; ceci étant, il y a une tête que tu n'as pas ; donc tu n'as pas de tête.

Merveilleux comme la logique aide à se connaître soi-même ! Diogène Laërce rapporte de façon scandaleuse que Chrysippe acceptait qu'on se marie avec sa mère, sa fille ou son fils et que dans le troisième livre de son traité *Sur le juste*, il se montrait favorable à ce qu'on puisse manger les cadavres des morts. On frémit en pensant aux repas de funérailles dans cette famille.

Deux histoires courent sur les circonstances de sa mort, toutes deux impliquant l'alcool. Selon la première, il avala une goulée de vin moelleux, fut pris de vertiges et mourut cinq jours plus tard. La seconde est encore meilleure : après qu'un âne (on suppose que ce n'était pas son vieux maître Cléanthe) eut mangé ses figues, Chrysippe lança à une vieille femme : « Maintenant, donne à l'âne du vin pour faire passer les figues. » Sur ces mots, il rit si fort qu'il en mourut.

Mais rira bien qui rira le dernier, car si nous faisons un tri dans le maquis des fragments qui ont survécu à la disparition de l'œuvre de Chrysippe, nous trouvons les thèses suivantes. (I) La mort est la séparation de l'âme et du corps. (II) Pour les stoïciens, l'âme individuelle, ou *microcosmos,* est une partie intégrante de l'âme du monde, ou *macrocosmos*, qui est identique à Dieu ou au principe divin. (III) En soi, la vie de l'âme ne s'achève pas avec la mort, elle fait partie de ce que les stoïciens considéraient comme le cycle récurrent de l'éternel retour du même ordre du monde. (IV) Par conséquent, conclut Chrysippe dans un fragment des *Institutions divines* : « Il n'est évidemment pas impossible que nous aussi, après notre mort, revenions sous la forme qui est actuellement la nôtre, au terme d'une certaine période de temps. » Ainsi, on n'a peut-être pas tout à fait fini d'entendre rire Chrysippe.

Épicure
(341-271 av. J.-C.)

Les stoïciens étaient farouchement hostiles aux épicuriens. Épictète traite le fondateur de l'épicurisme de « proférateur d'obscénités », et Cicéron raille sa vision de la nature des dieux. Le chrétien Clément d'Alexandrie baptise Épicure « prince de l'athéisme » et Timocrate, dans ses *Réjouissances*, prétend qu'il vomissait deux fois par jour à cause de ses excès. Répondant aux injures d'un certain Nausiphane, Épicure qualifie ce dernier de « poumon marin », d'« illettré », d'« imposteur » et de « traînée » – on vous épargnera la suite.

D'autres stoïciens se montrent plus conciliants. Sénèque, dans *La Vie heureuse*, écrit qu'Épicure ne mérite en rien sa mauvaise réputation. Plus surprenant, Diogène Laërce, dans sa pompeuse enquête journalistique, le défend longuement et vigoureusement. « Ses détracteurs sont des fous furieux », écrit Diogène qui lui consacre cent cinquante-quatre pages, un traitement dont ne bénéficie aucun autre philosophe dans ses dix volumes.

Épicure fut un auteur prolifique. Son principal traité, sur la philosophie naturelle, ne représentait pas moins de trente-sept volumes. Il n'en reste que quatre lettres, des fragments et des témoignages épars, préservés en grande partie grâce à Diogène Laërce qui mentionne l'« insurpassable bienveillance [d'Épicure] envers autrui ».

Une grande part du problème avec Épicure tient à la connotation du mot « épicurien ». Si, comme nous l'avons vu plus haut, les cyniques étaient loin d'être cyniques, Épicure n'avait quant à lui rien d'un épicurien. Au contraire, il prônait la frugalité en tout. Il se disait prêt à rivaliser en bonheur avec Zeus pour peu qu'on lui apporte un gâteau d'orge et un peu d'eau, ajoutant : « Envoie-moi un petit pot de fromage pour que je puisse, quand je le voudrai, faire bonne chère. » L'épicurisme se préoccupe avant tout de cultiver le bonheur, qui est ici compris comme l'état de félicité accompagnant une vie sans désirs excessifs, sans soucis et surtout sans angoisse. Une personne anxieuse de ce qu'elle n'a pas ne sera jamais heureuse. Vivre sans anxiété, c'est jouir de la félicité des dieux.

Ainsi, l'épicurisme n'est pas une question d'ivresse, de fêtes, de plaisirs avec des garçons ou des filles, de consommation de poisson et autres mets délicats servis de manière extravagante, c'est une question de *prudence* dans tous les domaines. Le sage épicurien ne se marie pas et ne fonde pas de famille, pas plus qu'il ne « raconte de bêtises quand il est soûl ». Quant à la fornication, Épicure dit : « La luxure n'a jamais permis à personne de s'améliorer. » On se demande, compte tenu de la notion extrêmement ascétique du plaisir chez Épicure, pourquoi on voudrait devenir hédoniste.

Les épicuriens vivaient dans des petites communautés, selon le modèle de celle qu'Épicure avait établie à la périphérie d'Athènes et qu'il appelait « le Jardin ». Nous savons très peu de chose sur la vie de ces communautés, sinon qu'elles accueillaient des servantes et des femmes sur un pied d'égalité avec les hommes, et accordaient une place capitale à l'amitié. Épicure nous dit que la plus grande bénédiction dans la vie est l'amitié, et que le sage « est toujours prêt à mourir pour son ami ».

La triste vérité sur la prétendue recherche des plaisirs épicuriens se trouve dans les circonstances de la mort d'Épicure, survenue environ sept ans après celle de Platon. Notoirement maladif (son disciple Métrodore a même écrit *Sur la faible constitution d'Épicure*), il s'éteignit dans des souffrances épouvantables dues à une infection rénale et à des calculs. Mais ce fut joyeusement, entouré de ses amis et disciples. Dans une dernière lettre à Idoménée, Épicure écrit :

En ce jour le plus heureux et le dernier de ma vie, je souffre de maux de la vessie et des intestins qui sont de la plus extrême sévérité.

Il poursuit avec ce propos étonnant :

Mais toutes mes douleurs sont compensées par le contentement qu'éprouve mon âme au souvenir de nos conversations passées.

Deux millénaires plus tard, en 1649, une période marquée par l'essor de la vision scientifique moderne du monde, c'est ce contentement de l'âme qui fascine Pierre Gassendi quand il défend la vie et les opinions d'Épicure *(voir introduction, p. 27-28)* J'estime, quant à moi, qu'il n'est pas de philosophe de l'Antiquité plus pertinent pour notre époque qu'Épicure en ce sens que sa conception de la nature, résolument atomiste et scientifique, se double d'une position éthique qui vise à la prudence, au calme et à la maîtrise des terreurs de l'anéantissement. Comme nous l'avons vu dans l'introduction de ce livre *(voir p. 27)*, Épicure porte un regard lumineux sur la mort :

> *On peut se mettre à l'abri de bien des choses. Mais quand il s'agit de la mort, nous autres humains vivons tous dans une cité sans murs.*

Les épicuriens, contrairement aux pythagoriciens, aux platoniciens et aux stoïciens, considèrent donc la mort comme une extinction totale, l'âme n'étant rien de plus qu'un amalgame provisoire de particules atomiques. Le corollaire moral fondamental de cette conception est que ce sont la peur de la mort et le désir d'immortalité qui ruinent la vie. Il faut cultiver l'idée que la mort n'est rien pour nous, certainement rien qu'il faille redouter. Comme dit Épicure, « c'est une même étude que celle de bien vivre et celle de bien mourir ». Le « contentement de l'âme » n'est pas qu'un vain désir pour qui est capable d'envisager sa vie comme une façon de se préparer à la mort.

Lucrèce (Titus Lucretius Carus)

(vécut au Ier siècle av. J.-C.)

Avec Épicure s'achève la longue lignée des Grecs de l'Antiquité. Nous ne savons pratiquement rien de l'auteur de *De natura rerum (De la nature des choses),* le long poème épique et didactique consacré à l'enseignement d'Épicure. Mais nous connaissons les mots tristement célèbres de saint Jérôme qui, quatre siècles après Lucrèce, écrivit dans une adresse datée de l'an 94 av. J.-C. :

> *Le poète Titus Lucretius Carus est né. Un philtre d'amour le rendit fou et il composa, dans les intervalles de sa folie, plusieurs livres que Cicéron s'em-*

ploya à corriger. Sa vie prit fin à l'âge de 43 ans après qu'il se fut suicidé.

Nous n'avons aucune raison de croire ou de ne pas croire cette histoire qui convient manifestement au projet chrétien de Jérôme qui veut dénoncer les excès hédonistes du grand poète païen. Mais l'histoire de Lucrèce rendu fou par un philtre d'amour est devenue légende ; en 1868, quand il écrit son poème *Lucrèce*, Tennyson imagine le point de vue de la femme du poète, une certaine Lucilla, qui « trouva son maître un peu froid ». Ce n'était pas faute d'être aimée par le philosophe, mais Lucrèce était occupé à des questions autrement plus graves, comme la scansion de l'hexamètre dactylique, quand il n'était pas absorbé par la lecture des trois cents manuscrits laissés par son maître Épicure, qu'il tenait pour divin. Courroucée par cette froideur inacceptable, Lucilla utilisa les services d'une sorcière pour la préparation d'un philtre d'amour. Loin d'obtenir l'effet désiré, la potion produisit chez Lucrèce une vision horrible de l'univers épicurien où les atomes entraient en collision les uns avec les autres. Dans sa folie délirante, Lucrèce orienta sa passion non pas vers sa femme, mais vers la vertu épicurienne la plus élevée, la tranquillité, à laquelle il adresse ce douloureux dithyrambe :

Ô toi épouse sans passion, divine Tranquillité,
Après laquelle languit le plus sage des sages
Qui échoue à te trouver.

Ayant reconnu son échec à courtiser la divine tranquillité en question, il s'enfonça un couteau dans le flanc puis expira – abandonnant définitivement Lucilla à sa frustration sexuelle. Quel que soit le fondement de l'histoire de saint Jérôme, Lucrèce développe à la fin du Livre III de *De natura rerum* une vision puissante de la mort. Convaincu du caractère mortel et donc matériel de l'âme, il rejoint son maître Épicure quand il affirme: «La mort n'est rien pour ce qui nous concerne.» Elle n'est rien qu'il faille craindre. En effet,

> *Une fois la vie emportée par l'immortelle mort, celui qui n'est plus ignore le malheur, à l'image de celui qui n'a jamais été.*

Pourquoi dès lors pleurer et gémir sur la mort? Elle n'est rien. Elle est moins que le sommeil qui lui ressemble. La seule différence est que dans la mort nous ne nous réveillons pas et que notre forme corporelle se disperse dans «la masse grouillante de la matière». Il s'est passé une éternité avant notre naissance. Est-ce une source d'anxiété? Non, bien entendu. Alors pourquoi l'éternité qui passera après notre mort devrait-elle être une plus grande source d'anxiété? De même, nous ne devrions avoir aucune peur de ce qui adviendra de notre corps après la mort. Avec un réalisme brutal, Lucrèce écrit:

> *Car si c'est un malheur, une fois mort, d'être déchiqueté et broyé par les mâchoires voraces des bêtes, je ne vois pas pourquoi il serait moins cruel de rôtir sur les flammes dévorantes du bûcher funéraire, d'être étendu raide de froid sous une dalle glaciale, de se faire embaumer dans le miel, ou bien de finir écrasé sous une immense masse de terre.*

Qu'il soit écrasé, broyé, glacé, rôti ou embaumé dans le miel, le philosophe sait quand il doit mourir;

une fois la sentence promulguée, il ne fait pas appel. Le poème de Lucrèce ne mentionne Épicure qu'une fois, à propos de ses préparatifs funéraires. Fuir la mort, c'est se fuir soi-même, c'est succomber au désir d'immortalité contre lequel Lucrèce dresse un argument mathématique : la quantité du temps passé à vivre ne réduira pas l'éternité de notre mort.

Ainsi, une soif de vivre insatiable nous possède. Mais ce n'est certes pas en vivant plus longtemps que nous raccourcirons de si peu que ce soit la durée de la mort. Enterre autant de générations que tu voudras, la mort qui t'attend n'en sera pas moins éternelle.

Comparée au temps de la mort, qu'est-ce qu'une année ou une décennie de plus ou de moins ? Sous l'angle de l'éternité, *sub specie æternitatis*, comme dit Spinoza, la brièveté ou la longévité de notre vie n'est rien devant l'éternité de notre mort. Plus encore, nous n'avons rien à redouter de cette éternité, elle est le fondement de la félicité et du calme.

Philosophes classiques chinois

La philosophie classique chinoise a connu deux moments riches et complexes : la fin de l'époque dite « des Printemps et des Automnes » (722-481 av. J.-C.), et la période dite des « Royaumes combattants » (403-221 av. J.-C.) qui s'acheva avec l'unification de la Chine sous la dynastie Qin, l'intronisation du premier empereur et l'achèvement de la Grande Muraille. Cette période est également connue comme celle des « Cent Écoles » ou des « Cent Philosophes », dont le plus éminent fut Kongzi ou Confucius.

Confucius
(551-479 av. J.-C.)

Confucius est sans aucun doute le philosophe qui a influencé le plus d'êtres humains au monde. Son nom est indissociable des « chinoiseries » – de quelque nature qu'elles soient – qui ont cours depuis deux mille cinq cents ans. Le suffixe « zi » ou « tseu » représente l'enseignant ou le maître ; ce sont les missionnaires jésuites qui ont latinisé le nom Kongzi en Confucius. Il semble que sa mère l'appelait « Qiu », qui signifie « monticule », à cause du renflement inhabituel de la partie supérieure de son front souvent apparent dans ses représentations.

Comme Socrate, Confucius n'était pas particulièrement beau. Il l'admet lui-même (on pense aux cyniques) : « Dire que je suis comme un chien dans une famille affligée, c'est un fait, c'est un fait. » Il est fascinant de constater que la grande période de la philosophie classique chinoise coïncide avec la pensée grecque de l'Antiquité, mais aussi que les désaccords intenses entre platoniciens, cyniques, stoïques et épicuriens trouvaient leur équivalent dans les conflits amers entre confucéens, taoïstes et mohistes.

Pour Confucius, la naissance et la mort sont voisines, et les rites religieux du deuil sont des occasions excessivement importantes d'exprimer de manière appropriée la valeur de la vie humaine. Il a fait revivre des rituels anciens, oubliés de son temps, liés aux funérailles et au deuil ; certains perdurent dans la Chine contemporaine. Quand sa mère mourut, Confucius lui fit un enterrement splendide et solennel ; puis, renonçant à ses charges officielles, il la pleura pendant trois ans de solitude. Il témoigna également d'un chagrin extrême à la mort de son disciple préféré, Yen Yuan. Ses autres disciples l'ayant critiqué de s'abandonner ainsi à la douleur, il répondit : « Vraiment ? Si je ne m'abandonne pas à la douleur pour un tel homme, pour qui le ferai-je ? »

La légende veut qu'il sut quand il mourrait et qu'il eût en rêve cette vision désespérée :

Pendant longtemps, le monde a été déréglé ; personne ne comprend comment il convient de me suivre. La nuit dernière, j'ai rêvé que j'étais assis devant les offrandes sacrificielles entre les piliers où est placé le cercueil.

Confucius est mort à l'âge de soixante-treize ans entouré de la foule de ses fidèles ; son cercueil fut placé entre des piliers, comme dans le rêve. Ses disciples le pleurèrent pendant trois ans avant de se disperser et de retourner chez eux ; seul Tsé Kung, qui était très proche de lui et estimait n'avoir pas payé sa dette à son maître, le pleura pendant trois années supplémentaires.

Dans le *Lun yü* ou *Entretiens*, Confucius exprime un certain agnosticisme sur la possibilité d'une vie après la mort. Ji Lu lui ayant demandé : « Peux-tu me dire ce qu'est la mort ? » Confucius répond : « ? Tu ne connais pas encore ce qu'est vivre, comment pourrais-tu comprendre ce qu'est mourir ? »

Laozi ou Lao tseu

(vécut au VIe siècle av. J.-C.)

On n'a aucune certitude que Laozi ait réellement existé ; quant au lien entre ce personnage et l'auteur du *Tao-tê-king* (Le Livre de la voie et de la vertu), il est ténu et se confond avec la légende. Selon cette légende, préservée par Sima Qian, le premier grand historien chinois, Confucius rendit visite à Laozi et tous deux s'opposèrent fortement sur l'importance des rituels. Quand la guerre ravagea le royaume de Zhou, Laozi, abandonnant son poste de bibliothécaire impérial, se mit en route vers l'ouest sur le dos d'un buffle. Il atteignait la passe de Han Gu quand le garde frontière, comprenant qu'il s'en allait pour de bon, lui demanda de coucher par écrit quelques-unes de ses maximes. Laozi obtempéra et c'est ainsi que le *Tao-tê-king* vit le jour. Ayant achevé son travail, Lao tseu remonta sur son buffle et on ne le revit jamais. Personne ne connaît le lieu de sa mort.

Il écrit :

> *J'éprouve de grands malheurs parce que j'ai un corps. Si je n'avais pas de corps, quel malheur pourrais-je encore éprouver ?*

Laozi est devenu un corps céleste quand on a donné son nom à l'astéroïde 7854. L'astéroïde 7853 porte celui de Confucius.

Mozi
(selon certaines sources,
470-390 av. J.-C.)

L'histoire veut que Mozi soit le fondateur du mohisme, une école philosophique dévolue à la frugalité, à l'introspection et à ce qu'on appellerait aujourd'hui la justice distributive. Rival négligé de Confucius, Mozi estimait que l'obsession confucianiste des rituels conduisait à des dépenses trop importantes et appauvrissait le peuple.

Ses vues ne manquèrent pas d'être attaquées par Zhuangzi :

> *Il demandait aux hommes de travailler dur toute leur vie et d'avoir les funérailles les plus simples. Un tel*

enseignement est trop austère. Comme si pour lui l'autoflagellation constituait un idéal.

Les mohistes s'opposaient vivement à l'élitisme bureaucratique du confucianisme, avec sa conception méprisante et paternaliste du bas peuple, ou « min ». Dans la philosophie classique chinoise, les mohistes représentaient les prolétaires et les démocrates. Les dynasties impériales successives se sont chargées de les marginaliser progressivement. C'est pourquoi, nous ne savons pratiquement rien de la vie de Mozi. Il semble que cet artisan issu des classes populaires était expert en fortifications et qu'il réussit ainsi à occuper un poste officiel. En fait, les débats sur la signification de son nom font toujours rage. On a d'abord pensé que « Mo » était son nom de famille ou de clan, et « Ti » ou « Zi » son prénom. Les dernières recherches montrent que le nom « Mo » désignait génériquement ceux qu'on cataloguait comme esclaves ou criminels. Selon cette interprétation, les disciples de « la voie de Mo » s'opposaient au pouvoir de la classe dominante en se déclarant partisans des esclaves.

Mozi mena une vie itinérante. Huai Nantsé observe d'ailleurs à son sujet : « Cet homme n'occupa jamais assez longtemps un fauteuil au point de le réchauffer. »

Mencius
(372-289 av. J.-C.)

Défenseur, contre les mohistes, d'une version idéalisée et hautaine du confucianisme, Mencius proclamait la bonté de la nature humaine et la recherche de la justice ou de la conduite correcte en toutes choses, ce qu'il tenait pour la voie du Paradis ou « tian ».

En une occasion, il écrit :

J'aime le poisson et j'aime les paumes de l'ours. Si je ne puis avoir les deux, je sacrifie le poisson et choisis les paumes d'ours.

Mencius poursuit l'analogie en disant qu'on peut clamer aussi fort son amour de la vie et son amour de la justice, mais à défaut de pouvoir obtenir les deux en même temps, il faut renoncer à la vie et choisir la justice. Par conséquent, on peut certes avoir la mort en horreur mais réprouver davantage le fait de ne pouvoir agir correctement. Mencius conclut – et c'est typique de sa part :

Il existe donc quelque chose de plus fort que le désir de la vie et la haine de la mort. Tous les êtres humains possèdent une telle disposition. Mais seul le sage sait comment ne pas la perdre de vue.

Pour ma part, étant tout sauf un parangon de vertu, je prendrai le poisson et la vie, et renoncerai poliment à la justice et aux paumes de l'ours.

Zhuangzi ou Tchouang tseu
(369-286 av. J.-C.)

Zhuangzi est peut-être le plus intriguant, le plus profond et le plus spirituel des philosophes classiques chinois. À la différence du moralisme hautain de Mencius, des aphorismes énigmatiques de Laozi et des principes moraux de Confucius, l'univers philosophique de Zhuangzi est éblouissant du point de vue linguistique et troublant du point de vue philosophique.

Au cœur de la version du taoïsme de Zhuangzi réside la croyance selon laquelle toute chose devrait pouvoir se comporter selon sa nature. La juste conduite consiste à permettre aux choses d'être, sans les forcer par la volonté ou par des spéculations vides à être autre chose que ce qu'elles sont. C'est une manière d'approcher l'idée du « non-agir », ou *wu wei*, qui ne signifie pas ne rien faire, mais seulement agir en accord avec la nature d'une chose. Ainsi, pour Zhuangzi :

> *La terre m'a donné un corps, la vie m'a fatigué, la vieillesse a relâché mon activité, la mort me reposera. Bénie soit la vie et par cela même bénie soit également ma mort.*

Quand Zhuangzi fut près de mourir, ses disciples voulurent préparer des funérailles somptueuses dans le style confucéen. Il refusa, disant : « Le soleil et la terre seront mon double cercueil. » Ses disciples s'étant récriés – « Nous sommes inquiets de ce que les corbeaux et les aigles dévoreront votre corps » – il fit cette réponse remarquable :

> *Un corps non enterré sera dévoré par les corbeaux et les aigles ; un corps enterré sera dévoré par les fourmis. Ainsi, vous arrachez la nourriture de la bouche des corbeaux et des aigles, et vous en remplissez la bouche des fourmis. Pourquoi vouloir favoriser ces dernières ?*

Pour Zhuangzi, il n'est rien dans l'existence qui ne soit bon. La mort n'est rien qu'un changement d'une forme d'existence à une autre. Si nous trouvons le bonheur dans cette existence, pourquoi ne le trouverions-nous pas dans une nouvelle existence, sous forme de nourriture pour les fourmis, les corbeaux ou les ours ? L'existence se définit par la transition d'une forme à une autre, et il faut accepter toutes les formes pour ce qu'elles sont. Ainsi, écrit Zhuangzi :

> *La mort et la vie sont des transformations ininterrompues. Elles ne sont pas la fin d'un commencement. Ce principe une fois compris, nous pouvons mettre à égalité la vie et la mort.*

Nous avons déjà croisé à une ou deux reprises dans ce livre cette mise à égalité de la vie et de la mort, mais ce qu'affirme Zhuangzi est encore plus radical : si la vie et la mort sont égales, nous ne devons pas pleurer les morts, mais accepter, voire célébrer leur disparition. En témoigne cette extraordinaire anecdote. Après le décès de l'épouse de Zhuangzi, Hui tseu rendit visite au Maître pour lui présenter ses condoléances. Il le trouva assis, affalé par terre, frappant vigoureusement sur une bassine et chantant : « Tu vécus à ses côtés, elle éleva tes enfants, puis elle prit de l'âge. » Quand Hui tseu suggéra que c'était peut-être un peu trop irrespectueux, il s'attira la protestation suivante :

> *Au moment de la mort de ma femme, je fus naturellement affecté un instant. Puis je pensais à sa naissance et au temps qui avait précédé sa naissance. Puis non seulement au temps qui avait précédé sa naissance, mais à celui où elle n'avait même pas de corps. Puis au temps où non seulement elle n'avait pas de corps, mais pas même un esprit. Au cours d'un pro-*

cessus mystérieux et merveilleux, l'esprit lui était venu. Puis une autre transformation, et un corps lui était venu. Puis une autre transformation, et elle était née. Et maintenant une autre transformation, et elle est morte. Tout cela ressemble à la succession des quatre saisons de l'année. En ce moment, ma femme est couchée tranquillement dans la grande Maison. Si je me lamentais en sanglotant bruyamment, cela signifierait que je ne comprends rien au cours du Destin. Aussi je m'en abstiens.

Poussière, tu retourneras à la poussière, – après avoir rempli une nouvelle fois le ventre des fourmis, est-on tenté d'ajouter. L'existence est le passage de l'informe qui précède la vie à l'informe qui succède à la mort. Laissons les trompettes du changement retentir, frappons sur la bassine et chantons.

Durant un débat entre quatre maîtres sur la mort, Maître Lai dit : « Si je pense du bien de la vie, je dois pour la même raison penser du bien de ma mort. » Nous ne devons pas troubler le processus de la transformation de la vie en mort, mais au contraire l'admettre, car la transformation est nécessaire. Quand Maître Yu tomba malade, il ne fut pas triste, mais authentiquement curieux de la transformation qui l'attendait : le créateur transformerait peut-être son bras gauche en un coq, auquel cas il deviendrait à même de veiller toute la nuit ; ou son bras droit deviendrait un carreau d'arbalète, auquel cas il pourrait abattre une chouette pour la rôtir ; ses fesses deviendraient peut-être des roues de charrette, auquel cas il économiserait beaucoup d'argent en sous-vêtements. Maître Lai regarda Maître Yu et dit :

Grand est le créateur! Que fera-t-il de toi? Où t'enverra-t-il? Fera-t-il de toi le foie d'un rat ou la patte d'un insecte?

Il n'est pas difficile d'imaginer que ce comportement exaspéra Confucius avec ses principes moraux. Celui-ci se serait exclamé:

Quelle sorte d'hommes sont-ils? Ils considèrent la vie comme une tumeur ou une grosseur et la mort comme sa percée ou son ouverture. Comment peuvent-ils savoir ce que sont la mort et la vie, le passé et l'avenir?

À la différence de Confucius, qui fut prévôt de la justice seigneuriale, Zhuangzi refusa toute fonction officielle et vécut une vie de dénuement et souvent de malnutrition. Un jour qu'il pêchait dans la rivière Pu, le seigneur Wei de l'État de Chu lui envoya deux ministres chargés de lui demander de s'occuper des affaires de l'État. Zhuangzi, tenant sa canne à pêche d'une main, déclara:

J'ai entendu dire qu'il y a une tortue sacrée dans l'État de Chu qui est morte depuis trois mille ans. Le seigneur la conserve dans une caisse en bambou couverte d'un tissu. Cette tortue préférerait-elle être morte et conservée avec tous les honneurs, ou être vivante et traîner sa queue dans la boue?

Les envoyés répondirent: «Elle préférerait traîner sa queue dans la boue.» À quoi Zhuangzi répondit: «Alors allez-vous en, s'il vous plaît. Je préfère traîner ma queue dans la boue.» Même si nos fesses devaient un jour se transformer en roues de charrette, je crois préférable, nous inspirant de Zhuangzi, de continuer à traîner nos queues dans la boue.

Han Feizi
(280-233 av. J.-C.)

Han Feizi, l'auteur de *La Difficulté de conseiller*, en proie à un souverain capricieux, connut une fin affreuse. À une époque où l'éloquence était l'outil politique le plus puissant, Han Feizi souffrait d'un terrible bégaiement ; cependant, il écrivait bien. Ce fut la cause de sa perte. Ses écrits tombèrent entre les mains du roi de Qin, le futur Qin Shi Huangdi, premier empereur de Chine. Le roi fit part à son ministre Li Si de sa profonde admiration pour ces écrits. Ce dernier, un ancien condisciple de Han Feizi, devint terriblement jaloux de son talent littéraire. Un peu plus tard, le roi de Qin assiégea le royaume de Han dont le souverain, le roi An, avait toujours refusé de suivre la « voie » de Han Feizi, qui était un de ses sujets. Dans l'espoir de sauver son pays de la destruction, An dépêcha Han Feizi auprès de Qin Shi Huangdi, qui fut enchanté de sa compagnie. Mais l'envieux Li Si sut le convaincre que le mandarin veillerait toujours aux intérêts de l'ennemi han. Han Feizi fut donc emprisonné ; soucieux de ne pas laisser au roi de Qin le temps de regretter sa décision (ce fut apparemment le cas plus tard), Li Si envoya du poison à la prison. Han Feizi le but et mourut. Et Li Si fut nommé premier ministre du premier empereur de Chine. Ne voilà-t-il pas une raison de plus pour que les philosophes se tiennent à l'écart de la politique ?

Zen et l'art de mourir

Je ne suis pas un expert en bouddhisme zen et quelques-unes de ses variations occidentales me poussent au scepticisme. Je ne trouve pas moins fascinante la tradition japonaise des poèmes écrits par des moines zen sur leur lit de mort. Outre qu'ils y faisaient traditionnellement part de leurs dernières volontés, les moines zen écrivaient un adieu à la vie en forme de haïku, court poème élégiaque. Idéalement, le moine, sentant sa mort prochaine, écrivait son poème, posait de côté son pinceau, croisait les bras, redressait le dos et poussait son dernier soupir.

On trouve un exemple extrême et légèrement comique de cette attitude chez Eisai (1141-1215), l'un des fondateurs du zen japonais. S'étant rendu à Kyoto pour montrer aux gens comment mourir, le moine s'assit, immobile, dans la position zen et mourut. Mais comme ses disciples se plaignaient de la rapidité de sa mort, il reprit connaissance et mourut cinq jours plus tard exactement de la même façon. Ces poèmes de mort font preuve d'une économie extrême, de rigueur formelle et de beauté, comme ce haïku de Koraku (mort en 1837).

Joie des gouttes de rosée
Dans l'herbe quand elles
Retournent à la vapeur.

Ou ce haïku de Dokyo Etan (mort en 1721) :

Il est dur ici dans l'ombre de la mort
De murmurer l'ultime mot.
Je dirai seulement, alors,

« Sans rien dire ».
Rien de plus.
Rien de plus.

Toutefois, nombre de ces poèmes de mort sont des merveilles d'autodénigrement et d'humour, comme ce haïku de Mabutsu (mort en 1874) :

Lune dans une barrique
Tu ne sais jamais quand
Le fond va céder.

Ou cet extrait du poème de mort *kyoka* de Kyoriku qui nous rappelle l'idée de Zhuangzi sur le cadavre nourrissant les fourmis :

Jusqu'à ce jour je croyais
Que la mort n'arrivait
Qu'à ceux qui n'ont pas de talent.
Si ceux qui ont du talent
Doivent mourir eux aussi
À coup sûr ils feront
Un meilleur engrais.

Romains (sérieux et grotesques) et néo-platoniciens

Cicéron (Marcus Tullius Cicero)
(106-43 av. J.-C.)

Il est temps de nous intéresser à Rome et de nous interroger sur ce que mourir signifiait pour un Romain. Nous allons voir que c'était une affaire plutôt sanglante. Dans *De finibus bonorum et malorum (Des vrais bien et des vrais maux),* Cicéron écrit :

> *La mort d'un grand chef est célèbre ; mais la plupart des philosophes meurent dans leur lit. Pour autant, la façon dont ils meurent fait toute la différence.*

Il pense à Épicure qui trouva dans les plaisirs intellectuels le moyen de maîtriser des souffrances physiques extrêmes, mais sa propre mort, loin de son lit, évoque plus le trépas d'un chef que la fin d'un philosophe. Cicéron mourut noblement, tandis que s'effondrait la république romaine qu'il avait toujours tenté d'empêcher de glisser dans le despotisme. Bien qu'on ne l'ait pas informé à l'avance du complot visant à assassiner César aux Ides de mars, Cicéron comptait un ami intime parmi les conjurés, Brutus. En brandissant sa dague tachée de sang (pas un comportement politique des plus discrets), Brutus cria le nom de Cicéron. Dans *De officiis (Le Traité des devoirs),* sa dernière œuvre philosophique, Cicéronjustifie longuement l'assassinat de César comme un acte légitime de tyrannicide. Cependant, l'idée d'une restauration de la république romaine fit long feu : Brutus et les autres « libérateurs » furent chassés de Rome, le consul Marc-Antoine étant résolu à prendre la place de César.

En juillet 44 av. J.-C., Cicéron se savait en danger ; il avait prévu de fuir Rome et de se réfugier en Grèce, mais, pour quelque raison inexplicable, il rebroussa chemin. Son retour fut d'abord triomphal. Dans une série de quatre discours solennels, intitulés *Philippiques,* en mémoire de la dénonciation de Philippe de Macédoine par Démosthène, il s'attaqua à Marc-Antoine. Mais, après la formation d'un nouveau triumvirat composé d'Octave, de Marc-Antoine et de Lépide, Cicéron fut condamné à être exécuté sans jugement. Son frère et son neveu devaient connaître le même sort. Cicéron n'était pas chez lui quand un groupe de soldats menés par le centurion Herennius défonça la porte de sa maison. Philologus, l'esclave affranchi qu'il avait éduqué, informa alors les soldats que son maître fuyait en direction de la mer.

Lorsqu'il aperçut ses poursuivants, Cicéron leur fit face. Herennius le tua. D'abord, il lui coupa la tête, puis, sur l'ordre de Marc-Antoine, il lui trancha les mains, ces mêmes mains qui avaient écrit ces

Philippiques. La tête et les mains furent envoyées à Rome, où Marc-Antoine ordonna qu'on les expose sur les Rostres où les orateurs romains pratiquaient l'éloquence. Comme on peut l'imaginer, c'était un message dissuasif pour la liberté de parole.

Pour le prix de sa trahison, Philologus fut condamné par la belle-sœur de Cicéron à découper sa propre chair morceau après morceau, à la rôtir et à la manger – le premier barbecue self-service du monde.

Sénèque (Lucius Annaeus Seneca)
(4 av. J.-C.-65 ap. J.-C.)

Sénèque écrit : « La vie n'est courte que par le mauvais emploi qu'on en fait. » Le problème avec la vie ne vient pas de sa brièveté, mais du fait que nous la dilapidons comme si elle ne devait jamais cesser, comme si elle était inépuisable. Nous vivons dans une fausse immortalité : nous croyons en notre désir d'immortalité et nous nous masquons la peur de la mort qui le sous-tend. Sénèque écrit : « Vous vivez comme des mortels dans ce que vous redoutez, et comme des immortels dans ce que vous désirez. » L'attitude philosophique correcte est exactement l'inverse.

Pour Sénèque, le philosophe est à l'aise avec tous les humains et il trouve toujours le temps. Comme l'observe Wittgenstein dans *Remarques mêlées* : « Les philosophes devraient se saluer ainsi : "Prends ton temps" ! » Le philosophe vous montre comment prendre votre temps et vous apprend comment mourir. Pour Sénèque, la peur de l'avenir engendre notre angoisse et alimente nos pleurs sur la brièveté de la vie. Il cite l'exemple de l'empereur perse Xerxès qui, déployant son immense armée à travers les plaines, pleurait parce que pas un homme dans cette foule ne serait vivant d'ici cent ans. Nous avons tous imaginé le monde sans nous ou sans ceux que nous aimons. Cependant, une telle angoisse de l'avenir est paralysante, elle est à l'origine du sentiment de la brièveté de la vie.

Selon Sénèque, le philosophe jouit d'une longue vie parce qu'il ne se soucie pas de sa brièveté. Il vit dans le présent. Pour moi, la seule immortalité que la philosophie puisse promettre est d'habiter le présent sans être inquiet de l'avenir. Les honneurs et la pompe sont vite oubliés, les monuments et les bâtiments publics tombent en ruine. Sénèque dit qu'il n'en va pas de même du philosophe :

> *La vie du sage s'étend donc au large ; elle n'est pas enfermée dans les mêmes limites que celle des autres hommes ; seul il est affranchi des lois du genre humain. Tous les siècles sont à son service comme s'il était un dieu. S'agit-il du temps passé ? Il le perçoit par le souvenir. Du présent ? Il l'emploie. Du futur ? Il le saisit d'avance. Ce qui lui fait une vie longue, c'est la réunion de tous les temps en un seul.*

Ce que le philosophe recherche et essaie d'enseigner est « quelque chose de grand, de suprême et de presque divin ». C'est une fermeté constante de l'esprit, une tranquillité où l'esprit cherche à suivre un cours régulier, à demeurer en état d'équilibre. Mais ce n'est pas la tranquillité de Lucrèce et d'Épicure avec leur croyance matérialiste dans la mortalité de l'âme. Pour les stoïciens tels que Sénèque, Épictète et Marc Aurèle, l'être humain est un composé d'âme et de corps que la mort rompt. Cependant, bien que le stoïcisme ait influencé le christianisme, cette notion d'âme n'est pas chrétienne. Pour les stoïciens, l'âme est le « souffle divin », ou « principe directeur » mis en évidence par notre rationalité. Cette âme rationnelle fait partie de l'âme du monde qui est divine. Dans une image largement utilisée par les stoïciens et que nous avons déjà rencontrée chez Chrysippe, l'âme individuelle est le microcosme du macrocosme divin animé. Au moment de mourir, nous retournons dans le macrocosme, substance universelle et ultimement divine.

Sénèque écrit : « On vit mal si l'on ne sait pas bien mourir ». L'important est d'être préparé à la mort, d'être courageux. La mort peut survenir n'importe quand. Sénèque conclut son essai *De la tranquillité de l'âme* avec des histoires de philosophes restés calmes devant les revers de fortune. Quand Zénon de Cittium perd tous ses biens dans un naufrage, il dit : « La Fortune veut que je me consacre plus librement à la philosophie », une remarque reprise plus tard par Spinoza. Même quand ils sont menacés par des empereurs ou des ennemis potentiels, les philosophes doivent s'efforcer de préserver leur tranquillité d'esprit.

Condamné à mort par Jules César, Julius Canus attendit son exécution avec un calme remarquable. Il jouait une partie de dames quand on lui annonça que l'heure était venue. Il compta les pions et dit à son compagnon de jeu : « Ne va pas prétendre après ma mort que tu as gagné. » Voyant le chagrin de ses amis, il dit encore : « Pourquoi êtes-vous tristes ? Vous vous demandez si l'âme est immortelle ; je le saurai bientôt. » Sénèque conclut : « Et il ne cessa, jusqu'à son tout dernier instant, de chercher la vérité et de prendre la mort comme sujet d'étude. »

Malheureusement, la mort de Sénèque fut plus tragi-comique qu'héroïque. Après avoir reçu de Néron l'ordre de se supprimer, il s'entretint calmement avec ses amis, puis il embrassa sa femme Paulina et lui recommanda d'accepter honorablement la perte de son époux. Refusant toute forme de consolation, Paulina décida de se suicider en même temps que son mari. Ensemble, ils se tranchèrent les artères des bras avec des dagues ; ce fut le début d'une agonie particulièrement pénible. Tourmenté par les souffrances de son épouse, Sénèque demanda à ce qu'on la transporte dans une autre pièce. Puis on apprit que Néron interdisait à Paulina de mourir : les soldats pansèrent ses plaies et arrêtèrent l'hémorragie. Elle survécut de plusieurs années à son époux.

Sénèque, quant à lui, paraît avoir eu des difficultés considérables pour passer de vie à trépas. Tacite rapporte qu'incapable de se vider de son sang tant son corps était affaibli par des années de jeûne, il demanda du poison de la même espèce que celui qu'on avait administré à Socrate. Il l'avala, mais la mort refusait obstinément de venir. Finalement, ses serviteurs le plongèrent dans un bain d'eau très chaude jusqu'à ce que la vapeur l'étouffe. Conformément à ses dernières volontés, son corps fut incinéré sans aucun des rituels funéraires habituels.

Pétrone (Titus Petronius Niger)

(mort en 66)

Pétrone était l'*arbiter elegantiæ* de Néron, son conseiller en matière de luxe et d'extravagance. Ce débauché notoire consacrait ses jours au sommeil et ses nuits à des plaisirs excessifs. Soupçonné de trahison, Pétrone, comme Sénèque, fut contraint au suicide, mais à la différence de Sénèque, il se mit en scène minutieusement dans le rôle d'un anti-Socrate, ridiculisant l'idéal de la mort philosophique. Tacite écrit qu'il s'ouvrit les veines, les recouvrit de bandages, avant de les rouvrir et de les bander encore au gré de son humeur. Loin de profiter de ses derniers instants pour se pencher sur la notion d'immortalité de l'âme ou les théories des philosophes, il s'adonna à la discussion avec ses amis, lançant des blagues et reprenant des chansons légères et taquines. À certains de ses serviteurs il fit des cadeaux généreux, à d'autres il donna le fouet. Il dîna, but, s'endormit et quitta cette vie comme il l'avait vécue.

Pétrone est l'auteur du *Satyricon*, une satire mordante destinée à déclencher moins l'hilarité qu'un dégoût comique de l'humanité. L'anti-héros du *Satyricon*, Trimalcion, est un vil et vulgaire esclave qui rampe jusqu'au sommet de la hiérarchie sociale, caricaturant Néron. Comparé à un « grand cochon resplendissant », Trimalcion compose sa propre épitaphe en un latin que Beckett appellerait « de porcherie ». La voici :

Ci-gît C. Pompée Trimalcion.
Il aurait pu occuper n'importe quel travail à Rome,
mais n'en choisit aucun.
Loyal, brave et sincère,
il n'avait au départ qu'une piécette en poche
mais laissa trente millions à ses héritiers.
ET JAMAIS IL N'ÉCOUTA UN PHILOSOPHE

Épictète
(55-135)

Esclave romain au début de sa vie, Epictète fut l'auteur de cours extrêmement populaires, *Les Entretiens,* ainsi que d'un bref manuel didactique de morale, l'*Enchiridion*, qui ont été publiés à titre posthume par son élève Arrien (lui-même auteur de la plus importante chronique consacrée aux campagnes d'Alexandre le Grand). Épictète était boiteux, peut-être le résultat de maltraitances du temps où il était esclave. Il menait une vie d'une extrême simplicité dans une cabane dotée d'une paillasse et d'une lampe en terre cuite (apparemment, on lui avait volé sa lampe en fer).

L'empereur Domitien, brute épaisse et tyran cruel, se méfiait viscéralement des philosophes et il les obligea tous à quitter Rome en 95. Épictète, qui faisait partie du lot, fonda à Nicopolis d'Épire une école philosophique très réputée à laquelle l'empereur Hadrien a rendu visite.

Bien qu'ayant exercé une profonde influence au cours des siècles, Épictète était maître dans l'art de formuler toutes sortes de truismes à la sauce stoïque qu'il savait transmettre avec une douceur convaincante et pédagogique. Ainsi, il recommandait l'autonomie individuelle, exhortait à accepter la providence et encourageait la tolérance dans tous les domaines.

Les circonstances de sa mort ne nous sont pas connues, mais il nous a légué quelques remarques savoureuses sur la mortalité. Il est intéressant de noter que l'une d'elles sert d'épigraphe à cette curiosité littéraire monumentale qu'est *Vie et Opinions de Tristram Shandy, gentilhomme*, de Laurence Sterne (1759-67) :

> *Ce ne sont pas les choses [*pragmata*] qui troublent les hommes, mais les jugements [*dogmata*] qu'ils portent sur ces choses. Ainsi, la mort n'est en rien terrible, sinon elle serait apparue telle à Socrate. La terreur vient de notre opinion que la mort est terrible.*

La terreur de la mort réside donc dans l'opinion que nous nous faisons de la mort, dans les dogmes que nous tenons pour vrais. Si nous portons un regard rigoureux sur les *pragmata*, la chose même, la terreur s'estompe. Si nous plaçons constamment la mort devant nos yeux et dans notre bouche, notre terreur et notre attachement aux choses temporelles se dissipent. Une autre remarque dans l'*Enchiridion* prolonge cette pensée :

> *Mort, exil, et toutes les autres choses qui paraissent redoutables : que tout cela soit devant tes yeux chaque jour, mais surtout la mort : et ainsi tu n'auras plus jamais de bassesse dans tes pensées ni d'excès dans tes désirs*

Il n'est évidemment pas sans ironie que cette réflexion serve d'épigraphe à *Tristram Shandy*. Car ce roman est une extraordinaire et épuisante exploration de ce fait que les opinions – ce que Sterne appelle les « hobby horses », les passe-temps – agitent plus les êtres humains que les choses elles-mêmes. Walter Shandy, le père de Tristram, vit dans un univers truffé d'opinions bizarres : sur les noms, les nez, les meilleures techniques d'accouchement pour protéger le tissu délicat du cervelet, etc., etc., opinions qui le font disserter sur des centaines de pages.

Sterne rétorque en fait à Épictète que les humains ne peuvent tout simplement pas s'*empêcher* d'être submergés par les opinions. C'est pourquoi la mort continue de nous terrifier.

Polémon de Laodicée
(né en 85)

Sophiste obscur et bavard dont Philostrate mentionne la mort extraordinaire dans ses *Vies des sophistes.* Polémon, qui aimait, plus que tout, déclamer, fit ce serment : « Jamais le soleil ne me verra réduit au silence ! » Pour ne pas manquer à sa promesse, il ordonna à sa famille de l'enterrer vivant. Comme on l'emmurait dans sa sépulture, il s'écria : « Dépêchez-vous, dépêchez-vous ! » L'ouvrage achevé, on entendit encore sa voix à l'intérieur du tombeau : « Donnez-moi un corps et je réciterai de nouveau à haute voix ! ».

L'histoire confirme cette raillerie de Clément d'Alexandrie à propos des sophistes qui sont comme de vieux souliers : « Tous, autant qu'ils sont, sont usés et prennent l'eau de toutes parts, mais ils continuent à couiner sans cesse. »

Pérégrinus Protée
(100-165)

Pérégrinus, un cynique qui fut d'abord chrétien, décida de s'appeler « Protée », du nom du personnage d'Homère capable de transformations aussi nombreuses que soudaines. Son ultime transformation lui fut fatale ; c'est aussi la plus célèbre. Elle le poussa à se réduire en cendres. Comme Empédocle dans la bouche de l'Etna, il se jeta dans la flamme olympique.

Cependant, à la différence d'Empédocle, Pérégrinus ne s'immola pas « loin de la foule déchaînée », mais sous les yeux du public. Bien pis, il avait déjà annoncé, dans un certain nombre de discours pathétiques, son intention de se transformer en torche olympique humaine. Témoin de cette scène, le satiriste Lucien écrit dans *Sur la mort de Pérégrinus :* « Ô stupidité ! Ô vaine gloire ! » Pour Lucien, seuls l'amour de la célébrité et le désir d'attention expliquent ce suicide. S'adressant à la foule des cyniques amassée autour du bûcher funéraire, il dit :

> *Éloignons-nous, pauvres niais. C'est un trop triste spectacle que de voir un vieil homme qui vient de rôtir, tout en emplissant nos narines de cet abominable fumet.*

Marc Aurèle
(121-180)

« Le plus grand des hommes », selon Voltaire ; l'« homme parfait », selon Oscar Wilde. Aux antipodes de l'esclave Épictète sur l'échelle sociale, Marc Aurèle fut empereur romain de 161 jusqu'à sa mort à Vindobona (la Vienne moderne) en 180. Il écrivit ses *Pensées pour moi-même* durant les campagnes militaires qui occupèrent les dix dernières années de sa vie. De fait, Marc Aurèle voit la vie comme une guerre, « un bref séjour en terre étrangère ; et l'oubli après la renommée ». Dans un tel monde, où trouver quelque chose de solide qui nous guide sur notre chemin et veille sur nous ? La réponse est claire, et clairement stoïcienne.

> *Une seule chose, la philosophie. Celle-ci consiste à veiller sur son « démon » intérieur, pour qu'il reste exempt d'affront et de dommage, qu'il triomphe des plaisirs et des peines*

Cette conception philosophique culmine dans l'attitude correcte envers la mortalité. Marc Aurèle dit que le philosophe doit « attendre la mort dans des dispositions favorables ». C'est-à-dire en cultivant le sentiment de tranquillité, comme nous l'avons déjà vu chez Sénèque.

> *Vivre chaque jour comme si c'était le dernier, s'interdire l'agitation, la mollesse, l'hypocrisie.*

Naturellement, les *Pensées pour moi-même* s'achèvent en méditation sur la mort. Marc Aurèle demande : « Que cherches-tu encore ? À prolonger tes jours ? » La finalité de la vie, c'est de suivre la raison et le « démon » intérieur, et d'accepter ce que la nature nous envoie. Vivre ainsi, ce n'est pas redouter, mais mépriser la mort. Elle n'est un objet de terreur que pour ceux qui sont incapables de vivre dans le présent. Marc Aurèle conclut : « Va donc en paix, le sourire aux lèvres, car celui qui te pousse à partir te sourit. »

Plotin
(205-270)

Avec le dernier grand philosophe païen (certains diront le plus grand), nous décelons dans le rapport du philosophe à la mort un changement qui annonce le christianisme, mais va aussi l'influencer. Cela est dû en partie à la nature même de la philosophie de Plotin avec son insistance profondément platonicienne sur la séparation de l'âme immortelle et du corps mortel ; mais la manière dont fut commémorée la vie du philosophe contribua davantage encore à cette évolution.

Son disciple Porphyre (232/3-305) a non seulement écrit une importante *Vie de Plotin*, mais réuni l'ensemble des écrits du Maître, les *Ennéades*. Le texte de Porphyre est très proche d'un évangile, et Plotin y est décrit comme un « homme divin » doté de pouvoirs surnaturels. Porphyre affirme même qu'il est entré en communion mystique avec Plotin après la mort de celui-ci. Ces traits sont caractéristiques de la vie des saints et de la tradition hagiographique que j'aborderai au chapitre suivant.

Le mysticisme adulateur qui imprègne la biographie de Porphyre se retrouve dans son organisation des écrits du Maître. Les *Ennéades* sont assez artificiellement divisées en cinquante-quatre traités composés de six séries de neuf. La raison de cet agencement est d'ordre numérologique. « J'étais heureux, explique Porphyre, d'avoir trouvé la perfection du nombre six et les groupes de neuf. » (Porphyre est lui-même un personnage fascinant, et l'auteur d'une œuvre monumentale en quinze volumes au titre plutôt direct, *Contre les chrétiens* ; les chrétiens – on ne sera pas surpris de l'apprendre – brûlèrent la dite œuvre en 448.)

Porphyre commence sa biographie par ces mots : « Plotin, le philosophe qui vécut à notre époque, semblait avoir honte d'être dans un corps. » Le but premier de la philosophie de Plotin est de dépasser l'individualité en utilisant l'intelligence pour accomplir l'union avec ce qu'il appelle l'« Un ». Cet « Un », ou esprit divin universel auquel l'individu participe, peut être atteint après la mort. La fin de Plotin est révélatrice à cet égard. Sur le point d'expirer, il fit cette déclaration énigmatique : « Essayons de faire remonter le divin qui est en nous vers le divin qui est dans le Tout. » Après ces mots, on vit un serpent se glisser sous le lit où Plotin était couché et disparaître dans un trou du mur au moment même où le philosophe expirait.

Que voulait dire cette phrase ? Peut-être que l'intelligence est le dieu en nous qui peut rejoindre la divinité du Tout, de même qu'un serpent peut muer et rentrer dans son trou. Mais peut-être pas.

Il est intéressant de noter que Plotin annonce également le christianisme dans son interdiction du suicide. De nombreux exemples, comme nous l'avons vu avec le duo bizarre formé par Sénèque et Pétrone, prouvent que le suicide n'avait absolument rien de honteux dans l'Antiquité. À la fin de la première *Ennéade*, Plotin demande : « Comment le corps quitte-t-il ce monde ? » C'est-à-dire, comment l'âme immortelle se détache-t-elle du corps mortel ? Plotin répond que cette séparation a lieu quand « le corps est incapable » de rester lié à l'âme. Mais qu'en est-il si quelqu'un décide de détruire son corps par un acte suicidaire ? Plotin soutient que nous ne devons à aucun prix forcer le corps à quitter l'âme ; il cite à l'appui l'oracle chaldéen : « Tu ne feras pas sortir l'âme du corps par la violence. »

Passant de l'âme au trou du cul, si je peux me permettre, Porphyre note que son maître souffrait fréquemment de maux intestinaux, mais qu'il ne voulut jamais subir de lavement, considérant ce genre de traitement inopportun pour un vieil homme. Ainsi, pour le bien de notre âme, notons que les soins apportés à notre trou du cul ne doivent jamais entraver notre cheminement vers le Tout.

Hypatie
(370-415)

Selon les preuves rassemblées par Gilles Ménage dans son *Historia mulierum philosopharum (Histoire des femmes philosophes)* (1690), Hypatie succéda à Plotin à la chaire de l'école platonicienne, et les philosophes affluèrent pour l'entendre. Bien qu'on sache peu de chose de ses travaux, elle était, semble-t-il, une platonicienne et la brillante et dévouée championne des idées de Plotin. On sait aussi qu'elle discourait et publiait d'abondants ouvrages sur les mathématiques et l'astronomie.

Selon une histoire peut-être apocryphe dans la *Souda*, quand l'un de ses disciples tomba amoureux d'elle (car elle était très belle), Hypatie lui montra un linge taché de son sang menstruel et dit : « Voilà de quoi tu es épris, mon ami, mais tu n'aimes pas la beauté pour elle-même. »

Cette observation guérit le jeune dévot de sa passion ; elle renforça la distinction plotinienne entre la pure apparence et la forme véritable de la beauté. Selon une source, Hypatie eut des amants ; selon une autre, elle resta vierge. Dans un cas comme dans l'autre, elle suscita des jalousies qui furent indirectement la cause de sa mort violente.

Hypatie était une amie proche d'Oreste, le préfet païen d'Alexandrie, et l'on dit qu'elle fut la cause de l'hostilité dont il témoigna à l'endroit de Cyrille, élu patriarche d'Alexandrie en 412. Après avoir brûlé la célèbre bibliothèque d'Alexandrie et détruit les synagogues juives, prélude à l'expulsion des juifs d'Alexandrie en 414, des chrétiens fanatiques se mirent en quête de la plus célèbre philosophe de la ville. Alors qu'elle se rendait au théâtre des conférences, un groupe d'entre eux sortit de force Hypatie de sa voiture et la traîna jusqu'à l'église de Césarée. Là, elle fut dépouillée de ses vêtements et tuée à coups de « tessons de tuiles ». On lui arracha la peau avec des coquilles d'huîtres et son corps fut découpé en morceaux puis brûlé dans un lieu appelé Cinaron. Elle avait alors quarante-cinq ans. Hypatie aurait déclaré : « Rien n'est plus effroyable que de faire passer la superstition pour la vérité. »

Le martyre d'Hypatie perpétré par les chrétiens (curieux retournement des choses) marque la sortie du paganisme. Quelle relation le christianisme, qui lui succède, entretient-il avec la philosophie classique de l'Antiquité ? C'est une vaste question. Dans *Les Stromates,* qui date du tout début du IIIe siècle, Clément d'Alexandrie affirme que la philosophie fut pour le monde grec ce que les lois de Moïse représentaient aux yeux des juifs : « un précepteur conduisant au Christ ». Ainsi, la philosophie n'est pas en tant que telle dans l'erreur ; elle n'est qu'une préparation à la *vraie* philosophie, à savoir le christianisme. Comme nous allons le voir, une telle conception ne manquera pas d'avoir de funestes conséquences.

De la mort de quelques saints chrétiens

Saint Paul
(10 ?-67 ?)

Saint Paul est le second, et sans doute le plus important fondateur du christianisme. Selon une formule bien à lui, il était un « Hébreu né d'Hébreux » versé dans la tradition orale de la loi pharisienne. Cependant, Paul cite les écritures juives traduites en grec et, chose remarquable pour un juif à cette époque, il était citoyen romain. Par ailleurs, c'est l'extraordinaire activisme de cet itinérant qui favorisa l'essor du christianisme, passant du statut de culte local originaire des villages de Palestine à celui de religion établie dans les villes les plus importantes du monde antique.

Une poignée de philosophes professionnels, et peut-être davantage, pourraient venir lui contester sa qualité de philosophe. À vrai dire, Paul n'aimait pas la philosophie ; et – à l'instar de nombreux chrétiens évangélistes contemporains – il pensait vivre la fin de l'histoire. Heureusement pour nous, il était dans l'erreur. On ne compte guère de penseurs occidentaux dont les concepts aient exercé jusqu'à aujourd'hui une aussi grande influence que la sienne dans la philosophie moderne, s'offrant aussi bien au rejet (Nietzsche) qu'à la fascination (Kierkegaard).

Le langage de Paul se fonde sur une logique profondément antithétique. Pour Luther, il est ce « langage délicieux », ce « discours déroutant que la raison humaine ne peut tout simplement pas comprendre ». Ses propos sur la mort en sont peut-être la meilleure illustration. Pour Paul, le péché s'est frayé un chemin dans le monde sous l'action d'un seul homme, Adam, et avec le péché est venue la mort. Jésus-Christ est ce second Adam qui meurt pour nos péchés et nous en libère, de même qu'il nous libère de la mort. Comme il l'exprime dans son *Épître aux Romains* :

> *Ainsi, de même que le trépas d'un seul homme entraîne la condamnation de tous les hommes, de même l'acte vertueux d'un seul homme conduit tous les hommes sur le chemin de l'acquittement et de la vie.*

La mort du Christ dans la crucifixion abolit le péché et la mort afin que nous puissions vivre et renaître. Paul dit à propos du Christ :

> *Si nous avons été unis à lui dans une mort telle que la sienne, nous serons certainement unis à lui dans une résurrection telle que la sienne.*

Ce qui meurt sur la croix n'est donc pas seulement Christ, l'homme dieu, mais notre existence pécheresse limitée par la mort. Les chrétiens, en s'identifiant à la passion du Christ, meurent à leur moi pour renaître à la vie éternelle. Ainsi, pour pousser à son terme le paradoxe fondamental du christianisme, on pourrait dire que le Christ met la mort à mort et nous fait renaître en mourant pour nos péchés. Être chrétien, c'est donc ne penser à rien d'autre qu'à la mort, et seule une méditation sur notre condition de mortel nous permettra de trouver le chemin du salut. Dans ce cas, et ce sera la question posée par Kierkegaard dix-huit siècles plus tard, combien de soi-disant chrétiens sont réellement chrétiens ?

La vie présumée de Paul est consignée dans les Actes des Apôtres, que la tradition tient pour avoir été écrits par le même auteur que l'Évangile de Luc. Cependant, il n'y est pas fait mention de la mort de Paul, puisque le récit s'interrompt au moment du séjour de deux ans qu'il effectua à Rome, et où il se morfondit en résidence surveillée. Il lui était cependant apparemment permis d'écrire librement et de prêcher l'Évangile ; les Actes s'achèvent sur ces derniers mots : « En toute assurance et sans empêchement, il prêchait le royaume de Dieu et enseignait le Seigneur Jésus-Christ ».

Paul s'était retrouvé à Rome après avoir déjà passé deux ans d'emprisonnement à Césarée, en Palestine, où il avait manqué se faire tuer par la foule après un discours mal accueilli en araméen. Citoyen de Rome, il put bénéficier du droit d'y être jugé ; son voyage final fut l'occasion de porter l'Évangile au cœur même de l'Empire.

D'après Eusèbe de Césarée, auteur de l'*Histoire ecclésiastique*, Paul aurait connu une fin horrible sur ordre de Néron (à présent responsable de trois morts dans ce livre) : « Il est dit que sous son règne, Paul eut la tête tranchée à Rome même. » La tradition veut que Paul ait été enterré dans les catacombes, et que quelques siècles plus tard, la basilique de Saint-Paul-hors-les-murs ait été érigée sur l'emplacement de son sarcophage. Devons-nous croire de telles histoires ? Voltaire écrivait : « On nous berne de martyres à faire pouffer de rire. » Malgré tout, ne sous-estimons jamais le pouvoir des histoires à dormir debout… surtout lorsqu'il s'agit du dernier sommeil.

Origène
(185-254)

Dans *Contre les chrétiens,* le païen Porphyre exprime son admiration pour le chrétien Origène, « le philosophe le plus brillant de son temps ». Saint Grégoire de Nysse l'appelait le « prince des philosophes », tandis que saint Jérôme voyait en lui le plus grand maître de l'Église primitive. Origène était un disciple du philosophe Ammonius Saccas, qui compta aussi Plotin parmi ses élèves ; mais à la différence de ce dernier, Origène, qui s'attacha à clarifier la doctrine chrétienne, est l'auteur des analyses de textes les plus détaillées qui soient sur l'Ancien et le Nouveau Testament.

De nombreuses histoires circulent sur son extraordinaire chasteté. Dans l'Évangile selon Saint Mathieu, le Christ dit :

> *Il y a des eunuques qui sont nés tels dès le ventre de leur mère ; et il y a des eunuques qui ont été faits eunuques par les hommes ; et il y a des eunuques qui se sont faits eux-mêmes eunuques pour le royaume des cieux. Que celui qui peut comprendre, comprenne.*

Il semble malheureusement qu'Origène ait pris ces phrases au pied de la lettre, puisqu'il se châtra pour ne pas céder à la tentation alors qu'il enseignait la doctrine chrétienne à des étudiantes à Alexandrie. Nous avons tous l'air de couards à côté d'Origène, si l'on considère le courage qu'accomplir un tel acte demande. Mais notre homme était si profondément habité par la foi qu'il put « encaisser » le choc. Eusèbe parle d'un « acte impétueux » (doux euphémisme). Cette auto-castration valut à Origène de ne pas être ordonné ; et il ne fut jamais canonisé. Le Deutéronome indique en effet :

> *Celui dont les testicules ont été écrasés ou l'urètre coupé n'entrera point dans l'assemblée de l'Eternel.*

Victime d'une persécution généralisée des chrétiens menée en 249 par l'empereur Dèce, au début de son bref règne, Origène connut une fin particulièrement épouvantable. Dans sa longue biographie intitulée *Apologie pour Origène*, Eusèbe relate ses terribles souffrances :

> *Chaînes et supplices corporels, agonie dans les fers et l'obscurité de sa prison ; pendant des jours ses jambes furent écartelées de quatre pas sur le pilori du bourreau.*

Il semblerait qu'Origène ait affronté avec courage de telles horreurs avant d'expirer.

Saint Antoine
(251-356)

On doit à l'évêque Athanase d'Alexandrie une élégante *Vie de Saint Antoine*, texte fondateur du monachisme chrétien. « Monachos » signifiant « solitaire » en grec, la vie monacale est marquée par le retrait du monde, et s'organise également autour de la chasteté, de prières permanentes et de travaux manuels. Pour Antoine, le retrait prit la forme d'un séjour de longues années au plus profond des montagnes arides du désert égyptien.

La *Vie de Saint Antoine* fut immédiatement un « best-seller » au moment de sa parution, et elle exercera une énorme influence, d'Augustin jusqu'à Luther, et bien au-delà. Elle deviendra le modèle de l'hagiographie. En intégrant Antoine à ma liste de philosophes, j'entends souligner l'existence d'un lien assumé comme tel entre d'une part la vie du saint chrétien, et d'autre part celle du philosophe telle qu'illustrée par Socrate. Pour moi, Antoine représente cette christianisation de la mort philosophique par laquelle la vie des philosophes est remplacée par celle des saints.

Il existe nombre de parallèles frappants entre Antoine et Socrate : tous deux rejetèrent les valeurs tenues pour normales à leur époque respective, et tous deux menèrent une vie d'austérité doublée d'une grande humilité au plan intellectuel – manifestant par ailleurs une implacable perspicacité. Antoine reçut un jour la visite de deux philosophes païens, curieux de le rencontrer, et ne put que manifester aussitôt sa surprise, sachant pertinemment qu'à leurs yeux il n'était qu'un idiot. Les philosophes se défendirent d'une telle supposition, expliquant qu'ils voyaient au contraire en lui un homme des plus sages. À la suite de quoi Antoine se livra à ce raisonnement :

> *Si vous êtes venus voir un idiot, vous avez perdu votre temps ; mais si vous pensez que je suis sage et possède la sagesse, ce serait une bonne idée d'imiter ce que vous approuvez, car il est bien d'imiter ce qui est bien. Si j'étais venu à vous, je vous imiterais, mais puisque vous êtes venus à moi, croyant que je suis sage, je vous invite à être chrétiens comme moi.*

Stupéfaits par l'agilité mentale d'Antoine, les deux philosophes rebroussèrent chemin. Un autre jour où plusieurs hommes âgés étaient venus lui rendre visite, il décida de les interroger sur un passage des Saintes Écritures. Tous firent entendre successivement leur opinion ; le dernier avoua simplement : « Je ne sais pas. » Tel Socrate, Antoine y vit la seule réponse appropriée.

Avec Antoine, la mort du saint chrétien vient transformer l'« art de mourir », ou *ars moriendi* du philosophe païen. Sentant la fin s'approcher, il fit savoir à ses disciples qu'il ne voulait pas voir son corps embaumé et momifié selon le rituel égyptien, préférant être enterré à même le sol. Une fois qu'il eût fait don de sa tunique usée et de sa natte en poil de mouton à son biographe Athanase, redevenu silencieux, « il étendit légèrement les jambes et contempla la mort avec joie ».

La sublime simplicité qui entoure la mort d'Antoine n'est pas sans évoquer celle de saint Benoît, dont Grégoire le Grand fait le récit dans son hagiographie datant de la fin du VIe siècle. Ayant prédit le jour de sa mort, Benoît s'entoure de ses disciples, incapable de tenir debout tant son corps était faible. Le saint « s'arme lui-même » pour la mort en « partageant le corps et le sang du Christ ». Ainsi nourri au plan spirituel, il lève les mains au ciel puis expire au milieu d'une prière.

Dans des cultures comme la nôtre où le christianisme est si banalisé, il est important, je crois, de rappeler combien l'attitude chrétienne envers la mort était considérablement rigoureuse et exigeante par le passé. Les sentences des Pères du Désert du IVe et du Ve siècle sont à cet égard tout à fait fascinantes. Évagre le Scolastique, disciple d'Origène, nous dit :

Garde toujours la mort présente à l'esprit et n'oublie pas le jugement éternel, ainsi ton âme sera libérée du péché.

Jean le Nain écrit :

Renonce à tout ce qui est matériel et à tout ce qui vient de la chair. Fais ton travail en paix. Persévère à veiller dans la faim et la soif, le froid et la nudité, la souffrance. Enferme-toi dans une tombe comme si tu n'étais déjà plus, de façon à garder à l'esprit que ta mort est proche.

L'attitude chrétienne envers la mort peut également conduire à une attitude qu'on pourrait tenir aujourd'hui pour une insensibilité à toute épreuve. Il est dit que Cassien fut l'auteur de cette histoire au début du Ve siècle :

Un moine vivait dans une grotte en plein le désert. Un jour, des membres de sa famille sont venus lui dire : « Ton père est très malade et sur le point de mourir; viens recevoir ton héritage.» Il leur répondit: «Je suis mort au monde avant lui; les morts n'héritent pas des vivants.»

Comme nous l'avons vu avec saint Paul, être chrétien c'est mourir au moi et au monde pour revivre. Matériellement et charnellement, le vrai chrétien est déjà mort; par conséquent, les liens qui l'unissent aux membres de sa famille n'ont plus aucune importance. Mais les deux portraits suivants vont être l'occasion de voir comment cette austérité chrétienne a su arriver à un compromis.

Saint Grégoire de Nysse (335-394)

Grégoire, l'un des plus brillants et des plus influents Pères de l'Église, est l'auteur d'un texte d'une délicatesse extraordinaire sur la vie et la mort de sa sœur, sainte Macrine. Celle-ci était déjà en proie à des souffrances épouvantables quand il lui rendit visite au couvent pour l'accompagner dans ses derniers moments, qu'il retrace de façon claire et subtile. L'ultime prière de sainte Macrine témoigne de la rigueur de l'attitude chrétienne envers la mort:

O Mon Seigneur, Tu nous as libérés de la peur de la mort. Tu as fait de la fin de la vie le début de la vraie vie. Tu reposeras nos corps dans le sommeil le temps d'une saison et Tu les réveilleras à nouveau à la trompette du Jugement dernier.

Par conséquent, on ne doit pas redouter la mort, car elle n'est pas la fin, mais le début de la vraie vie qui s'épanouira avec le second avènement du Christ et la résurrection des morts. Voici ce que Grégoire, témoin de l'agonie de Macrine, écrit dans un langage à la fois hagiographique et personnel :

Entre-temps le soir arriva et l'on apporta la lumière. Elle ouvrit ses yeux jusque-là fermés et regarda la lueur de la lampe, pour faire comprendre qu'elle voulait réciter l'action de grâces consacrée à la lumière. La voix lui fit défaut, mais elle pria dans son cœur et par le mouvement de ses mains ; ses lèvres remuèrent aussi suivant l'élan intérieur de sa pensée. Lorsqu'elle eut terminé l'action de grâces et que sa main, placée sur son visage pour faire le signe de la croix, eut annoncé la fin de sa prière, elle respira encore une fois fortement et profondément et ainsi, par la prière, elle acheva sa vie.

Saint Augustin
(354-430)

Le témoignage de Grégoire sur la mort de sa sœur trouve un écho encore plus bouleversant dans la célèbre description qu'Augustin fait de la mort de sa mère, sainte Monique, à la fin du livre 9 des *Confessions*.

L'ultime désir de Monique était de voir son fils devenir chrétien. Ce fut chose faite, comme en témoigne le livre 8 des *Confessions* où saint Augustin offre une description extraordinaire de sa conversion.

Une fois son vœu exaucé, Monique dit : « Que fais-je ici ? » avant d'être prise d'un accès de fièvre. Lorsqu'il fut clair qu'elle allait mourir, le frère d'Augustin lui demanda – tentant vainement de la réconforter – si elle regrettait de se trouver à Ostie, près de Rome, si loin de sa ville natale de Thagaste (l'actuel Souk-Ahras en Algérie). Elle répondit :

Rien n'est loin pour Dieu ; et il n'y a pas à craindre qu'il ne sache pas, à la fin des temps, reconnaître le lieu d'où me ressusciter.

Comme d'autres personnages de ce livre croisés précédemment, Monique n'est aucunement préoccupée par ce qu'il adviendra de son cadavre – « Enterrez mon corps n'importe où » – et demande seulement que son souvenir soit porté « devant l'autel du Seigneur ».

Cependant, les derniers mots de sa mère n'eurent point pour effet d'apaiser Augustin, qui sombra dans un profond chagrin. En proie au déchirement, il sombre dans l'auto-flagellation, témoignant d'une profondeur subjective peut-être jamais atteinte avant lui et seulement égalée en de rares occasions par la suite (par exemple chez Rousseau) :

D'où venait donc ce poids de douleur en moi ? Sans doute la rupture de l'habitude si douce et si chère de vivre ensemble venait-elle d'ouvrir une large plaie ?

Saint Augustin explique combien la mort de sa mère « a déchiré [son cœur] ». Il ajoute : « Ma vie n'avait fait qu'une avec la sienne », habité par le sentiment que la disparition de sa mère était venue amputer son individualité. Comme si cette perte d'une partie de son être signait chez lui une première mort; sa peine est incommensurable. Augustin avait déjà eu à connaître la souffrance après la mort de son ami le plus cher (il ne révèle pas son nom), comme on peut le lire dans le livre 4 des *Confessions*. Le cœur « assombri par la peine », il ne voit plus que la mort autour de lui. Dans son infinie tristesse, il fait cette remarque étonnante :

> *La moitié de mon âme, a si bien dit quelqu'un de son ami; je l'ai bien ressenti pour moi: mon âme et la sienne n'étaient qu'une âme en deux corps.*

Augustin voit donc son âme scindée en deux, et sa vie n'est plus qu'une moitié de vie. Il est intéressant de noter que c'est également cette raison qui le conduit à avoir peur de la mort : s'il disparaît, l'ami qu'il a tant aimé mourra totalement. L'amour à demi-vivant par le souvenir vaut toujours mieux que l'amour définitivement mort.

Toutefois, la douleur profonde qu'on lit dans le livre 4 des *Confessions* est celle d'un païen. La question prend une tout autre tournure après la conversion au christianisme d'Augustin. La mort de sa mère lui fait alors éprouver une double douleur car il se sent *coupable* de la profondeur de sa peine. Pourquoi ? Parce qu'elle montre à quel point il est encore en proie à des sentiments humains, et trop peu attaché à Dieu. Augustin écrit cette phrase remarquable :

> *Je souffrais d'une autre souffrance, en une tristesse redoublée qui me consumait.*

La douleur pour sa mère s'augmente de la douleur de ne pas mourir à son moi, de ne pas vivre dans le

Christ. C'est un moment fascinant, car bien qu'Augustin sache que sa mère vivra éternellement dans le Christ, il ne peut calmer sa peine. Voilà pourquoi il se sent coupable, éprouvant le besoin existentiel de s'ouvrir plus profondément dans un acte de confession à Dieu :

> *Et maintenant, Seigneur, j'écris cette confession pour toi. Lise-la qui voudra ! Qu'on l'interprète comme on voudra ! Quelqu'un trouvera-t-il qu'il y eut péché à pleurer ma mère quelques fractions d'heure, ma mère qui était morte pour un temps à mon regard, et qui avait pleuré tant d'années pour me voir vivre sous ton regard ? Qu'il ne se moque pas, mais que plutôt, par grande bonté, il pleure à son tour sur mes péchés, devant toi, Père commun des frères de ton Christ !*

On imagine d'avance la perplexité des egos à la coquille fragile et à la larme facile de notre culture populaire contemporaine devant l'attitude d'Augustin, rongé par la culpabilité pour avoir pleuré sa mère « pendant quelques fractions d'heure ». Mais cette culpabilité s'explique en termes chrétiens : Augustin souffre du péché qui ronge toujours sa nature et la rend imparfaite.

Encore une fois, il n'est pas facile d'être chrétien. La réaction d'Augustin à la mort manifestement tragique de son fils Adéodat nous montre quelle est l'attitude chrétienne à adopter envers la mort. Confessant que son fils est né de sa chair et de son péché à travers sa première femme, Augustin explique qu'il peut néanmoins envisager sa propre mort l'esprit apaisé dans la mesure où son fils et lui-même ont été baptisés ensemble quelques années plus tôt : « L'inquiétude sur notre vie passée s'évanouit alors. »

L'évêque Possidius fut l'auteur d'une *Vie de saint Augustin* trente ans après la mort de ce dernier. On apprend que l'auteur des *Confessions* fut atteint d'une terrible fièvre durant les quatorze mois de siège et de blocus d'Hippone (l'actuelle Annaba en Algérie) par « un groupe de Vandales et d'Alains, ainsi que par une tribu de Goths et des gens de différentes races ». Comme Honoratus lui demandait si les évêques et le clergé devaient ou non quitter l'église face à l'ennemi, Augustin répondit, dans une longue et cinglante réplique, que le clergé avait obligation de rester avec ses ouailles et de ne pas les livrer au « loup » païen.

Augustin est mort à l'âge de soixante-seize ans alors qu'il occupait son poste d'évêque d'Hippone depuis quarante années. Voyant la mort approcher, il avait émis le souhait de rester seul, retiré du monde, absorbé par la lecture des psaumes de David dont il avait fait copie et qui lui attiraient « des pleurs abondants et continuels ». Il n'exprima aucune dernière volonté car, pauvre comme il était, il n'avait rien à laisser derrière lui.

Boèce (Anicius Manlius Severinus)

(date de naissance inconnue,
peut-être 475, mort en 524)

La tradition fait de Boèce le dernier des Romains et le premier des scholastiques médiévaux. Son travail de traduction permit de sauver de l'oubli les écrits d'Aristote sur la logique, et le range parmi les philosophes les plus importants de l'histoire. Boèce envisageait de traduire en latin l'œuvre de Platon et d'Aristote, mais sa mort violente est venue interrompre son projet. Son livre, intitulé *Consolation de la Philosophie,* figurait parmi les ouvrages les plus importants du Moyen Âge, reproduit en plusieurs centaines de copies manuscrites. En 1593, on prête à Élisabeth Ire d'Angleterre – alors très âgée – d'avoir traduit la *Consolation* en vingt-quatre heures (ou vingt-sept, selon certains).

Boèce fut, comme Cicéron et Sénèque, un personnage politique très important. Il parvint à gagner la confiance du roi ostrogoth Théodoric le Grand qui gouvernait l'Italie et une bonne partie de l'Empire romain occidental, et avait établi sa capitale à Constantinople. À l'âge de trente ans, Boèce fut nommé *magister officiorum*, soit ministre des affaires civiles et militaires ; une position qui lui permettait de contrôler l'accès au roi. Les raisons qui le conduisirent à être écarté rapidement du pouvoir sont tout sauf claires, mais il semble qu'il ait été mêlé à un complot visant à affaiblir Théodoric. À l'époque, le Sénat n'était guère plus que le jouet du roi et Boèce fut arrêté, condamné à mort et envoyé en exil dans l'attente de son exécution. C'est au cours de cette période d'angoisse qu'il écrivit *Consolation de la Philosophie.*

Les lecteurs de cet ouvrage doivent garder à l'esprit que Boèce s'estimait injustement condamné à mort. Le livre se déroule dans une cellule de prison où Philosophie apparaît sous la forme d'une femme offrant la consolation. Et quelle femme ! Parfois, écrit Boèce,

> *Sa taille était difficile à distinguer, car tantôt elle se maintenait dans les mensurations du commun des mortels, tantôt le sommet de sa tête semblait frapper le ciel.*

Plein d'indignation et arguant de sa moralité, il s'adresse à Philosophie en ces termes :

> *Mais tu vois ce qui est arrivé et a surpris mon innocence : en récompense d'une véritable vertu, je subis la punition d'un faux forfait.*

Le livre s'organise autour d'un dialogue entre Boèce et Philosophie sur la nature du bonheur. Et c'est précisément là que réside son principal mystère : l'auteur, soi-disant chrétien, et citoyen d'un empire alors totalement acquis à cette religion, ne mentionne pourtant pas une seule fois le Christ. La femme de quinze mètres de haut avec laquelle il dialogue est en fait nourrie d'une conception profondément platonicienne de la philosophie. Elle adhère en particulier au concept platonicien de la création : pour elle, un démiurge, ou artisan du monde, met en forme, de ses mains, la matière éternelle, tandis que chez les judéo-chrétiens, Dieu crée l'univers à partir du vide. Par ailleurs, Philosophie tient le bonheur, la vertu et Dieu pour identiques ; l'homme peut participer à ces entités, mais il doit alors non en passer par la médiation du Christ, mais orienter son intelligence vers les émanations de leur substance, selon l'enseignement de Platon.

Quelle consolation la philosophie offre-t-elle à un homme condamné à mort ? Le livre s'achève en opérant une distinction entre le jugement humain et le jugement divin. Bien que le premier soit souvent injuste, comme dans le cas de Théodoric, Philosophie soutient qu'en dernier recours, il est mis fin à cette injustice « sous les yeux d'un juge qui distingue toute chose ». La philosophie offre une consolation dans le fait de savoir que Dieu récompense le bon et punit le mauvais – sinon en ce bas monde, du moins dans le prochain.

On ne sait pas dans quelle mesure Boèce parvint à trouver un réconfort dans la philosophie avant de mourir ; victime de cruelles tortures, il fut battu jusqu'à ce que mort s'ensuive.

Avec la mise à mort de Boèce et l'effondrement de l'érudition dans ce qui restait du monde classique, je voudrais vous inviter à un voyage en philosophie médiévale. Il nous entraînera d'abord dans le nord barbare de l'Angleterre et de l'Irlande, puis dans le sud islamique et juif, à Cordoue, à Bagdad et en Perse, et enfin dans les grandes universités médiévales de Paris et d'Oxford. Un sacré parcours !

Philosophes médiévaux : chrétiens, islamiques et juifs

Bède le Vénérable
(672/73-725)

Bède est le seul Anglais à avoir atteint le *Paradis* de Dante – un peu trop d'égards à son endroit, diraient certains. L'accession de Bède au paradis a toutefois quelque chose de réconfortant : il semble en effet qu'il ait exprimé une certaine angoisse de la mort durant son agonie. La lettre hagiographique de saint Cuthbert revient sur son trépas et nous plonge dans une atmosphère tout autre que ce que nous avons pu trouver chez Antoine et Augustin. Bède se plaisait à citer les mots de Paul à l'approche de la mort : « C'est une chose terrible que de tomber entre les mains du Dieu vivant. » Puis vint ce moment profondément humain, et pour le moins inhabituel au regard de notre vision de la mort du saint, où Bède s'effondra avant d'éclater en sanglots en voyant s'approcher ce qu'il redoutait tant : la séparation de son âme et de son corps ainsi que le jugement de Dieu. Cuthbert évoque également la chanson merveilleusement sobre, étrangère à toute sensiblerie, que Bède entonne dans le dialecte de sa Northumbrie natale :

Avant l'inévitable voyage
Nul n'a de pensée plus sage
Que celui qui médite,
Avant de partir d'ici,
Sur le bien et le mal qui dans son âme
Seront jugés au jour de sa mort.

Jean Scot Érigène
(810-877)

Son nom signifie « Jean l'Irlandais natif d'Irlande (Erin) » – un joli pléonasme. Au IXe siècle, l'Irlande était appelée « Scotia Maior », et ses habitants, les « Scots » (quelques siècles plus tard, le terme fera référence aux natifs d'Écosse, comme nous le verrons avec Jean Duns Scot).

Érigène est le plus grand et le plus original des philosophes européens à avoir vu le jour durant les longs siècles d'obscurité séparant Augustin et Anselme. Pour certains, son œuvre ne trouve d'équivalent que chez Thomas d'Aquin. La maestria dialectique de ses écrits, sa profonde érudition et sa connaissance parfaite du grec ancien – qui avait plus ou moins disparu d'Europe occidentale, sauf chez les moines irlandais – sont tout à fait éblouissantes. L'oubli dans lequel fut jeté Érigène s'explique de plusieurs manières. La mise à l'index de son principal ouvrage philosophique, *De divisione naturæ (*ou *Periphyseon)* par l'Église catholique n'arrangea guère son cas. Au XIIIe siècle, le pape Honorius III disait de l'œuvre d'Érigène qu'elle « grouillait des vers de la perversité hérétique » – c'est ce qui s'appelle des éloges !

La nature du différend opposant l'Église à Érigène tient à la conception éminemment néo-platonicienne de la nature, englobant à la fois Dieu et la Création, défendue par le philosophe. La nature est le tout, elle est un processus dynamique d'émanation de l'Un divin. En prenant cette position, Érigène frôle dangereusement l'accusation de panthéisme, ou identité de Dieu avec la nature. À cet égard, on peut voir en lui un précurseur d'« hérétiques » comme Giordano Bruno, d'« athées » comme Spinoza et de « dialecticiens impies » tels que Hegel. Comme l'écrira Feuerbach mille ans plus tard : « L'athéisme est un panthéisme inversé. »

Érigène passa toute sa vie d'adulte en France où il bénéficia de la protection munificente du roi Charles le Chauve. Une anecdote rapporte un incident survenu alors que le monarque et le philosophe irlandais se tenaient assis face à face à une table. Le roi demanda à Érigène : *« Quid distat inter sottum et scottum ? »* (« Qu'est-ce qui sépare un sot d'un Irlandais ? ») et s'entendit répondre : « Une table. » Le poète irlandais contemporain Paul Muldoon nous propose une version moderne de la plaisanterie dans l'audacieux *Madoc* (une histoire alternative de la philosophie depuis les Grecs) :

> *Quelle est la différence entre un Irlandais et une flaque d'eau ? Une petite voix s'élève : « Le flacon. »*

Guillaume de Malmesbury raconte qu'Érigène fut convoqué par Alfred le Grand en Angleterre, où sa vie prit fin le jour où ses élèves se jetèrent sur lui (vraisemblablement, des moines anglais mécontents) pour le poignarder. L'histoire – sans doute apocryphe

– rapporte qu'ils employèrent non pas des couteaux mais des stylets, ces poinçons pour écrire. Nouvelle preuve, s'il en fallait, de la supériorité de la plume sur l'épée.

Al-Farabi
(870-950)

Ce n'est pas ici que nous reviendrons sur l'histoire complexe et ô combien importante de la « falsafa » (« philosophie ») dans le monde musulman. Bien que le lecteur ignore largement cette période de l'histoire, rappelons que la philosophie grecque, en particulier celle d'Aristote, put être transmise en Occident chrétien grâce au travail monumental des grands philosophes islamiques médiévaux. On a pour habitude de faire remonter les origines de cette tradition à Al-Farabi, connu comme le « Second Maître » (après Aristote). Avicenne, Averroès et Maïmonide exprimèrent tous leur dette à cette figure, dont de nombreux écrits furent traduits en latin.

Al-Farabi doit sa réputation à ses commentaires de l'œuvre d'Aristote, en particulier les travaux du philosophe sur la logique, mais aussi la *Rhétorique* et la *Poétique*. Le terme « commentaire » a une connotation regrettable en ce sens qu'il peut conduire à sous-estimer l'originalité de la philosophie d'Al-Farabi. Celle-ci représente en effet une tentative extraordinairement ambitieuse d'associer la rigueur logique et l'empirisme d'Aristote avec cette intuition de l'Un aux accents plus mystiques qu'on peut trouver chez Plotin et dans la pensée néo-platonicienne.

Le titre de l'une des œuvres d'Al-Farabi, qui date

de 900, résume parfaitement cette ambition : *L'Harmonie entre les opinions des deux Sages, le divin Platon et Aristote.* La quête d'une telle harmonie au plan philosophique ne peut guère être dissociée de cette ambition plus religieuse d'un salut de l'âme dans l'autre vie.

Nous ne savons pas si Al-Farabi pu faire l'expérience d'une autre vie ; quant à sa vie terrestre, peu de choses sont connues. Né dans le Turkestan, le philosophe étudia à Damas et à Bagdad, avant de se rendre à Alep, dans le nord de la Syrie, pour y travailler ; d'après une source, c'est dans cette ville qu'il serait mort, de retour d'un long voyage en Égypte. Mais à en croire plusieurs biographes médiévaux, Al-Farabi aurait connu sa fin sur la route menant de Damas à Ascalon, assassiné par des bandits de grand chemin.

Avicenne ou Ibn Sina
(980-1037)

Ne disposant que de peu d'éléments sur la vie d'Al-Farabi, peut-être en savons-nous au contraire beaucoup trop sur celle d'Avicenne. On doit au philosophe une autobiographie que son disciple termina de rédiger à sa mort. Né près de Boukhara, dans l'actuel Ouzbékistan, Avicenne fut employé dans diverses cours de Perse avant de bénéficier de la protection d'Abu Yafar, prince d'Ispahan. Auteur de quelque 450 livres sur pratiquement tous les domaines, de la métaphysique à la médecine, son *Canon de la médecine* restera l'ouvrage médical de référence en Europe pendant sept siècles. Malheureusement, en proie à des problèmes de santé, le médecin ne parviendra pas à se guérir lui-même. Vers la fin de la *Vie d'Ibn Sina*, le disciple écrit :

> *Le Maître était vigoureux dans toutes ses aptitudes, la plus vigoureuse et la principale de ses facultés concupiscentes étant l'activité sexuelle qu'il exerçait souvent.*

Cependant, tel était l'appétit sexuel d'Avicenne que ses performances priapiques le rendirent malade, l'affligeant de terribles maux vaguement nommés « coliques » par son disciple. « En conséquence », poursuit Al-Juzjani,

> *Il s'administra lui-même un lavement huit fois dans une seule journée, au point qu'une partie de ses intestins s'ulcéra et qu'une lésion se déclara.*

L'histoire continue :

> *Un jour, voulant arrêter les vents de la colique, il ordonna qu'on inclue dans le lavement deux danaqs [une mesure dans le monde arabe] de céleris.*

Mais ses instructions ne furent pas observées et le médecin jeta « cinq *dirhams* » (une autre mesure arabe d'où provient le mot « drachme ») de graines de céleri, ce qui aggrava l'excoriation. Bien pis, Avicenne se vit administrer une énorme quantité d'opium par l'un de ses serviteurs qui lui avait volé de l'argent et souhaitait le tuer.

Dans cet état périlleux, Avicenne se mit en route pour Ispahan, mais il était si faible qu'il ne pouvait tenir debout. Il poursuivit alors son traitement jusqu'à ce qu'il se sente à nouveau capable de marcher.

Comme nous l'explique Al-Juzjani, le maître, incapable de refréner ses appétits sexuels, finit par capituler devant la maladie, expliquant : « Le gouverneur qui gouvernait mon corps est incapable de gouverner. » Il mourra quelques jours plus tard à l'âge de cinquante-huit ans. On prête à Avicenne d'avoir affirmé un jour : « Je préfère une vie brève mais large à une vie étroite et longue. » Un jour qu'il était interrogé sur ses excès, il répondit :

> *S'agissant de mes facultés internes et externes, Dieu, qui est grand, s'est montré généreux, de sorte que j'utilise chaque faculté comme elle doit l'être.*

Le disciple d'Avicenne conclut sa biographie sur ces mots : « Puisse Dieu trouver ses actes louables. »

Saint Anselme
(1033/34-1109)

Méritée ou non, la renommée d'Anselme trouve son origine dans ce qu'un philosophe baptisera après lui « preuve ontologique » de l'existence de Dieu. Son argumentation, d'une singulière élégance, est destinée à convaincre l'insensé dont le point de vue nous est résumé par le psalmiste en ces termes : « Dieu n'existe pas. »

Anselme débute son raisonnement en expliquant qu'il nous est possible de concevoir quelque chose de tel que rien de plus grand ne puisse être pensé. Si cela est vrai, nous devons admettre que la chose ainsi conçue occupe une place dans notre intelligence. Même l'insensé peut comprendre cela. Mais s'il nous est possible de concevoir quelque chose de tel que rien de plus grand ne puisse être pensé, cette chose n'existe-t-elle que dans notre intelligence ? Ne doit-elle pas aussi exister dans la réalité qui est plus grande ? Si une telle chose n'existait pas dans la réalité, elle ne serait pas cette chose telle que rien de plus grand ne puisse être pensé. Pourquoi ? Pour la simple raison qu'il existerait alors quelque chose de plus grand que ce qui existe seulement dans l'intelligence. Par conséquent, si l'on peut concevoir quelque chose de tel que rien de plus grand ne puisse être pensé, alors cette chose existe assurément dans la réalité comme dans l'intelligence. Or Dieu est l'être le plus grand qu'on puisse concevoir. Par conséquent, Dieu existe à la fois dans l'intelligence et dans la réalité. Aucun homme capable de concevoir Dieu ne peut nier qu'un tel être existe, même l'insensé.

À quoi je suis tenté de répondre : je suis donc plus qu'insensé. Car qu'est-ce que *concevoir* Dieu ? Dans quelle mesure peut-on dire de l'idée de Dieu ainsi conçue qu'elle *existe* d'une manière ou d'une autre dans l'intelligence, où qu'on situe celle-ci ? Que Dieu existe ou pas, je nierais simplement que nous puissions concevoir un tel être, de même qu'il nous est à mon sens impossible de concevoir la mort, celle-ci ne pouvant être située dans l'intelligence. Au sens le plus profond, je ne peux concevoir ni la mort ni Dieu. Tous deux dépassent l'intelligence.

Bien que né en 1033 ou 1034 dans le Piémont (nord de l'Italie), Anselme avait choisi de succéder à Lafranc comme archevêque de Cantorbéry en 1093. Sa vie de prélat fut marquée par de sérieux conflits politiques entre deux monarques anglais, Guillaume II et Henry Ier. Ce qui valut à Anselme de nombreuses années en exil avant sa mort à Rome en 1109. Quelques jours avant sa disparition, tandis qu'il gisait sur son lit entouré de moines, l'un d'eux chuchota qu'il serait sans doute mort à Pâques. Il semble qu'Anselme répondit :

> *Si c'est Sa sainte volonté, j'obéirai volontiers, mais je souhaiterais qu'Il me laissât encore quelque temps sur terre pour que je puisse répondre à la question de l'origine de l'âme, qui occupe sans relâche mon esprit : car je ne sais pas si après ma mort quelqu'un sera en mesure d'élucider ce problème.*

Malheureusement, Dieu n'offrit aucun délai supplémentaire à Anselme. Le philosophe avait vu juste : depuis sa disparition, la fameuse question est restée sans réponse.

Ibn Gabirol ou Avicebron (1021-1058)

Né à Malaga, dans l'Espagne musulmane, le grand néo-platonicien et poète juif aurait (d'après la légende) été assassiné par un poète musulman jaloux de son renom. Il est raconté qu'aussitôt le crime accompli, l'homme enterra le philosophe sous un figuier. Étrangement, l'arbre se mit à donner des fruits si sucrés qu'il éveilla le soupçon de tous. On finit par déterrer le cadavre d'Ibn Gabirol, et l'assassin fut arrêté puis pendu (mais pas au figuier, semblerait-il).

Pierre Abélard
(1079-1142)

Pierre le Vénérable, abbé de Cluny, disait d'Abélard: « [c'est] le Socrate de la Gaule, le Platon de l'Occident, notre Aristote, prince des lettres ». Dans son ouvrage intitulé *Histoire de mes tribulations*, Pierre Abélard tient Origène pour « le plus grand philosophe chrétien ». Ironie tranchante: Abélard connut la même fin qu'Origène, à ceci près qu'Origène s'était lui-même émasculé pour se consacrer en toute liberté à l'enseignement des étudiantes dont il avait la charge, tandis qu'Abélard, lui, fut condamné à l'émasculation, faute d'avoir pu réfréner ses désirs pour l'une de ses élèves.

Après avoir triomphé de Guillaume de Champeaux au cours de débats publics, Abélard fut élevé au rang du philosophe le plus important de Paris. Son talent inégalé lui faisait écrire: « Je me crus désormais le seul philosophe sur terre. » Agé de trente-cinq ans et alors au faîte de sa renommée, il entama une relation amoureuse passionnée avec une jeune étudiante, Héloïse, qui en avait dix-sept. « Notre ardeur connut toutes les phases de l'amour, et tous les raffinements insolites que l'amour imagine, nous en fîmes aussi l'expérience. » Héloïse était la nièce de Fulbert, l'un des chanoines de Notre-Dame; certains le soupçonnaient même d'être son véritable père tant il était possessif avec elle, et enragé contre Abélard.

Héloïse tomba enceinte et Abélard décida de l'emmener dans sa région natale, la Bretagne. L'enfant fut baptisé Astrolabe pour des raisons restées obscures

– peut-être était-ce en l'honneur de ce vieil instrument astronomique destiné à mesurer la hauteur des étoiles.

Comme Fulbert était hors de lui. Abélard lui proposa d'épouser Héloïse, à condition de tenir le mariage secret pour protéger sa réputation. Fulbert donna son accord dans un premier temps. Dans l'une de ses lettres, Héloïse écrit qu'elle préférerait être la putain d'Abélard plutôt que son épouse secrète. Ce qui frappe dans leur célèbre correspondance, c'est la chaleur et l'intelligence des propos d'Héloïse comparés à l'arrogance d'Abelard qui se donne à voir comme moralisateur, soucieux de lui-même et étranger à toute émotion.

Remettant en cause son accord avec Abélard, Fulbert commença à répandre la nouvelle du mariage. Abélard décida alors d'installer Héloïse dans un couvent où ils pourraient continuer de se voir ; on rapporte qu'ils faisaient l'amour passionnément dans le réfectoire.

Non sans raison, Fulbert suspectait Abélard d'avoir fait nonne Héloïse dans le but de s'en débarrasser et de pouvoir se sauver lui-même. Sa fureur augmenta et il envoya quelques serviteurs et amis chez le philosophe, qui vit les hommes entrer par effraction dans son logis. La suite nous est racontée par Abélard lui-même : « le fer sépara de moi les parties de mon corps par lesquelles j'avais commis la faute dont ils se plaignaient. » Comme Origène, Abélard ne put jamais être ordonné du fait même de son émasculation.

Abélard reprit son enseignement et l'écriture, mais son sort était scellé. La célèbre controverse dans laquelle il affronta Bernard de Clairvaux, puissant maître des cisterciens, allait en réalité se transformer en un véritable procès. En 1140, sur injonction de

Bernard, le pape condamna la position théologique d'Abélard, jugée hérétique. On brûla ses livres, ses adeptes furent excommuniés et lui-même fut condamné au silence perpétuel dans un monastère.

Abélard est mort dix-huit mois plus tard au monastère de Chalon-sur-Saône où il avait été envoyé par son ami et protecteur, Pierre le Vénérable. Sa dernière lettre à Héloïse décrit une fin paisible, au milieu de ses livres. Héloïse s'éteignit vingt et un ans plus tard, le 16 mai 1163 ou 1164. Certains indiquent qu'elle est morte à soixante-trois ans, soit le même âge qu'Abelard au moment de sa disparition.

Averroès ou Ibn Ruchd
(1126-1198)

Averroès et Avicenne, de même que les philosophes païens, connurent tous deux les limbes de Dante – encore que, comme nous l'avons vu, Avicenne aurait peut-être mérité un plus triste sort.

Né à Cordoue, dans l'Espagne musulmane, Averroès était appelé « le Commentateur » dans l'Occident chrétien, où il s'était fait connaître pour ses nombreux et brillants écrits sur l'œuvre d'Aristote. Ce n'est pas exagérer que de rappeler son influence sur le développement de la philosophie médiévale chrétienne, d'abord chez Albert le Grand, puis chez Thomas d'Aquin et d'autres encore. Cette influence était largement controversée et donna lieu à ce que les philosophes chrétiens appelèrent l'« averroïsme ».

En gros, Averroès défendait l'autonomie de la philosophie et sa séparation d'avec la théologie et la foi religieuse. Siger de Brabant poussa plus loin les idées averroïstes et eut à connaître une fin tragique. On sait aussi qu'en 1227, le pape Jean XXI demanda à l'évêque de Paris d'enquêter sur les hérésies susceptibles de se propager à l'université de la capitale. L'Église s'inquiétait de ce que des penseurs comme Averroès favorisent l'émergence d'interprétations strictement philosophiques d'Aristote, sans égard pour la théologie, et laissant présager bien d'autres dérives encore. Après un examen approfondi, une commission de seize théologiens promulgua une condamnation lourde de conséquences contre tout concept philosophique présenté comme indépendant de la théologie chrétienne.

Ces événements trouvent un écho dans la controverse qui opposa Averroès à Al-Ghazali (1058-1111), surnommé « la Preuve de l'islam ». Ce dernier avait attaqué vigoureusement la philosophie dans un texte intitulé *Incohérence des philosophes (Tahafut al-Falasifa)* où il accuse les philosophes d'infidélité (*al-kufr)* et d'hostilité à l'islam dans leur enseignement. La principale cible d'Al-Ghazali avait beau être Avicenne, Averroès répondit lui-même par le biais d'un livre magnifiquement intitulé *Incohérence de l'incohérence (Tahafut-al-Tahafut)*, dans lequel il soutient que le Coran, loin d'interdire la philosophie, encourage au contraire sa pratique chez ceux qui possèdent les talents intellectuels adéquats.

Victime de harcèlement politique vers 1195, Averroès fut contraint de quitter la cour du sultan de Marrakech et d'aller s'établir dans une petite ville près de Cordoue. Heureusement, cet exil ne fut que de courte durée. De retour à la cour du sultan, Averroès y finit ses jours. Ses restes, inhumés d'abord à Marrakech, furent acheminés à Cordoue sur le dos d'une mule. L'histoire dit que le poids de ses os venait contrebalancer le poids de ses ouvrages. On ne sait s'il faut en conclure que le cadavre pesait trop peu ou qu'Averroès avait trop écrit au cours de sa vie.

Maïmonide
(1135-1204)

Par une ironie du sort sur laquelle le monde contemporain ferait bien de méditer, l'homme que beaucoup tiennent pour le plus grand philosophe juif de tous les temps était issu du monde islamique. Outre son travail approfondi sur la Loi juive (la Torah), on doit à Maïmonide un ouvrage philosophique majeur rédigé en arabe et intitulé *Le Guide des égarés*, dans lequel il se prononce en faveur d'une philosophie rationnelle du judaïsme – une position qui témoigne de l'influence d'Aristote. Albert le Grand et Thomas d'Aquin manifestaient un grand respect pour Maïmonide, surnommé le « Rabbin Moïse ».

Comme Averroès, Maïmonide naquit à Cordoue, sous le califat almoravide. Les citoyens jouissaient d'une liberté religieuse totale dans cette ville qui était un centre florissant de la culture et de l'érudition juives. La situation changea radicalement en 1148 avec la conquête de l'Espagne par les Almohades, intolérants et fanatiques, qui exigèrent des non-musulmans qu'ils se convertissent ou quittent immédiatement le territoire.

Confrontés à ce choix, Maïmonide et sa famille trouvèrent refuge chez Averroès. Déguisés en musulmans dans les lieux publics, ils continuaient à étudier et à pratiquer le judaïsme en privé et purent ainsi rester onze ans à Cordoue. Ils décidèrent ensuite de s'enfuir à Fès, une ville elle aussi sous le contrôle des Almohades, mais où, en tant que musulmans étrangers, ils passeraient plus facilement inaperçus.

En 1165, à la suite de l'exécution d'un rabbin compagnon d'études de Maïmonide, la famille dut une fois de plus prendre la fuite, embarquant sur un bateau qui les mena en Palestine avant qu'ils ne s'installent en Égypte à Al-Fustat, aujourd'hui un quartier du Caire.

Quelques années plus tard, Maïmonide fut appelé à la tête de la communauté juive. Confronté à des difficultés économiques, il pratiqua la médecine pour gagner sa vie jusqu'au jour où le fils du sultan Saladin en fit son médecin personnel.

Maïmonide fut enterré à Tibériade, dans l'Israël moderne, où sa tombe est aujourd'hui encore un lieu de pèlerinage. Ses articles de foi, formulés dans *Commentaire sur la Michnah* et destinés à être observés par tous les juifs, lui valurent une certaine postérité. Le treizième et dernier article porte sur la croyance en la résurrection des morts – bienheureux morts !

Sohravardi
(1155-1191)

Ce soufi iranien fut à l'origine d'une importante philosophie mystique et fonda l'illuminisme. Il fut exécuté à Alep, dans l'actuelle Syrie, sur ordre du fils de Saladin qui lui reprochait de cultiver des croyances mystiques hérétiques. On l'appelle parfois tout simplement *Maqtul*, « le tué ».

La philosophie au Moyen Âge latin

Albert le Grand ou Albertus Magnus
(1200-1280)

De son vivant, Albert reçut le titre de *Magnus*. Il était également *Doctor Universalis* (docteur universel). Même si l'influence de sa philosophie ne se donne jamais mieux à voir que dans les écrits de Thomas d'Aquin, dont il fut longtemps le maître, Albert mérite d'être considéré comme un brillant philosophe à part entière. À la demande de ses frères dominicains, il fut chargé de se livrer à une explication de la nouvelle interprétation d'Aristote issue des sources juives et arabes en Espagne, accouchant au final d'une somme de trente-neuf volumes.

En 1278, Albert connut une brusque perte de mémoire pendant un discours, et vit dès lors sa force intellectuelle se détériorer rapidement. Butler rapporte dans ses *Vies des saints* que n'ayant pas eu à connaître la maladie en fin de vie, il s'éteignit paisiblement deux ans plus tard, assis sur une chaise et entouré par ses frères, dans sa ville natale de Cologne.

Saint Thomas d'Aquin
(1224/25-1274)

Saint Thomas d'Aquin, le plus important philosophe et théologien de l'Occident chrétien, était *Doctor Angelicus* (le Docteur angélique). Selon une histoire apocryphe, on lui demanda un jour, alors qu'il se trouvait à la Sorbonne, son opinion sur la nature du sacrement dans la messe chrétienne. Thomas d'Aquin resta plongé dans la prière et la contemplation pendant un temps inhabituellement long avant d'écrire sa réponse. Une fois terminée, il la déposa au pied d'un crucifix avant de se replonger dans la prière. Les moines dominicains présents rapportent que le Christ descendit alors de la croix, ramassa le manuscrit, le lut et dit : « Thomas, tu as bien écrit sur le sacrement de mon corps. » À ce stade, Thomas se retrouva miraculeusement en état de lévitation. Un miracle de poids (si j'ose dire) car Thomas n'était pas ce qu'on peut appeler un petit homme, mais plutôt un « taureau gras, lent et tranquille » selon G. K. Chesterton. La stature du philosophe était telle qu'il avait fallu scier un large pan de la table du réfectoire pour qu'il puisse partager les repas avec ses frères. Ses camarades d'étude parisiens le surnommaient « le Bœuf muet », un surnom qui fit dire à Albert le Grand : « Vous l'appelez ainsi mais sachez qu'un jour le bœuf muet mugira si fort que toute la terre l'entendra. » Et en effet, la voix de Thomas porta très loin. On lui doit une œuvre avoisinant les huit millions de mots : deux millions sur la Bible, un million sur Aristote, le reste se partageant entre son enseignement universitaire et des abrégés destinés aux étudiants en théologie. Comme le signale McDermott, « ces travaux se donnent à lire pour l'essentiel comme une encyclopédie sur Internet». Avec, comme sur la Toile, des articles et des liens menant à d'autres sujets et articles à lire en parallèle.

Il est vain d'essayer de résumer les écrits de Thomas, compte tenu de leur quantité. On prête souvent au philosophe d'avoir réussi à opérer la synthèse entre Aristote et le christianisme. C'est-à-dire? Revenons à Averroès et à la séparation qu'il établit entre philosophie et théologie, royaume de la raison et royaume de la foi. Rejetant une telle perspective, Thomas soutient que même si la théologie commence avec les vérités révélées de la foi, c'est au moyen de la raison qu'elle procède vers ses conclusions. Si la raison sans foi est vide, la foi sans raison est aveugle.

Thomas plaidera toujours en faveur d'une continuité entre le naturel et le spirituel. En ce sens, la philosophie empirique sous influence aristotélicienne ainsi que la science naturelle ne constituent aucunement une hérésie ou un athéisme, elles sont bien au contraire un chemin vers Dieu.

Cette continuité du naturel et du spirituel s'exprime dans la conception thomiste de la situation duale de l'humain, à la jonction de ces deux royaumes. Nous sommes un composé d'âme et de corps, mais l'âme n'est pas quelque substance immatérielle située dans notre cerveau ou sous notre téton gauche. Au contraire, et Thomas suit en cela Aristote, l'âme est la forme du corps. L'âme individualise chacun de nous, anime la masse de matière indistincte que je suis (et comme on l'a vu, Thomas était une grosse masse de matière). Wittgenstein adopte sans le vouloir cette position lorsqu'il écrit: «Le corps humain est la meilleure image de l'âme humaine.»

Le 6 décembre 1273, au cours d'une messe à Naples, Thomas fut victime d'un choc dévastateur.

Certains commentateurs parlent d'une expérience mystique, d'autres évoquent une attaque cérébrale. Quoi qu'il en soit, Thomas perdit la volonté d'écrire ou en fut incapable, et l'énorme labeur de la *Summa Theologiæ* resta en suspens à la Partie 3, Question 90, Article 4.

Son secrétaire, Réginald de Piperno, exprima son mécontentement et expliqua à Thomas qu'il devait achever son œuvre, Thomas répondit :

> *Renaud, je ne le peux pas… Comparé à ce que j'ai vu en prière, tout ce que j'ai écrit ne me paraît être que de la paille.*

Une sacrée botte de paille, tout de même. Malgré sa transformation, Thomas fut convoqué par le pape pour assister au concile de Lyon. Il semble qu'il soit mort après avoir heurté sur sa route une branche d'arbre alors qu'il se trouvait à mi-chemin entre Rome et Naples, près de Roccasecca, à quarante kilomètres de son lieu de naissance. Il avait quarante-neuf ans. Sur son lit de mort, Thomas dicta un bref commentaire sur le Cantique des Cantiques dont nous avons malheureusement perdu la trace aujourd'hui.

Saint Bonaventure ou Giovanni de Fidanza
(1217-1274)

Le *Doctor Seraphicus* (le Docteur séraphique) était aux franciscains ce que Thomas d'Aquin était aux dominicains. Tous deux furent admis maîtres régents de l'université de Paris le même jour, en l'an 1257. (Mentionnons que l'actuel pape Benoît XVI rédigea son « habilitation », ou seconde thèse de doctorat, sur Bonaventure.) Comme Thomas, Bonaventure adopta une position très critique envers l'averroïsme, estimant que ce courant risquait de séparer les royaumes de la foi et de la raison et qu'il déboucherait au final sur l'athéisme. Cependant, à la différence de Thomas, il se méfiait davantage du rationalisme d'Aristote et sa position témoigne d'une plus grande affinité avec Augustin et le néo-platonisme quand il affirme que l'émanation du divin doit s'appréhender à tous les niveaux de la réalité. En 1273, Grégoire X le nomma cardinal ; peu après, le pape et son nouveau cardinal se rendirent au second concile de Lyon. C'est là que Bonaventure est mort brusquement à l'âge de cinquante-sept ans. Selon certaines sources, il aurait été empoisonné.

Ramon Llull ou Raymond Lulle
(1232/33-1315/16)

Érudit majorquin, Lulle est l'auteur de deux cent quatre-vingt-dix ouvrages écrits en catalan, latin et arabe. Il est célèbre pour son *ars magna* ou grand art – ce que Leibniz baptisera plus tard *ars combinatoria* ou art combinatoire – qui se propose de montrer que la totalité de la connaissance humaine découle de la combinaison logique de plusieurs concepts fondamentaux. Lulle inventa également des machines que certains tiennent pour les premiers ordinateurs, ce qui ferait de lui le père de la science informatique. Ces machines logiques avaient toutefois un but spécifique : la conversion des infidèles musulmans aux vérités du christianisme par le recours à la logique et la raison. Toute sa vie, Lulle combattit l'islam. Il participa à de nombreuses missions en Afrique du Nord pour convertir les musulmans. À l'université de Paris où il enseignait, Lulle s'employa à lutter contre l'averroïsme sous influence islamique.

Une histoire probablement fallacieuse rapporte qu'il fut lapidé à mort durant l'une de ses missions à Tunis. Brucker avance quant à lui que Lulle aurait été capturé et torturé avant d'être expulsé de Tunis grâce à l'intercession de marchands genevois.

Bien que jamais canonisé, il reçut le titre de « Bienheureux » ; il fut également surnommé *Doctor Illuminatus* (Docteur illuminé). Schopenhauer fait le récit de la conversion de Lulle au christianisme au détour d'une histoire misogyne assez typique de son style : né au sein d'une riche famille aristocratique, le philosophe mena une vie hédoniste dans sa jeunesse. Un jour, une femme qu'il convoitait depuis longtemps le fit entrer chez elle, enleva sa robe et lui montra l'un de ses seins rongé par le cancer. Schopenhauer poursuit : « Tel un homme qui aurait contemplé l'enfer, il se convertit aussitôt ; quittant la cour du roi de Majorque, Lulle se réfugia au désert pour faire pénitence. »

Siger de Brabant
(1240-1284)

Thomas d'Aquin, Bonaventure et Ramon Lulle étaient unis par une hostilité commune à l'averroïsme. Tous trois combattaient la séparation entre philosophie et théologie, raison et foi. Siger était le plus radical, le plus charismatique et le plus influent des averroïstes de Paris et il se fixa pour principale tâche d'établir la vérité des écrits des anciens philosophes, en particulier d'Aristote. Si, comme souvent, les écrits d'Aristote entraient en conflit avec les enseignements de l'Église, eh bien, tant pis pour l'Église, affirmait Siger. De son point de vue, le mariage entre Aristote et le christianisme voulu par Thomas d'Aquin était promis au divorce. Évidemment, l'Église n'accueillit pas vraiment cette position avec enthousiasme. Contraint de quitter Paris en toute hâte, Siger trouva refuge à Orvieto, en Italie, où la cure pontificale l'autorisa à demeurer, mettant même à sa disposition un secrétaire. Malheureusement, ce dernier poignarda Siger à mort dans un accès de démence.

Jean Duns Scot
(1266-1308)

On ne sait pratiquement rien de la vie et de la mort de Duns Scot. Le nom « Duns » fait peut-être référence au village éponyme situé dans le Berwickshire, au sud de l'Écosse, mais rien n'est moins sûr. Surnommé *Doctor Subtilis* (Docteur subtil), il laissa derrière lui une œuvre dont l'indéniable difficulté nourrit de grandes divergences d'opinions quant à son importance réelle. Certains ne voient qu'ergotage dans ses longs arguments *pro et contra*, ses objections, ses réponses et autres débats interminables engagés avec des contemporains anonymes. Ses disciples étaient ainsi plus connus sous le nom d'« hommes de Duns », d'où vient le terme anglais de « dunce », ou disciple ignorant qui se croit subtil.

D'autres jettent au contraire un tout autre point de vue sur son œuvre. Pour le grand philosophe américain Charles Sanders Peirce, Duns Scot est le « plus profond métaphysicien qui ait jamais vécu ». Quant à Heidegger, il consacra sa thèse de doctorat à la théorie de la signification du philosophe, qui influença largement ses premiers travaux sur la question de l'être.

Duns Scot fut à l'origine du fameux concept d'« eccéité », pour exprimer le caractère unique d'une personne, ou individuation. Sa propre individuation connut une fin prématurée dans un collège franciscain. Selon une histoire horrible, il aurait été enterré vivant après qu'on l'eut déclaré mort et mis en bière suite à un coma. Mais quand on rouvrit sa tombe, on trouva le corps hors du cercueil ; les mains ensanglantées témoignaient des efforts désespérés de Duns Scot pour échapper au piège.

Guillaume d'Ockham
(1285-1347/49)

Le philosophe le plus significatif du XIVe siècle était natif d'Ockham, un petit village du Surrey. Esprit caustique et polémique, formé au débat académique, tenant la preuve empirique et l'analyse logique comme un moyen de pourfendre les absurdités, Guillaume d'Ockham est souvent considéré comme un précurseur des philosophes modernes, dont les positivistes logiques.

Bien qu'Ockham n'utilise jamais le mot, son nom est associé au « rasoir d'Ockham », ou encore principe de parcimonie. Selon ce principe, rien ne doit être présumé nécessaire sans avoir été donné par l'expérience, établi par le raisonnement ou requis par la foi. Ockham est l'auteur de cette phrase célèbre : « Il est inutile de faire avec plus ce qu'on peut faire avec moins ».

Ses attaques contre ses prédécesseurs, tels Thomas d'Aquin et Duns Scot, à qui il attribuait des erreurs, lui valurent des ennuis et John Lutterell, ancien chancelier d'Oxford, l'accusa d'hérésie. En 1324, il se rendit en Avignon, alors siège de la papauté ; il y fut détenu pendant quatre ans, sans qu'on réussisse à déterminer s'il était ou non hérétique.

Craignant le pire, Ockham s'enfuit d'Avignon avec quelques frères franciscains et trouva refuge à Munich grâce au saint empereur romain, Louis de Bavière. Accusé d'apostasie et excommunié, il passa le reste de sa vie à Munich, rédigeant des pamphlets contre le pape et ses prétentions à exercer un pouvoir politique. Il soutenait que le souverain pontife devrait se limiter à des questions théologiques, sauf à « vouloir transformer les lois de la Bible en lois de l'esclavage ». Ockham fut victime de la peste noire qui fit des ravages au XIVe siècle et entraîna un déclin intellectuel et culturel long d'un siècle.

Renaissance, Réforme et révolution scientifique

Marsile Ficin
(1433-1499)

Laissons le fil de notre histoire nous entraîner vers les passions incandescentes de la Première Renaissance italienne. En 1462, Ficin fonda l'académie platonicienne de Florence sous la protection de Cosme de Médicis. Il entreprit la première traduction complète en latin des dialogues de Platon et se lança ensuite dans la traduction des *Ennéades* de Plotin. Ses commentaires sur Platon auront une très grande influence. Dans sa fameuse interprétation du *Banquet*, Ficin invente le concept d'« amour platonique » qui ne signifie pas simplement amitié ou amour non physique, mais amour divin ; cette idée est au cœur de sa compréhension du platonisme – il ira jusqu'à établir une charte astrologique déterminant la position des étoiles à l'époque de la naissance de Platon.

Dans une lettre sur le rôle du philosophe platonicien, Ficin écrit :

Dans la mesure où la philosophie est définie par tous les hommes comme l'amour de la sagesse, et où la sagesse est la contemplation du divin, le propos de la philosophie est certainement la connaissance du divin.

C'est aussi pourquoi le philosophe doit méditer sur la mort ; notre ressemblance avec Dieu nous est en effet restituée dans cette méditation. La philosophie n'est donc rien moins qu'une imitation de Dieu, et le philosophe un « demi-dieu », ou intermédiaire entre l'humain et le divin. Nulle surprise, dès lors, si cette interprétation stratosphérique de la métaphysique platonicienne situe la doctrine de l'immortalité de l'âme au cœur du platonisme de Ficin.

D'un point de vue purement physique, Ficin n'avait pas exactement tous les attributs du divin. Dans la *Vie de Marsile Ficin* (1506), il nous est décrit par Giovanni Corsi comme très petit, mince, légèrement voûté et bégayant. Il est dit que le philosophe se montrait joyeux en société et aimait boire, mais qu'il était par ailleurs enclin à la solitude et la mélancolie. D'après Corsi, sa mort serait à mettre au compte de maux d'estomac fréquents ou de son âge avancé, tout simplement.

Pic de la Mirandole
(1463-1494)

Ce brillant météore de la Renaissance italienne mena une vie aussi brève qu'extraordinaire. Pic était le plus célèbre des étudiants de Ficin ; Corsi rapporte qu'on décelait en lui « des pouvoirs presque divins ». Son approche de la philosophie était aussi métaphysique

que celle de Ficin, mais beaucoup plus syncrétique dans la mesure où il lisait le latin et le grec, ainsi que l'hébreu, l'arabe et l'araméen. Outre Platon, Aristote et les philosophes médiévaux islamiques et scolastiques, Pic puisait aux sources les plus diverses : hermétiques, zoroastriennes, orphiques, pythagoriciennes et cabalistiques. Estimant que chacune de ces croyances possédait une graine de vérité, il rassembla quelque neuf cents thèses et décida, avec une arrogance délicieusement naïve, de se rendre à Rome pour en débattre avec le tout-venant.

Le pape Innocent VIII le déclara coupable d'hérésie, ce qui n'a rien de surprenant, et Pic dut s'enfuir en France où on finit par l'arrêter. Laurent de Médicis lui offrit sa protection et put le sauver de cette mauvaise passe. Nous ne disposons pas d'éléments tangibles sur les circonstances de sa mort, à l'âge de trente et un ans. Selon certaines rumeurs, Pic aurait été empoisonné par son secrétaire – souvenons-nous que Siger de Brabant avait été poignardé par le sien. Le jour de sa mort, Charles VIII de France entrait dans Florence, après la désolante capitulation de la république florentine.

Nicolas Machiavel
(1469-1527)

Quelles leçons peut-on tirer de l'étude des êtres humains lorsqu'on les observe de façon impartiale, à une distance quasiment martienne ? En la matière, Machiavel n'y va pas par quatre chemins – comme on pouvait s'y attendre. Voici les termes dans lesquels il décrit les hommes à son prince imaginaire :

> *Ils sont ingrats, changeants, simulateurs et dissimulateurs, lâches devant les dangers, avides de profits.*

Machiavel explique que si le prince traite bien son peuple, le peuple lui sera dévoué ; les hommes feront savoir qu'ils sont prêts à risquer leur vie pour lui. Mais ceci n'est vrai que si le danger reste éloigné. Car quand le danger menace le prince, le peuple se retourne contre lui. C'est pourquoi le prince doit faire de la peur de la mort une arme de contrôle politique. Le prince qui croit pouvoir gouverner en étant aimé du peuple sera profondément déçu. Les êtres humains – misérables créature s'il en est – brisent toujours le lien de l'amour quand ils ont intérêt à le faire. Il faut donc brandir la peur de la mort, « renforcée par la peur toujours efficace du châtiment ».

Si le contrôle politique repose sur la peur de la mort, le problème, comme l'attestent aujourd'hui les attentats suicides, est que celui ou celle qui ne redoute pas la mort échappe à ce contrôle. Par conséquent :

> *Les princes ne peuvent échapper à l'assassinat perpétré par un fanatique, car rien n'arrête celui qui n'a pas peur de la mort.*

La question du châtiment ne fut pas que théorique pour Machiavel. Accusé de conspiration en 1513, il fut emprisonné et torturé. Certains avancent qu'il aurait connu les délices du « strappado », où les mains du prisonnier sont d'abord attachées dans son dos, puis liée à une corde qui hisse le corps en l'air.

D'après une histoire probablement inventée, Machiavel aurait dit un jour qu'il fallait faire le mort pour tromper l'ennemi. Dans son cas, la vérité est un peu moins dramatique. On lui refusa sur le tard – à cause de ses liens anciens avec les Médicis, qui venaient de perdre le pouvoir à Florence – le poste administratif qu'il convoitait. Machiavel est donc mort désabusé, laissant sa famille dans la misère.

Machiavel jouit depuis sa disparition d'une réputation particulièrement diabolique ; Shakespeare parle ainsi de l'« effroyable Machiavel » dans *Henry VI*. Pour ma part, j'ai plutôt tendance à croire Rousseau qui le jugeait comme un « honnête homme » et un « bon citoyen ». Quelques mois avant sa disparition, Machiavel écrivait dans une lettre : « J'aime ma ville natale plus que mon âme. » Malheureusement, cela n'empêchera pas les citoyens de se montrer ingrats, changeants, simulateurs et dissimulateurs.

Érasme
(1469-1536)

À la différence de son grand ami Thomas More, Érasme connut une fin paisible pendant la période agitée des débuts de la Réforme. Son *Encomium Moriae*, ou *Éloge de la folie*, une satire délicieusement piquante, est dédiée à More dont le nom inspira le titre latin en forme de jeu de mots.

Folie, dans la peau d'une femme, plaide sa cause devant la prétendue sagesse des philosophes et des théologiens. Ce livre valut d'immenses tracas à Érasme qui écrivit à Martin Dorp : « Je regrette presque d'avoir publié *Éloge de la folie.* » Mais il faut ici insister sur le mot « presque », car en louant la folie, Érasme défend la seule position de salut viable selon lui – ce que Paul appelle, dans l'Épître aux Corinthiens, la « folie de la croix ». Au cas où on l'aurait oublié, le paradoxe fondamental du christianisme réside en ce que Dieu est ridiculisé dans la personne du Christ, acceptant d'être crucifié pour racheter la folie de l'humanité et nous libérer du péché et de la mort. Comme nous le dit le personnage de More : « N'est-ce pas là pure folie ? »

Thomas More
(1477-1535)

Dans ses étonnantes *Brief Lives (Vies brèves)*, John Aubrey (1626-1697) raconte dans quelles circonstances More a manqué mourir. Alors qu'il était déjà âgé et occupait la fonction de chancelier du royaume, il vit un jour un fou qu'on appelait « Tom de Bedlam » (*bedlam* : l'asile) faire irruption dans sa maison, menaçant de le jeter par la fenêtre. Bien que beaucoup plus faible physiquement, l'auteur de *l'Utopie* réfléchit à toute vitesse et pointa aussitôt du doigt son petit chien, invitant le fou à le jeter par la fenêtre – « un très bon sport », lui expliqua-t-il. Après que la pauvre créature eut été jetée par la fenêtre, More demanda au dément de courir en bas récupérer le chien en vue de réitérer la plaisanterie. L'homme dévala l'escalier et More put ainsi fermer la porte à double tour avant d'appeler au secours. « Plus jamais mon Lord ne laissa sa porte ouverte » précise Aubrey.

On ne peut raconter ici toute l'histoire de l'emprisonnement de More à la Tour de Londres. Ayant refusé de bénir le mariage d'Henry VIII avec sa seconde épouse, Anne Boleyn, parce que l'autorité papale répudierait cette union, More fut condamné à mort pour haute trahison. C'est-à-dire condamné à être pendu, écartelé et éviscéré. Henry VIII, dans son infinie clémence, commua la sentence en décapitation. Enfermé dans la tour, More écrivit un beau dialogue intitulé « A Dialogue of Cumfort [sic] against Tribulation » (« Dialogue du réconfort dans les tribulations ») qui se termine par une longue méditation sur la perspective d'une mort douloureuse. Il conclut héroïquement que, tout bien considéré, nous devrions être satisfaits de connaître une telle mort au regard de la mort douloureuse du Christ. Il écrit :

> *Mon cher neveu, rappelez-vous que s'il nous était possible, à vous et à moi, de souffrir toute la souffrance du monde réunie, cela ne suffirait pas encore à nous mériter cette félicité céleste et surnaturelle dont nous espérons bien jouir éternellement. Aussi, je vous en prie, pensez à cette joie, et que cette pensée efface toute peine de votre cœur, et priez afin qu'il en aille de même pour moi.*

Devant l'échafaud, More lança à l'officier : « S'il vous plaît, aidez-moi à monter ; je m'arrangerai pour descendre. » Refusant le rituel des exécutions, il se banda lui-même les yeux et attendit calmement le coup fatal. Après la décapitation, on enterra le corps dans une église à Chelsea et sa tête termina au bout d'une pique sur le pont de Londres. Aubrey raconte l'histoire effrayante de la fille de More qui, traversant le pont, aperçut le visage de son père et dit : « Si Dieu le veut, sa tête tombera dans mes bras quand je serai à sa hauteur. » Son vœu fut accompli puisque effectivement, la tête tomba à son passage – sinistre choc ! Elle préserva la tête dans la saumure avant de l'enterrer à l'église Saint-Dunstan, dans la ville de Cantorbéry.

Martin Luther
(1483-1546)

S'opposant radicalement au rationalisme des philosophes chrétiens du Moyen Âge dont nous venons de parler, Luther annonce que la foi, et la foi seule, justifie la vérité de l'Évangile. Pour autant, son interprétation du Nouveau Testament, par exemple l'épître de Paul aux Galates – épître à laquelle Luther se disait « fiancé » – regorge de raisonnements audacieux. Pour Luther comme pour Paul, la mort du Christ est la mort de la mort et l'avènement de la vie éternelle. Se délectant de paradoxes, il écrit :

> *Ainsi, la mort tue la mort, mais cette mort qui tue la mort est la vie même : elle est cependant appelée mort de la mort à cause de la débordante indignation de l'Esprit contre la mort.*

Pendant ses dernières années, Luther jouera sa partition sur un ton mineur. Le moine fauteur de troubles qui, plus tôt dans sa vie, s'était opposé sans relâche à l'Église catholique au point d'être accusé d'hérésie, offrira l'image d'un être irascible, déplaisant et réactionnaire. Ses opinions sur les juifs étaient incendiaires : à ses yeux, ils étaient ces « vers venimeux empoisonnés » dont il fallait brûler les synagogues et les écoles. Le même Luther, qui avait rendu la Bible accessible au peuple grâce à sa traduction en allemand, recommanda à la noblesse de mater impitoyablement la guerre des Paysans en 1524-25 – une révolte pourtant inspirée dans une certaine mesure par ses écrits. Comme le lui dira un jour son épouse Catherine : « Cher époux, vous êtes trop brutal. »

Bien que les catholiques aient diffusé la rumeur d'un suicide, Luther est mort d'un problème cardiaque compliqué de calculs rénaux. Dans une lettre datant de sa dernière année, il écrit ces mots touchants :

> *Je souhaite que me soit donnée une bonne petite heure afin que je puisse m'avancer vers Dieu. J'en ai assez. Je suis fatigué. Je ne suis plus rien. Priez pour moi avec ferveur pour que le Seigneur emporte mon âme en paix.*

Nicolas Copernic
(1473-1543)

Avec Copernic, nous entrons dans le monde moderne, et l'impression qui s'en dégage n'est guère rassurante, et même plutôt déroutante. La révolution copernicienne a transformé la pensée de deux manières distinctes, mais connexes :

En physique, Copernic montre que la terre, jusqu'ici immobile et centrale, est en révolution autour du soleil. Avec lui, mais de façon plus radicale encore avec Bruno et Galilée, la vision médiévale d'un monde clos et signifiant s'ouvre pour devenir cet univers infini potentiellement dénué de sens. Comme l'écrira Pascal un siècle plus tard : « Le silence éternel de ces espaces infinis m'effraye. »

En métaphysique, la révolution copernicienne se détourne de Dieu comme point immobile dans un monde en mouvement et s'oriente vers le moi. Cependant, ce moi n'est pas un individu triomphant et sûr de lui ; il se définit plutôt par le sentiment de frayeur dont parle Pascal. Le moi ne devient lui-même qu'en doutant de tout et en se mettant en quête de certitude. Le moi n'est pas donné, il est plutôt un point d'interrogation parmi d'autres points d'interrogation.

Il est dit qu'à la suite d'une attaque cérébrale qui causa à Copernic une perte de conscience, on plaça entre ses mains un exemplaire des *Révolutions des sphères célestes*, son œuvre capitale sur l'astronomie, qui venait toute juste d'être imprimée. La légende raconte qu'il reprit conscience un instant avant sa mort, le temps de comprendre qu'il tenait son *opus magnus* devant lui.

Vous connaissez peut-être la dure loi qui s'impose aux chercheurs universitaires anglo-saxons : « Publish or perish », « Publie ou meurs ». Copernic fit l'un et l'autre simultanément.

Tycho Brahe
(1546-1601)

Le grand astronome danois perdit son nez au cours d'un duel d'ivrognes et dut le remplacer par un faux le reste de sa vie. On crut longtemps que ce nez était d'or et d'argent, jusqu'en 1905, date à laquelle le cercueil de Brahe fut déterré. On découvrit alors que la cavité nasale était teintée de vert – la preuve d'un contact avec le cuivre.

Tycho est mort dans des circonstances étranges quelques années après avoir quitté le Danemark et s'être installé à Prague, en 1599. Il semble que sa vessie ait éclaté en plein banquet ; explication : c'eût été pour lui le comble du mauvais goût que de se lever au milieu d'une fête pour aller se soulager.

Selon une autre histoire, il serait disparu des suites d'une hémorragie interne : un excès de nourriture aurait causé chez lui une rupture du système digestif. Dans un cas comme dans l'autre, notre ami au nez en cuivre est mort après plusieurs jours d'agonie.

Pierre de la Ramée (Petrus Ramus) (1515-1572)

Bien que largement oublié de nos jours, Pierre de la Ramée exerça une énorme influence dans le domaine philosophique au XVIe et au XVIIe siècle. Il doit sa renommée à des travaux sur la logique dans lesquels il défend Aristote et revisite les écrits du grand philosophe à l'aune de son époque. Pierre de la Ramée publia plus de cinquante livres dont certains firent l'objet de plusieurs rééditions. Il portait une impressionnante barbe noire qu'il lavait quotidiennement avec de l'eau et du vin blanc. Nancelius rapporte qu'il ne prenait qu'un bain par an.

Il fut assassiné à l'aube du 24 août 1572, premier jour du massacre de la Saint-Barthélemy, une frénésie meurtrière longue de plusieurs mois qui vit 70 000 protestants huguenots se faire tuer sauvagement à Paris et en province avec la bénédiction de Catherine de Médicis et de la noblesse catholique française. La belle barbe de Pierre de la Ramée, et la tête qui allait avec, furent jetées dans la Seine après qu'il eut été décapité. De nombreux catholiques célébrèrent la nouvelle du massacre, et le pape Grégoire XIII fit frapper une médaille commémorative de l'événement.

Michel Eyquem de Montaigne
(1533-1592)

Nous avons déjà rencontré Montaigne dans ce livre. Ses méditations sur la mort témoignent d'une grande soif de vivre. Sur un mode intime qui nous est aujourd'hui familier, mais dont il fut l'inventeur, Montaigne écrit :

Je naquis entre onze heures et midi le dernier jour de Février, mil cinq cent trente-trois. Il n'y a justement que quinze jours que j'ai franchi 39 ans, il m'en faut pour le moins encore autant.

Malheureusement, le souhait de Montaigne ne fut point exaucé puisqu'il s'éteignit six mois avant son soixantième anniversaire. Inspiré par la sagesse de Sophocle, il avait écrit un court essai intitulé « Qu'il ne faut juger de notre heur qu'après la mort ». Si une telle chose est vraie, il est absolument crucial de savoir comment notre vie s'est achevée pour porter un jugement sur notre existence. Montaigne nous dit qu'il a vu des gens de bien connaître une mort affreuse, et des méchants faire l'expérience d'une mort douce. Il nous fait le récit de la mort tragicomique de son valeureux frère à l'âge de vingt-trois ans, atteint par une balle juste au-dessus de l'oreille droite, pendant une partie de jeu de paume. Le contraste est saisissant avec ce qui suit :

> *En mon temps trois des plus exécrables personnes, que je connusse en toute abomination de vie, et les plus infâmes, ont eu des morts réglées, et en toute circonstance composées jusques à la perfection.*

Et Montaigne de conclure, pensant à sa propre fin :

> *Au jugement de la vie d'autrui, je regarde toujours comment s'en est porté le bout ; et des principales études de la mienne, c'est qu'il se porte bien, c'est-à-dire quiètement et sourdement. »*

Montaigne espérait connaître une mort paisible ; d'une certaine manière, son souhait fut exaucé, mais pas comme il l'espérait. Atteint de nombreuses maladies à la fin de sa vie, il souffrait notamment de calculs rénaux, comme Épicure ; une attaque d'angine phlegmoneuse vint en outre lui ôter l'usage de la parole. Dans ses *Essais*, il écrit que la mort la plus horrible serait d'avoir la langue tranchée, de trépasser sans pouvoir parler. Il semble qu'il se soit éteint dans un silence assourdissant, une mort affreuse pour un tel créateur de mots. Toutefois, sans doute a-t-il vécu ses derniers instants libre de crainte – comme une réponse à cette phrase tirée d'un de ses essais où il écrit : « c'est ce de quoi j'ai le plus de peur que la peur ».

S'il est vrai, comme l'observe Terence Cave, que les réflexions de Montaigne, consignées dans la fleur de l'âge, donnent l'impression d'un morceau de « bravoure stoïcienne », il reste que leur auteur connut un état de mort imminente quelques années avant d'écrire que « philosopher c'est apprendre à mourir ». Alors qu'il était à cheval à une lieue de chez lui, l'un de ses serviteurs, un colosse allant au grand galop, le heurta de plein fouet, laissant la monture et son cavalier inanimés. Dans son essai « De l'exercitation », l'écriture de Montaigne témoigne d'un grand détachement, comme si la chose était arrivée à quelqu'un d'autre :

> *Si que voilà le cheval abattu et couché tout étourdi, moi dix ou douze pas au-delà, étendu à la renverse, le visage tout meurtri et tout écorché, mon épée que j'avais à la main, à plus de dix pas au-delà, ma ceinture en pièces, n'ayant ni mouvement, ni sentiment, non plus qu'une souche.*

Montaigne connut une sévère forme d'amnésie et les souvenirs de l'accident ne lui revinrent que progressivement. Quand il en vint finalement à se remémorer le cheval fondant sur lui, il dit qu'il se tint « pour mort ». Et il poursuit son récit avec cette pensée extraordinaire :

> *Il me sembla que c'était un éclair qui me frappait l'âme de secousse, et que je revenais de l'autre monde.*

Cet incident a ceci de fascinant que Montaigne n'éprouve de peur à aucun moment. Sereinement, il fait face à l'imminence de la mort.

Le génie de Montaigne tient à sa manière éminemment personnelle de donner l'impression de ne jamais s'apitoyer sur lui-même, mais plutôt de parler de quelque chose dont il nous fait partager l'expérience. Pascal a raison quand il dit : « Ce n'est pas dans Montaigne, mais dans moi, que je trouve tout ce que j'y vois. » Pour Montaigne, la manière d'écrire est aussi importante que le fond. Ce qu'il développe est un style expérimental capable de reproduire le mouvement de l'esprit. Ainsi, « c'est une épineuse entreprise, et plus qu'il ne semble, de suivre une allure si vagabonde que celle de notre esprit, de pénétrer les profondeurs opaques de ses replis internes : de choisir et arrêter tant de menus airs de ses agitations ». Montaigne donne à voir quelque chose de totalement moderne : une tentative visant, par l'écriture, à capter les méandres de l'esprit, ses digressions, ses affirmations et ses hésitations.

Malgré son admiration pour Sénèque et les stoïciens, Montaigne expliqua vers la fin de sa vie que les sceptiques comme Pyrrhon étaient à ses yeux « le plus sage parti des philosophes » car, pour eux, « il n'y a plus sage raison qui n'en ait une contraire ». On a vu que pour les sceptiques de l'Antiquité, la connaissance n'offre aucune forme de certitude possible. C'est d'eux que Montaigne tient la fameuse question « *Que sais-je ?* » à laquelle on l'identifie le plus souvent, et qui nous permet de dessiner les contours d'une attitude authentiquement philosophique. Les écrits de Montaigne sur la mort témoignent aussi d'une forte influence de l'épicurisme sur sa pensée ; il fait sien l'argument de Lucrèce contre l'immortalité : « Imaginez de vrai, combien serait une vie perdurable, moins supportable à l'homme, et plus pénible, que n'est la vie que je lui ai donnée. Si vous n'aviez la mort, vous me maudiriez sans cesse de vous en avoir privés. »

La philosophie est la manière dont l'être humain se prépare à la mort. Pour Montaigne, elle nécessite de se plonger dans une étude qui soit un apprentissage de la mort et de ses atours. C'est ainsi qu'il écrit : « L'étude et la contemplation retirent aucunement notre âme hors de nous, et l'embesognent à part du corps. » Depuis Aristote, le plus sublime bonheur promis par la philosophie réside dans la vie contemplative, le *bios theoretikos*, la tranquillité du dialogue de l'âme avec elle-même. Considérée de près, la vie contemplative est l'image même de la mort. Elle est ce moment de calme qui accompagne l'existence dans l'instant présent où s'effacent à la fois le souci de l'avenir et les regrets du passé. Je ne connais pas d'autre immortalité.

Giordano Bruno
(1548-1600)

Si Copernic fut en effet l'instigateur d'une révolution venue bouleverser le champ de l'astronomie et notre représentation de l'univers, c'est bien Giordano Bruno qui, reprenant son flambeau, répandit le feu à travers toute l'Europe (il finira par subir un sérieux retour de flammes). Ses théories établissant l'existence d'un univers infini et d'une multiplicité de mondes, ainsi que sa fascination pour la tradition hermétique de la magie et l'art de la mémoire, lui valurent de multiples accusations d'hérésie.

Après son excommunication en Italie, où il avait été accusé de meurtre, Bruno s'installa à Paris, Londres, Oxford et dans plusieurs villes universitaires allemandes. Son séjour prolongé en Angleterre influença grandement le reste de sa vie. On sait qu'il se lia d'amitié avec Sir Philip Sidney, et aurait par ailleurs rencontré Shakespeare. La querelle qui l'opposa aux universitaires oxfordiens est restée dans les annales.

En 1591, Bruno décida de retourner en Italie – un choix qui lui sera fatal. Brièvement jugé pour hérésie à Venise, il le fut à nouveau à Rome pendant sept longues années. Condamné à mort parce qu'il refusait de se rétracter, il lança à ses juges cette phrase devenue célèbre : « Vous éprouvez sans doute plus de crainte à rendre cette sentence que moi à la recevoir. » Bâillonné, il fut brûlé vif sur le Campo de'Fiori.

Bruno était un maître dans la tradition hermétique de l'art de la mémoire. Frances Yates décrit ainsi le cœur de sa doctrine :

> *Tout est dans tout dans la nature. De même tout est dans tout dans l'intellect. Et la mémoire peut se rappeler tout dans tout.*

L'être humain est le microcosme du macrocosme divin de la nature ; les techniques de la mémoire lui permettent d'acquérir le savoir absolu, de devenir divin. Bruno a par ailleurs toujours été considéré comme le héros dissident du radicalisme politique et un ennemi de l'Église catholique. Dans maintes petites villes italiennes, souvent à l'initiative de la cellule locale du parti communiste, la Piazza Giordano Bruno fait directement face à l'église principale.

Galilée
(1564-1642)

Galilée fut menacé de connaître le même sort que Giordano Bruno, comme on peut le voir dans la pièce que Brecht consacra à sa vie. Torturé par l'Inquisition, il fut conduit à rétracter sa conception copernicienne de l'univers. La légende veut qu'après son abjuration, Galilée ait murmuré « Pero si muove » (« Et pourtant elle tourne ») : la terre tourne et elle n'est pas un point fixe au centre de l'univers.

Bien que principal artisan de l'essor de l'observation empirique, et de la séparation de la physique et de la philosophie, voici ce qu'il écrit dans *L'Essayeur*, un texte datant de 1623 : « La philosophie est écrite dans ce vaste livre qui constamment se tient ouvert devant nos yeux (je veux dire l'Univers), et on ne peut le comprendre si d'abord on n'apprend pas à connaître la langue et les caractères dans lesquels il est écrit ; et il est écrit en langue mathématique. » Galilée passa les huit dernières années de sa vie en résidence surveillée jusqu'à ce que la cécité ne mette un terme aux expériences qu'il effectuait au moyen de télescopes ; il est mort de ce qui fut décrit comme une « fièvre lente ».

Francis Bacon
(1561-1626)

Bacon estimait que le champ de la « philosophie naturelle » n'avait nullement progressé depuis les Grecs de l'Antiquité. L'homme n'était pas du genre à dire (et faire) les choses à moitié. En 1620, il proposa un *Novum Organum*, nouvel instrument ou outil, qui devait remplacer l'*organon* d'Aristote et permettre aux humains d'exercer à nouveau leur maîtrise sur le monde naturel. Il est devenu banal aujourd'hui de dire que « savoir, c'est pouvoir », mais rappelons que c'est à Bacon que nous devons cette idée.

Les philosophes spéculatifs traditionnels lui faisaient penser à ces araignées capables de tisser des toiles d'une merveilleuse complexité à partir de leur propre substance. Le problème est que ces toiles ne parviennent pas à atteindre la réalité et peuvent être balayées en l'espace d'un instant. Telle l'abeille, le vrai philosophe doit au contraire travailler de concert avec les autres, mener des expériences et amasser des données qui garantissent le savoir et le pouvoir sur la nature.

Fidèle à sa parole, Bacon est mort à la suite d'une de ses expériences. L'histoire nous est rapportée par John Aubrey. Il la tenait d'une autorité, Thomas Hobbes en personne. Au cours d'un hiver londonien particulièrement rigoureux, où la neige tenait sur le sol, Bacon voyageait en compagnie d'un médecin écossais lorsque soudain, une idée lui traversa l'esprit : n'était-il pas possible de préserver la viande dans la neige aussi bien qu'on le fait dans le sel ? Les deux hommes descendirent de leur attelage au pied de Highgate Hill et achetèrent un poulet à une vieille femme qui vivait là. Après avoir rempli le poulet de neige, Bacon fut immédiatement pris d'un refroidissement. Hors d'état de rentrer chez lui, il s'alita dans la demeure du comte d'Arundel, à Highgate. Malheureusement, le lit était si humide que son état ne put qu'empirer ; selon Hobbes, Bacon serait

« mort de suffocation en deux ou trois jours ». C'est ce qui s'appelle une « mort par empirisme ».

Aubrey nous dit également que Bacon était un *paiderastos* et que ses mignons et autres favoris recevaient des pots-de-vin. Le mystère reste entier sur les tendances sexuelles de Bacon, mais on sait en tout cas qu'en 1621 il fut déclaré coupable d'avoir accepté des pots-de-vin. Privé de son haut poste de solliciteur général et disgracié, il fut condamné à payer une lourde amende.

Une histoire moins pittoresque raconte que Bacon s'adonna à l'opium durant presque toute sa vie avant de succomber à une overdose de nitre ou d'opium.

Tommaso Campanella
(1568-1639)

Dénoncé à l'Inquisition pour ses idées hétérodoxes et confiné dans un couvent, Campanella passa vingt-sept ans en prison pour avoir fomenté une rébellion en Calabre contre la domination espagnole. C'est durant sa captivité qu'il rédigea son ouvrage le plus célèbre, *La Cité du soleil*, une utopie communiste en forme de dialogues, fortement influencée par *La République* de Platon.

Cinq ans après sa libération, Campanella apprit qu'on le menaçait à nouveau d'emprisonnement ; il s'enfuit en France où il vécut le reste de ses jours sous la protection du cardinal de Richelieu.

Rationalistes, empiristes et dissidents religieux

Hugo Grotius ou Huig de Groot (1583-1645)

Le grand théoricien hollandais de la guerre juste, dont les idées en matière de droit international influenceront ultérieurement la jurisprudence et la politique, connut la fin internationale qui s'imposait. Bien que n'étant pas suédois, Grotius fut nommé ambassadeur de Suède en France en 1634. À la suite d'intrigues politiques et de coups bas, la reine Christine le releva de son poste et le rappela à Stockholm. Pendant son voyage de retour à Lübeck, en Allemagne, son navire fit naufrage et Grotius fut rejeté au rivage. On l'emmena dans une charrette à Rostock où il mourut de ses blessures. Ses derniers mots furent : « En voulant comprendre beaucoup de choses, je n'ai rien accompli. »

Thomas Hobbes
(1588-1679)

Dans son *Léviathan*, Hobbes fait cette célèbre description de la vie à l'état de nature : « solitaire, besogneuse, pénible, quasi-animale et brève ». Bien que la vie de Hobbes ait connu sa part de drames – la peur de l'Invincible Armada déclencha chez sa mère des contractions qui précipitèrent sa naissance, et ses relations avec le roi et le Parlement furent pour le moins difficiles – aucune des épithètes ci-dessus ne paraît justifiée dans son cas. À quatre-vingt-dix ans, il écrivait toujours et publiait abondamment, ce qui, dans les turbulences de l'Angleterre au XVIIe siècle, relevait tout bonnement du miracle.

John Aubrey, moins âgé que Hobbes, était son ami, et il nous livre avec humour et tendresse les secrets de cette longévité. Même dans sa jeunesse, Hobbes évitait les excès « en ce qui concerne le vin et les femmes », et cessa définitivement de boire de l'alcool à l'âge de soixante ans. Le philosophe contrôlait soigneusement son alimentation et mangeait beaucoup de poisson, « en particulier du merlan ». Chaque jour, il allait marcher d'un bon pas dans le but de transpirer, pensant ainsi élever sa température – les vieillards ont froid – et expulser tout excès d'humidité. Après avoir beaucoup sué, il rentrait chez lui et « donnait un peu d'argent à sa servante pour qu'elle le frotte vigoureusement ». Hobbes se plut même à jouer au tennis plusieurs fois par an jusqu'à l'âge de soixante-quinze ans. On sait enfin que tard dans la nuit, et après s'être assuré que personne ne pourrait l'entendre, il entonnait des chansons populaires sentimentales. Sa voix n'était pas particulièrement belle, mais Hobbes était persuadé que chanter « faisait du bien à ses poumons et contribuait à prolonger sa vie ».

Il écrivait à propos de la mort : « Ne portons pas trop longtemps le deuil d'un disparu ; sinon, nous aurons trop peu de temps pour pleurer les autres. » Hobbes tomba malade de la « strangurie », victime d'une douleur aiguë quand il urinait, probablement causée par l'infection de la vessie. Il aurait dit à l'un de ses médecins : « Je serais heureux de trouver un trou pour me glisser hors du monde. » Il est mort hémiplégique.

Ses funérailles se déroulèrent dans la paroisse d'Ault Hucknall, dans le Derbyshire, parfois décrit comme le plus petit village d'Angleterre. Selon Aubrey, les participants à son enterrement, parents et voisins, furent généreusement traités avec des « vins cuits et verts, des gâteaux, des biscuits, etc. »

Si la vie de Hobbes fut tout sauf pénible, quasi animale et brève, elle ne fut pas davantage solitaire. Apparemment, il eut sur le tard une compagne plus jeune que lui dont il était très épris. Peu avant de mourir, il composa ces vers touchants, pleins d'autodérision :

Bien que nonagénaire et trop vieux
Pour être en cour chez Cupidon
Et que nombre d'hivers m'aient donné si froid
Que j'en suis presque idiot

Pourtant je peux aimer et prendre maîtresse,
Aussi belle que possible et aussi sage que belle ;
Et qui cependant sans orgueil n'entreprendra rien
Qui me désespère de ses faveurs.

Vous dire son nom serait effronté ;
Mais si vous découvrez quelle personne elle est

Ne prenez pas pour idiot le vieil homme
Qui aime dans un beau corps esprit plus bel encore.

Dans ses dernières volontés, Hobbes lègue 10 livres à une certaine Mary Dell dont il n'est fait mention nulle part ailleurs. Était-ce son amoureuse ? Nous ne le saurons jamais.

Avant d'attraper la maladie qui devait l'emporter, Hobbes proposa à ses amis de réfléchir chacun à l'épitaphe pouvant figurer sur sa tombe. Sa préférée fut la suivante : « Voici la véritable pierre philosophale. »

René Descartes
(1596-1650)

À la différence de Hobbes, Descartes est mort relativement jeune, avant son cinquante-quatrième anniversaire. Il se trouvait alors en exil à Stockholm. La Suède connaissait son hiver le plus froid depuis soixante ans. Descartes écrivit à un ami : « Il me semble que les pensées des hommes se gèlent ici pendant l'hiver aussi bien que les eaux. » Le philosophe n'avait qu'un ami à Stockholm, l'ambassadeur de France, Chanut ; et c'est ce même Chanut qui allait lui transmettre l'infection virale dont il ne se remettrait pas. Une saignée avait permis à l'ambassadeur de se rétablir, mais Descartes, jugeant ce remède absurde, espérait que son état s'améliorerait naturellement. Sa fièvre ne cessa d'empirer au cours des dix jours suivants. Avant de perdre conscience, il aurait dit, à la manière d'un Socrate ou d'un Plotin :

> *Ça, mon âme, il y a longtemps que tu es captive ; voici l'heure où tu dois sortir de prison, et quitter l'embarras de ce corps. Il faut souffrir cette désunion avec joie et courage.*

Chanut avait encouragé Descartes à accepter l'invitation de la reine Christine de Suède qui souhaitait se voir enseigner la philosophie. Malheureusement, il semble que ce fut un échec total. Après quelques leçons, le professeur avoua : « Je ne sache point qu'elle [Christine] ait encore rien vu de la philosophie. » Il faut dire qu'on a connu contexte plus propice à l'enseignement que les séances auxquelles était convié le philosophe, programmées à cinq heures du matin en plein hiver. Apparemment, il n'aimait pas se lever tôt.

Les raisons pour lesquelles Descartes répondit favorablement à Christine ne sont pas claires. Il est vrai qu'elle insista, envoyant d'abord un amiral pour transmettre son invitation au philosophe, puis dépêchant un navire de guerre pour l'embarquer. L'auteur du *Discours de la méthode* fut-il flatté de l'intérêt de la reine, quand on sait que la France et la Hollande, sa patrie d'adoption, le méconnaissaient totalement ? C'est bien connu, le désir de reconnaissance peut infliger de terribles maux à l'âme. Il se peut aussi que Descartes ait été mû par une sorte de désir de mort. D'après Desmond Clarke, il aurait été saisi de la vision prémonitoire d'un naufrage avant son départ. Cela dit, ce n'était nullement une peur déraisonnable en ce XVIIe siècle, d'autant que Grotius était mort ainsi cinq ans plus tôt dans ces mêmes circonstances et après avoir rencontré la même reine Christine. L'air de Stockholm ne paraît guère avoir stimulé Descartes ; il lut très peu durant son séjour, et ne s'adonna quasiment pas à l'écriture.

On sait qu'il mena une vie itinérante (il eut pas moins de trente-huit adresses différentes au cours de son existence). Assez bizarrement, cette errance s'est poursuivie après sa mort. Les pérégrinations de son cadavre, transporté en une multitude de lieux, tiennent presque du tragicomique. Mort en Suède, terre protestante, alors qu'il était catholique, Descartes fut enterré dans un cimetière réservé aux orphelins non baptisés et aux victimes de la peste. Cela signifiait, d'après la théologie chrétienne de l'époque, que l'âme, dont Descartes avait parlé abondamment, ne serait pas autorisée à entrer au paradis ; au contraire, elle était condamnée à errer dans les limbes. En 1666, l'exhumation du corps marqua le début d'un long voyage de retour à Paris qui dura onze mois, après une halte qui se prolongea à Copenhague et d'autres étapes en de nombreux endroits.

Mais l'histoire n'est pas finie. Les restes de Descartes furent d'abord transportés à l'église Sainte-Geneviève, à Paris, avant qu'on se décide à les transférer au Panthéon, une décision qui, malheureusement, ne fut jamais exécutée ; après deux séjours temporaires dans des cimetières parisiens, la dépouille de Descartes fut enterrée dans l'ancien monastère de Saint-Germain-des-Prés, en 1819.

Très curieusement, l'inscription initiale sur la tombe de Descartes (elle n'existe plus) disait : « *Bene qui latuit, bene vixit* » (« Qui se cache bien, vit bien »).

Élisabeth de Bohême, princesse Palatine
(1618-1680)

Dans ce qui est peut-être le passage le plus stupide de ses *Vies brèves,* Aubrey écrit que « Descartes était un homme trop sage pour s'encombrer d'une épouse ». Néanmoins, Descartes entretint des relations avec de nombreuses femmes. La plus brillante d'entre elles était Élisabeth, princesse exilée dont l'oncle, Charles Ier d'Angleterre, fut brutalement, mais à juste titre, décapité en 1649. Après le régicide, Descartes écrivit une lettre de consolation à Élisabeth, dans laquelle il disait : « cette mort si violente semble avoir quelque chose de plus affreux que celle qu'on attend en son lit » – une remarque d'une ironie toute particulière si l'on considère les circonstances de la fin de son auteur.

Compte tenu des restrictions imposées à leur éducation et à leur rôle dans la vie publique et intellectuelle jusqu'à une époque plus récente qu'on ne le croit, les femmes s'exprimaient moins dans des traités philosophiques que sous des formes littéraires telles que la correspondance. Âgée de vingt-quatre ans en 1643, Élisabeth entama une longue et minutieuse correspondance philosophique avec Descartes qui dura jusqu'à la mort de ce dernier. Son éducation rigoureuse dans les sciences et les mathématiques, sa connaissance des auteurs grecs et latins et son savoir théologique faisaient d'elle une égale de Descartes, qui la traitait comme telle. En outre, ses lettres se distinguaient par une sincérité, une chaleur et une franchise qui faisaient cruellement défaut au langage de cour du XVIIe siècle.

La question soulevée par Élisabeth est au cœur du dualisme de la pensée cartésienne et de son prolongement – la séparation de l'esprit et du corps. Si l'esprit pensant est séparé du corps en tant que substance étendue, comment l'esprit et le corps interagissent-ils ?

La réponse de Descartes se trouve dans son dernier livre, *Les Passions de l'âme*, publié peu avant sa mort. Il avance que la glande pinéale, un morceau de matière gris vert de la taille d'un pois, situé au milieu du cerveau, est le point d'interaction de l'esprit et du corps.

Manifestement, la glande pinéale de René n'impressionnait pas Élisabeth. Préfigurant les nombreuses critiques qui seront portées ultérieurement contre les travaux du philosophe, elle exprime dans ses lettres une critique constante du rationalisme de Descartes et de sa vision mécanique du corps. À l'occasion d'un désaccord avec René sur les passions, voici ce qu'elle écrit, pleine d'ironie : « Sachez donc que j'ai le corps imbu d'une grande partie des faiblesses de mon sexe, qu'il se ressent très facilement des afflictions de l'âme et n'a point la force de se remettre avec elle. »

Certains ont dit que Descartes et Élisabeth étaient amoureux. Quoi qu'il en soit, il est certain que leur amitié était très profonde. Élisabeth ne se maria jamais ; quelques mois après la mort de Descartes, elle s'enferma dans un couvent et devint chanoinesse et abbesse d'Hertford, en Westphalie, où elle termina ses jours.

Pierre Gassendi
(1592-1655)

Nous avons déjà rencontré Gassendi (*voir* Épicure). Apparemment, il eut Molière pour élève et l'aurait poussé à traduire en français *De la nature de l'univers.* Le « gassendisme » fut le principal rival du cartésianisme au XVIIe siècle, une alternative à la scolastique. En effet, Gassendi soulève à l'encontre de la philosophie ce que Descartes appelle « l'objection des objections » : à savoir que toute connaissance – y compris sous la forme de ces idées claires et distinctes dont parle Descartes – pourrait n'être rien en dehors de nos esprits et n'avoir aucun contact avec la réalité. Irrité comme il pouvait souvent l'être, Descartes refuse de prendre l'objection au sérieux ; car si Gassendi est dans le vrai, « il faut entièrement fermer la porte à la raison et se contenter d'être singe ou perroquet, et non plus homme » (ce qui est terriblement insultant pour les singes et les perroquets).

Ce que Gassendi appelle « scepticisme mitigé » constitue le cœur de sa philosophie. Il s'agit d'une tentative plutôt improbable visant à réconcilier l'atomisme et le matérialisme épicuriens avec les vérités révélées du christianisme. L'entreprise est audacieuse, en particulier quand Gassendi avance, tel un libertin, que la « volupté » est le plus grand bien.

Mort dans des circonstances douloureuses à la suite d'une longue maladie pulmonaire, Gassendi connaîtra une postérité dans la droite ligne de son atomisme puisqu'on a donné son nom à un gros cratère lunaire.

Duc François de La Rochefoucauld
(1613-1680)

Brave et héroïque soldat, mais frappé par la malchance, La Rochefoucauld fut grièvement blessé à la bataille du Faubourg Saint-Antoine. Une balle lui traversa en effet la tête, et il fut tout près de perdre la vue, sinon la vie. L'homme était aussi connu pour sa galanterie et on lui prêtait un certain nombre de liaisons dont l'une lui valut d'être embastillé par le cardinal Richelieu.

Dans son autoportrait littéraire, La Rochefoucauld confesse ses peccadilles passées et se décrit physiquement avec force détails, une chose très inhabituelle pour l'époque : « Je suis d'une taille médiocre, libre et bien proportionnée », avec des cheveux noirs bouclés et des dents blanches « passablement bien rangées ». Il avoue : « J'ai de l'esprit, encore une fois, mais un esprit que la mélancolie gâte. » Le duc était l'un des personnages les plus en vue des salons parisiens du milieu du XVIIe siècle, et ses cyniques *Maximes* contiennent de magnifiques observations acérées sur la mort, une question où il prend pour cible l'idéal philosophique de la mort.

Il s'opposait résolument à l'idée, rencontrée chez tant de philosophes anciens, que l'on peut ou qu'on doit mépriser la mort. Au contraire, la mort est pour lui une « chose épouvantable ». Pour s'en convaincre, il suffit d'observer tout le mal que les philosophes se donnent à nous persuader du contraire. La Rochefoucauld explique qu'il est deux moyens par lesquels l'homme arrive malgré tout à tolérer la mort : en cultivant sa propre immortalité et sa réputation posthume, ou en étant idiot – ce qui, pour l'aristocrate La Rochefoucauld, est la grande qualité du peuple. Il écrit :

> *Rien ne prouve tant que les philosophes ne sont pas si persuadés qu'ils disent que la mort n'est pas un mal, que le tourment qu'ils se donnent pour établir l'immortalité de leur nom par la perte de la vie.*

Pour La Rochefoucauld, le mépris du philosophe pour la mort est un désir de gloire et de renommée posthumes qui ne dit pas son nom. Il écrit : « Nous craignons toutes choses comme des mortels, et nous désirons toutes choses comme si nous étions immortels » et recommande d'abandonner l'hypocrisie des philosophes : « Contentons-nous pour faire bonne mine de ne pas nous dire à nous-mêmes tout ce que nous pensons, et espérons plus de notre tempérament que ces faibles raisonnements qui nous font croire que nous pouvons approcher de la mort avec indifférence. » Il écrit cette phrase célèbre : « Le soleil ni la mort ne se peuvent regarder fixement. » La Rochefoucauld est mort après avoir souffert de longues années de la goutte et aussi été atteint de paralysie.

Blaise Pascal
(1623-1662)

Dans ses pensées publiées à titre posthume, Pascal écrit :

Qu'on s'imagine un nombre d'hommes dans les chaînes, et tous condamnés à la mort, dont les uns étant chaque jour égorgés à la vue des autres, ceux qui restent voient leur propre condition dans celle de leurs semblables, et, se regardant les uns les autres avec douleur et sans espérance, attendent leur tour : c'est l'image de la condition des hommes.

Il n'est pas de génie plus en proie au déchirement que Pascal dans la pensée moderne. Aucun auteur ne parle aussi puissamment de la condition de son époque et de la nôtre, toutes deux écartelées entre les exigences antagonistes de la science et de la religion.

Pascal écrivit son premier traité de mathématiques à l'âge de seize ans ; deux ans plus tard, il inventa la première machine à calculer pour aider son père, contrôleur des impôts ; il fut par ailleurs à la pointe des travaux expérimentaux et théoriques sur la nature du vide, un sujet qui préoccupait les grands esprits de l'époque ; peu avant sa mort, il inventa un grand carrosse à plusieurs sièges, transportant des passagers à travers Paris, qui allait devenir la première ligne de bus au monde ; enfin, le langage informatique qui porte son nom aujourd'hui lui a offert une gloire posthume.

S'il fut un prodigieux champion de la science nouvelle, Pascal souligna en même temps la profondeur de la crise spirituelle sur laquelle elle débouchait. Il écrit à propos de Descartes :

> *Je ne puis pardonner à Descartes : il voudrait bien, dans toute sa philosophie, se pouvoir passer de Dieu ; mais il n'a pu s'empêcher de lui donner une chiquenaude pour mettre le monde en mouvement ; après cela, il n'a plus que faire de Dieu.*

Le problème du rationalisme cartésien est son orgueil excessif, dans la mesure où il n'admet aucune autre limite à l'explication du monde que celles que donne la raison. Pour Pascal, au contraire, la raison est limitée et ne peut établir ses principes premiers. Par conséquent, « il n'y a rien de si conforme à la raison que ce désaveu de la raison ». Mais, soyons clair, Pascal ne s'engage pas dans la voie de l'irrationalisme. Il existe à ses yeux deux excès : « Exclure la raison, n'admettre que la raison. » La raison abandonnée à elle-même mène à un scepticisme infini auquel il est impossible de répondre. C'est ce qui lui fera dire : « Humiliez-vous, raison impuissante. » La raison doit prêter l'oreille au véritable maître de la condition humaine : « Écoutez Dieu. »

Et Pascal écouta Dieu le 23 novembre 1654 au cours de la fameuse « nuit de feu ». Après sa mort, on trouva, cousu dans sa veste, un texte qu'il transportait tout le temps avec lui. Il s'agissait du mémorial de sa conversion, et ses premiers mots sont : « FEU. Dieu d'Abraham, Dieu d'Isaac, Dieu de Jacob, non des philosophes et des savants. » Le fait important, ici, est que l'expérience de la foi ne peut s'exprimer philosophiquement ; une idée qui sera reprise par des philosophes comme Kierkegaard, Wittgenstein et Simone Weil. Le Dieu des philosophes est donc un malentendu intellectuel sur l'expérience de la foi. Inspiré par Paul et Augustin, Pascal cherche à défendre une compréhension chrétienne de la mort contre le rationalisme de Descartes d'un côté, et le scepticisme de Montaigne de l'autre.

Il est intéressant de noter ce que Pascal écrit à propos de Montaigne : « Il ne pense qu'à mourir lâchement et mollement par tout son livre. » Il s'agit en effet d'une conception de la mort qui puise à des sources païennes, sans considération pour la question du salut personnel. Toute la question est de savoir si, en vérité, le vice de Montaigne n'est pas vertu ; c'est une des interrogations soulevées dans ce livre.

Pascal fut malade toute sa vie et mourut jeune, emporté à l'âge de trente-neuf ans par une gangrène intestinale et une embolie cérébrale.

Arnold Geulincx
(1624-1669)

On doit peut-être au métaphysicien flamand – qui, soit dit en passant, exerça une certaine influence sur le jeune Samuel Beckett – la plus étrange théorie de la causalité dans l'histoire de la philosophie. Pour Geulincx, agir n'est possible que si l'on sait comment l'action se réalise. Or les êtres humains manquent d'une connaissance adéquate d'eux-mêmes. Par conséquent, nous ne pouvons pas vraiment dire que nous agissons.

Or – et c'est l'étrange proposition de l'argument – le seul être dont on puisse dire qu'il agit est Dieu, dans la mesure où il est le seul à avoir la connaissance des causes de son action. En conséquence, nous n'agissons pas, c'est Dieu qui agit à travers nous. Dieu est la cause des actes dont nous voyons les effets dans le monde.

Geulincx écrit sous la forme d'un syllogisme :

Je ne suis rien d'autre qu'un spectateur du monde.
Néanmoins, le monde lui-même ne peut pas produire ce spectacle.
Dieu seul peut produire ce spectacle.

Bien entendu, une telle théorie soulève une question délicate comme celle du meurtre. Par exemple, si je tue un ours grizzli avec un fusil d'assaut A-47 (non que je possède une arme de ce type ou fréquente souvent la compagnie des ours), est-ce vraiment moi qui tue l'ours ?

Geulincx écrit : « Les hommes alors, à proprement parler, ne tuent pas ; ils *veulent* seulement tuer. » Le succès de la réalisation de l'acte de tuer ne dépend donc que de la volonté de Dieu.

Ce n'est donc pas moi qui tue l'ours, mais Dieu (heureusement, les thèses de Geulincx restent encore largement méconnues chez les avocats spécialisés dans les affaires d'homicide).

L'opinion de Geulincx sur la causalité a également une étrange conséquence sur notre conception de la mort. Il écrit :

> *Si la mort vient à moi, en quoi cela me touche-t-il puisque je dois ma condition humaine non pas à ma nature, mais à la volonté d'un autre ?*

Dieu exerce un « pouvoir secret » sur moi, et ma mort n'est pas de mon autorité, elle est de l'autorité de la volonté divine. Dieu peut décider de m'accoupler à un autre corps, de me transformer en ours ou – ce serait l'idéal pour Geulincx – de me libérer totalement de mon existence corporelle. Une chose est sûre : pour Geulincx, l'existence ne s'achève pas dans la mort. En se tournant vers Dieu, l'esprit se tourne vers ce qui lui accorde la vie éternelle.

Anne Conway, vicomtesse Conway (1631-1679)

Jusqu'à une période récente, Anne Conway était restée une figure obscure de l'histoire de la philosophie. Elle fut pourtant profondément impliquée dans l'un des principaux débats philosophiques de la fin du XVIIe siècle, portant sur les conséquences religieuses de la théorie mécaniste de la nature proposée par Descartes et Hobbes.

Dans son essai *The Principles of the Most Ancient and Modern Philosophy* (Les Principes de la philosophie la plus ancienne et la plus moderne), publié à titre posthume, Conway prend position contre le matérialisme et s'élève contre toute distinction entre l'esprit et la matière. Pour elle, l'univers est une seule substance : une matière spirituelle dont la source est divine. Les idées de Conway influencèrent profondément Leibniz ; le terme « monade », qui renvoie chez le philosophe à ces entités simples et indivisibles, dotées de perception, dont est composé le cosmos, est probablement un emprunt tiré de sa lecture des travaux de la vicomtesse.

Exclue de l'université parce qu'elle était une femme, Anne Conway transforma sa maison de Ragley Hall, dans le Warwickshire, en un lieu de discussions intellectuelles ; elle se lia d'une amitié étroite avec Henry More, le plus grand des platoniciens de Cambridge. Atteinte de maux de tête insupportables, elle mourut relativement jeune, peu après avoir rejoints les quackers. Son épitaphe tient en deux mots : « Quaker Lady ».

John Locke
(1632-1704)

Beaucoup considèrent John Locke comme le plus grand philosophe anglais, celui qui, sans aucun doute, exerça jusqu'ici la plus profonde influence. Locke a toujours prétendu que le goût pour la philosophie, qu'il développa à un âge mûr, avait trouvé sa source dans la lecture de Descartes ; mais ses idées se sont développées largement en opposition au philosophe français. Cette opposition n'est nulle part plus visible que dans sa conception même de la philosophie. Alors qu'elle est chez Descartes la reine des sciences, capable de nous donner la clé d'une connaissance indubitable de la physique et de la métaphysique, Locke se montre beaucoup plus modeste et circonspect sur la portée de cette discipline. Au début de son œuvre majeure, *Essai sur l'entendement humain* (1690), il écrit que, dans le sillage de l'« incomparable Monsieur Newton », le philosophe doit ambitionner d'être

> *un ouvrier subalterne chargé de nettoyer un peu le terrain et d'ôter certains des déchets qui encombrent le chemin de la connaissance.*

Pour Locke, et pour la tradition empirique qui suivra, le philosophe n'est plus un roi platonicien ou un maître cartésien de la nature ; il est plutôt un gardien du palais de la science, qu'il se charge de nettoyer et de ranger.

Je dois à Laurence Sterne ma description préférée de l'*Essai* de Locke. Dans *Tristram Shandy*, Sterne demande : « Avez-vous lu un livre aussi fort que l'*Essai sur l'entendement humain* de Locke ? » Il poursuit : « Je vous dirai en trois mots de quoi il s'agit. » Bien entendu, Sterne étant Sterne, sa réponse tient en quatre mots :

> *C'est une histoire. – une histoire ! de qui ? quoi ? où ? quand ? Du calme – c'est un livre d'histoire, Monsieur, l'histoire de ce qui se passe dans l'esprit d'un homme ; limitez-vous à en dire autant, et je vous*

fiche mon billet que vous ne ferez point indigne figure dans un cercle de métaphysiciens.

Cette description de l'*Essai* est pertinente : que dit Locke, en effet, si ce n'est que la connaissance humaine n'est rien d'autre que ce qui traverse l'esprit d'un homme, ce qu'il appelle « idées » ? Ces idées ne sont pas innées, comme le croyait Descartes ; leur source se situe soit dans la sensation, soit dans la réflexion, c'est-à-dire dans chaque histoire individuelle singulière, comme celle du jeune Tristram.

À la différence de Sterne, Locke n'était guère passionné par la question philosophique de la mort. Dans un passage révélateur de l'*Essai* sur l'immortalité de l'âme, il affirme que l'idée de la résurrection des morts n'est pas une question de connaissance, mais de foi. Son argument est que la connaissance s'étend aussi loin que les idées personnelles, et pas au-delà. La « modestie de la philosophie » nous demande d'accepter que des questions comme Dieu et l'âme ne sont pas sujettes à la preuve philosophique, et plus encore, que la croyance en de telles entités ne réclame pas de preuve.

Locke vécut les turbulences politiques de la fin du XVIIe siècle en Angleterre. Il publia anonymement son *Second Traité du gouvernement civil* en 1690, deux ans après la Glorieuse Révolution ou Seconde Révolution anglaise de 1688, mais des études récentes montrent qu'il l'avait écrit beaucoup plus tôt. Par conséquent, son propos n'était pas de justifier la révolution qui venait d'avoir lieu, mais d'appeler à une insurrection contre le catholique Jacques II qui finit par monter sur le trône en 1685. Lié d'une amitié étroite avec Anthony Ashley Cooper, le comte de Shaftesbury, qui fut arrêté et jugé pour trahison parce qu'il s'était opposé à Jacques II, Locke dut s'enfuir en Hollande en 1683 ; il y vécut six ans sous le pseudonyme de « Dr Van der Linder ».

La chance lui sourit à nouveau après la Glorieuse Révolution et, en 1696, il fut nommé commissaire au ministère du Commerce. Épuisé par son travail et souffrant d'asthme, il se retira dans la campagne de l'Essex pour vivre à Oates, la résidence de Sir Francis Masham. Ses lettres expriment son plaisir d'être libéré de ses obligations et de pouvoir monter à cheval chaque jour. Au cours d'une de ses chevauchées, il découvrit une grosseur dans le dos, qu'il tenait pour responsable de ses vives douleurs aux jambes et qui finirent par lui interdire de monter à cheval.

Locke mourut en présence de Lady Masham, Damaris Cudworth, qui le veilla jour et nuit, le nourrissant et l'abreuvant autant qu'il le tolérait. Après avoir réitéré ses dernières volontés, il lui dit :

> *J'ai vécu assez longtemps et je remercie Dieu d'avoir joui d'une vie heureuse; mais la vie n'est que vanité après tout.*

À 15 heures, l'après-midi suivant, alors que Damaris Cudworth lui lisait la Bible, il posa ses mains sur son visage, ferma les yeux et poussa un dernier soupir. La tombe de Locke, dans le cimetière de High Laver (Essex), est très simple et très digne. L'épitaphe, qu'il écrivit lui-même, dit :

> *Ci-gît John Locke… satisfait de son modeste sort […] Ses vertus, s'il en eut, furent trop insignifiantes pour être louées ou servir d'exemple aux autres. Que ses vices soient enterrés avec lui.*

Damaris Cudworth, Lady Masham
(1659-1708)

Elle était la fille de Ralph Cudworth, l'un des plus importants platoniciens de Cambridge, et bien que l'université refusât d'instruire les femmes, Damaris grandit dans la maison du directeur de Christ College à Cambridge et fut éduquée par son père.

À l'âge de vingt-deux ans, elle entama une correspondance philosophique intense et révélatrice avec Locke qu'elle qualifia même une fois de « *second père* » (en français dans le texte). Ils devinrent amants par la suite, bien que le philosophe fût son aîné de vingt-six ans. Locke admirait Damaris Cudworth et n'hésitait pas à louer son talent intellectuel auprès des autres. Elle publia deux livres vers la fin de sa vie.

Sa position philosophique repose avant tout sur ses conceptions féministes. Par exemple, dans *In Occasional Thoughts in Reference to a Virtuous or Christian Life (Réflexions de circonstance sur une vie vertueuse ou chrétienne*, 1705), elle s'élève contre toute forme de patriarcat et plaide pour un christianisme basé sur une complète égalité des sexes.

Compte tenu de l'affection qu'ils avaient l'un pour l'autre, on ne comprend pas très bien pourquoi Locke et Damaris Cudworth ne firent pas le choix de se marier. Dans certaines de ses lettres, la philosophe doute que Locke puisse un jour se montrer capable d'amour et soit à même d'éprouver des sentiments sincères pour quelqu'un. Il semble que Locke ait fini par changer d'avis et qu'il ait voulu l'épouser, mais trop tard : son choix s'était porté sur Francis Masham, un veuf plus âgé qu'elle, déjà père de huit enfants. Il n'empêche qu'à partir de 1690, Locke fut un résident permanent de la maison de Masham.

Locke légua la moitié de ses biens au fils unique de Sir Francis et Lady Masham, Francis Cudworth Masham, dont l'éducation était une de ses grandes préoccupations. En 1693, le philosophe avait publié *Quelques pensées sur l'éducation*, livre dans lequel il préconisait de laver quotidiennement à l'eau froide les pieds des enfants et de leur faire porter de fines chaussures perméables. Locke recommandait aussi de les nourrir à intervalles irréguliers, et de leur interdire de manger des fruits (« quelque chose qui serait tout à fait malsain pour eux »). Il est peut-être heureux qu'il n'ait pas eu de progéniture.

Le jeune Francis Masham est mort à l'âge de quarante-cinq ans et il est enterré à Matching, dans l'Essex. Damaris s'est éteinte en 1708, âgée de quarante-neuf ans. Elle repose à l'abbaye de Bath.

Spinoza
(1632-1677)

Dans le Livre IV de l'*Éthique*, l'un des plus grands ouvrages de philosophie jamais écrits, publié à titre posthume, Spinoza formule la proposition suivante :

> *L'homme libre ne pense à rien moins qu'à la mort, et sa sagesse est une méditation non de la mort, mais de la vie.*

Dans la démonstration de cette proposition, Spinoza pose qu'un être humain est libre lorsqu'il vit selon la raison seule et qu'il n'obéit pas à la peur. Être libre consiste à désirer directement le bien ; la liberté revient à agir et à vivre en persévérant dans ce désir, sans broncher ou se défausser. C'est pourquoi l'homme, quand il est libre, ne pense à rien moins qu'à la mort. Si nous recourons à ce que Spinoza tient pour la sagesse innée de l'esprit, c'est-à-dire la raison, nous pouvons surmonter la peur de la mort et atteindre ce que les dernières pages de l'Éthique décrivent comme la « joie », un mot jusqu'ici trop peu utilisé dans ce livre. Cette joie, c'est l'amour intellectuel de Dieu. Spinoza écrit : « La mort nous est d'autant moins nuisible que notre esprit est tourné vers l'amour de Dieu. »

Cette conclusion donne l'impression d'un sentiment religieux traditionnel, mais les apparences sont trompeuses. Tout tourne autour de ce que Spinoza entend par Dieu, et là est la difficulté. On connaît sa formule célèbre : « *Deus sive natura* », c'est-à-dire « ou Dieu ou la nature ». En d'autres termes, il ne peut y avoir deux substances dans l'univers, comme le soutient Descartes quand il distingue entre des choses pensantes comme nous et des choses étendues comme les arbres, les cailloux et les étoiles. Il n'y a qu'une substance dans l'univers et le monisme spinozien rejette toutes les versions de la pensée dualiste.

Cela veut-il dire que Spinoza est un théiste ou un athée ? La question est disputée, c'est le moins qu'on puisse dire. Mais il n'est pas difficile de voir comment la pensée de Spinoza a ouvert la porte à un naturalisme scientifique athée. Pour Spinoza, les seules choses qui existent sont les choses naturelles et les causes de ces choses sont connues par l'activité de l'esprit. Cette activité consiste en l'exercice de la raison qui est l'activité éthique de l'être humain libre. Selon cette lecture, c'est la connaissance de la nature produite par l'esprit libre et rationnel qui apporte ce que Spinoza nomme à la fin de l'*Éthique* « béatitude ».

Que Spinoza ait été ou non athée, les annales montrent que très peu de temps après sa mort on le considérait comme tel ; l'énorme conflit qui éclata en Europe autour de son nom s'est amplifié au cours des siècles. Spinoza est la figure centrale de ce que Jonathan Israel a nommé les « Lumières radicales », le fil de cette libre pensée antichrétienne et matérialiste qui parcourt comme un courant souterrain les conflits philosophiques des XVIIIe et XIXe siècles. Selon Voltaire, « Spinoza non seulement était athée, mais enseignait l'athéisme ».

Quoi qu'il en soit, ce qui frappe le plus dans l'*Éthique*, c'est son rejet systématique des vertus chrétiennes comme l'humilité, la pitié et le repentir, et sa défense d'une conception de la vertu enracinée dans la puissance et le désir, ultimement le désir de persister dans son être, le fameux *conatus essendi*. Cette manière de concevoir l'éternité de l'esprit apparaît en effet à la fin de l'*Éthique*. Une fois de plus, on peut penser à un argument théiste où la béatitude est un amour intellectuel de Dieu. Mais une fois de plus, si on retourne à la proposition *Deus sive natura*, on peut prétendre que l'éternité de l'esprit consiste en sa participation à la nature, qui est éternelle. Par conséquent, on ne doit pas craindre la mort qui est la transformation d'un être naturel (un être naturel vivant) en un autre être naturel (le cadavre, en tant qu'être naturel), un peu comme chez Lucrèce et Zhuangzi.

Ceux qui veulent faire de Spinoza un philosophe juif feraient bien de lire le texte de son excommunication de la synagogue, en 1656.

Qu'il soit maudit le jour, qu'il soit maudit la nuit ; qu'il soit maudit pendant son sommeil et pendant qu'il veille. Qu'il soit maudit à son entrée et qu'il soit maudit à sa sortie.

C'est ce qui s'appelle se faire maudire. Pierre Bayle, dans l'article sur Spinoza du *Dictionnaire historique et critique* (1697), ouvrage d'une importance capitale, explique : « [Spinoza] ne s'aliéna néanmoins que peu à peu de leur synagogue ; et peut-être aurait-il gardé plus longtemps quelques mesures avec eux, si en sortant de la comédie il n'eût été attaqué traîtreusement par un juif, qui lui donna un coup de couteau. » Spinoza en réchappa avec une blessure superficielle, mais il était convaincu qu'on avait voulu le tuer et rompit tous ses liens avec la synagogue.

Si les circonstances réelles de sa mort sont connues, leur interprétation a fait l'objet de désaccords permanents. Spinoza, qui souffrait depuis de nombreuses années d'une maladie des poumons (phtisie), s'éteignit paisiblement dans la pension où il vivait à La Haye, en Hollande, pendant que les autres résidents se trouvaient à l'église. Il avait à peine quarante-quatre ans.

On raconte que son médecin et ami Lodewijk Meyer l'accompagna dans ses derniers instants si l'on en croit le fameux Jean Colerus, premier biographe du philosophe, dont les erreurs factuelles sont restées fameuses. Pasteur luthérien, il avait fini par vivre chez Spinoza, dormant même dans son lit. Colerus écrit que Meyer partit pour Amsterdam après avoir volé un couteau à lame d'argent et tout l'argent liquide sur lequel il avait pu mettre la main.

Ce qui est si particulier dans le cas de Spinoza, qui avait toute sa vie préservé sa solitude, c'est qu'il devint l'objet d'un culte immédiatement après sa mort. Selon Jonathan Israel, il fut un « saint séculaire et un objet d'hagiographie pour ses disciples ». C'est vrai notamment de Jean Maximilien Lucas qui écrivit en français la première biographie du philosophe en 1678. L'auteur tend à l'hagiographie quand il béatifie la pauvreté et la frugalité du philosophe. Voici par exemple une anecdote tirée des écrits de Lucas : « Ayant appris qu'un homme qui lui devait deux cents florins avait fait banqueroute, bien loin d'en être ému, il faut, dit-il en souriant, un peu comme Diogène, retrancher de mon ordinaire pour réparer cette petite perte ; c'est à ce prix que s'achète la fermeté. »

Certaines biographies se font néanmoins l'écho d'une autre histoire, trop bizarre pour avoir été inventée, et qui éclaire sous un jour nouveau la sainteté séculaire de Spinoza : on dit qu'il capturait des araignées pour ensuite les entraîner au combat, car ce spectacle l'enthousiasmait.

Ce conflit autour de la mort de Spinoza soulève une question simple qui reviendra dans les pages suivantes : un athée peut-il mourir paisiblement ? C'est-à-dire sans se rétracter et sans faire la paix avec Dieu ? Il existe d'innombrables histoires, ultérieures à Spinoza, mettant en scène des athées qui se rétractent sur leur lit de mort, implorant Dieu de leur pardonner ou se convertissant au christianisme. Mais comment est-il possible de mourir sans cultiver la foi en Dieu et sans croire à la vie éternelle ? Comment peut-on vivre en sachant qu'aussitôt terminée, la vie est bonne à jeter au rebut ? Pouvons-nous vraiment vivre comme des mortels, ou sommes-nous condamnés à vivre dans la mauvaise foi en tirant « des traites sur l'éternité » comme dit Sartre ? C'est en réponse à des questions aussi paralysantes que la vie et la mort de saints athées comme Spinoza revêtent une telle importance.

Nicolas Malebranche
(1638-1715)

La thèse principale de Malebranche, qui fait écho aux convictions assez particulières de Geulincx et influence directement Berkeley, est que nous voyons tout en Dieu. C'est-à-dire que Dieu est la cause de notre perception du monde qui nous entoure. Si nous ne voyons le monde qu'à travers Dieu, nous n'agissons dans le monde qu'à travers Dieu. Ainsi, ce n'est pas nous qui agissons, c'est Dieu qui agit à travers nous. Puisque Dieu est éternel et que nous ne voyons les choses qu'à travers lui, la vie et la mort du corps sont de peu d'importance. Affecté d'une déformation de la colonne vertébrale et souvent malade, Malebranche n'avait pas peur de la mort. L'un de ses critiques, Fontenelle, nous offre une description émouvante de sa fin :

> *Le corps, qu'il avait tant méprisé, se réduisit presque à rien ; et l'esprit, accoutumé à la supériorité, demeura sain et entier. Il fut toujours spectateur tranquille de sa longue mort, dont le dernier moment fut tel que l'on crut qu'il [se] reposait.*

Gottfried Wilhelm Leibniz
(1646-1716)

Avocat, diplomate, théologien, poète, logicien, physicien, historien, théoricien du langage universel, chimiste amateur, probable inventeur du calcul infinitésimal, bibliothécaire et conseiller à la cour des ducs de Hanovre, confident de la reine de Prusse, fondateur de l'académie des sciences de Berlin et ingénieur (il s'occupa pendant des années des mines d'argent dans les montagnes du Harz), il est difficile de savoir par où commencer avec Leibniz.

Le plus simple est peut-être de le casser en deux, comme un biscuit. Il y a d'un côté le Leibniz public que Bertrand Russell nous dépeint comme un être « optimiste, orthodoxe, étonnant et superficiel ». C'est le Leibniz ridiculisé par Voltaire dans *Candide* sous les traits du Docteur Pangloss qui nous explique que tout est bien dans le meilleur des mondes alors que le pire sévit autour de lui ; c'est le Leibniz des *Essais de théodicée*, ouvrage destiné à flatter les oreilles de sa protectrice, la reine Sophie Charlotte.

Et il y a de l'autre côté le Leibniz privé, celui dont les innovations dans le domaine de la logique furent les plus importantes depuis Aristote, à en croire Husserl ; le Leibniz à qui Russell consacre tout un livre (encore que très critique). Le problème est que Leibniz lui-même ne considérait pas le « Leibniz privé » comme excessivement important. Très tôt, par nécessité ou par ambition, il se consacra à une carrière politique, laissant dans ses tiroirs une importante œuvre philosophique non publiée, quand il ne la cachait pas dans des archives secrètes. Mais c'est sa carrière politique qui fut la cause de sa perte.

En 1711, la Royal Society de Londres décida d'attribuer la paternité du calcul infinitésimal à Newton, accusant plus ou moins Leibniz de plagiat. Quelle que soit la vérité dans cette l'affaire, cette accusation entacha sérieusement sa réputation. En 1714, le duc George Ludwig, qui employait le philosophe, fut invité à monter sur le trône d'Angleterre et décida alors d'abandonner Leibniz à Hanovre, le condamnant ainsi à l'oubli. Malgré ses affirmations surprenantes sur la divine providence dans les *Essais de théodicée,* on vit en lui un athée. Le nom « Leibniz » fut transformé un peu partout en « *glaubt nichts* » (« incroyant ») pour le moquer. Il mourut seul et fut inhumé de nuit en présence d'un seul ami. Aucun pasteur n'assista à l'enterrement.

Par un cruel concours de circonstances, son nom est immortalisé par un biscuit au beurre, le *Leibniz-Butterkeks*, fabriqué en Allemagne par la société Bahlsen depuis 1891.

Giambattista Vico
(1668-1744)

Dans la première phrase de *Finnegans Wake*, James Joyce fait allusion à Vico, le fondateur de la théorie cyclique de l'histoire, et nous donne à voir un aperçu de son chef-d'œuvre merveilleusement inclassable.

Vico estimait que l'histoire s'organise autour de quatre périodes : l'ère des bêtes, puis celle des dieux, ensuite celle des héros et enfin celle des hommes – vraisemblablement la phase que nous traversons. Et sauf à ce que la providence divine ne vienne rompre le cycle de l'histoire, le danger d'un retour cataclysmique à une nouvelle ère des bêtes est permanent. Vico, premier véritable philosophe de l'histoire et de ce que nous appellerions aujourd'hui l'anthropologie culturelle, exerça sur Herder, Hegel, Comte et Marx une influence qui dépasse de loin la relative obscurité de sa vie.

Vico est né à Naples, où il connut une misère noire ; autodidacte, il poursuivit une carrière philosophique qui lui occasionna de nombreuses déceptions. À l'université de Naples, il occupa un poste secondaire en rhétorique. Écarté de la prestigieuse chaire de droit, précédé dans la mort par la plupart de ses enfants, contraint de vendre le peu qu'il possédait pour publier son œuvre majeure, *La Science nouvelle,* Vico passa ses dernières années dans la mélancolie, la stupeur et le silence.

L'université ayant refusé d'assumer les frais des funérailles, comme c'était pourtant la coutume à l'époque, le cadavre de Vico resta chez lui jusqu'à ce que son fils Gennaro obtienne une sépulture à l'église des Oratoriens. Comme l'escalier de la maison était trop étroit, le cercueil connut l'ignominie de devoir passer par la fenêtre.

Anthony Ashley Cooper, troisième comte de Shaftesbury
(1671-1713)

Élève et confident intime de Locke, c'était un philosophe d'un grand raffinement. Nous lui devons notamment la première théorie philosophique de l'humour qui influencera Hume. Shaftesbury voyait dans l'humour l'expression de ce qu'il nommait *sensus communis* : à savoir une sensibilité ou perception morale partagée et non un simple « sens commun ».

L'humour était pour lui cet ingrédient essentiel dans la vie d'une société libre, et il estimait nécessaire de l'encourager dans les discussions sur la religion ; car à ses yeux, la moquerie était le meilleur moyen de venir mettre une croyance à l'épreuve. Shaftesbury est l'un des premiers à avoir fait la distinction entre moralité libérale publique et croyance religieuse privée – une séparation que beaucoup d'entre nous considèrent aujourd'hui comme acquise, malgré les doutes sérieux soulevés récemment par certaines affaires politiques.

La fin de Shaftesbury fut malheureusement tout sauf humoristique. Après une très longue maladie et des problèmes pulmonaires, Shaftesbury se retira de la vie publique et s'installa à Naples, comme Vico, en 1711. Il y mourut deux ans plus tard. On ne sait s'il faut lui attribuer la paternité de la formule « *Vedi Napoli e poi muori* » (« Voir Naples et mourir »).

John Toland
(1670-1722)

Des décennies et même des siècles après la Révolution Glorieuse de 1688, la vie politique anglaise s'organise encore autour du conflit entre Whigs et Tories, libéraux et conservateurs. Ce problème très anglais s'exprime philosophiquement dans les écrits de John Toland et de George Berkeley, évêque de Cloyne, deux Irlandais brillants que tout opposait. De fait, Berkeley inventa l'expression « libre penseur » pour décrire les radicaux et les infidèles comme Toland, avant de la remplacer, l'estimant trop louangeuse, par l'épithète « petit philosophe ».

Pour autant, il n'y a rien de petit en Toland. Ce fils bâtard d'un ecclésiastique irlandais et d'une prostituée du Derry, baptisé « Janus Junius », se convertit au protestantisme et étudia en Écosse avant de voyager en Hollande et de se plonger dans les idées radicales des écrits de Spinoza et Pierre Bayle.

Son ouvrage le plus célèbre, *Le Christianisme sans mystères,* fut publié quand il avait tout juste vingt-cinq ans. Toland était un bel homme, plein de charisme, et on sait qu'il avait du goût pour les conversations sans censure. Il inventa le terme « panthéisme » pour avancer l'idée qu'il n'existe pas de Dieu, mais seulement la matière vitale et dynamique de l'univers. Cette position lui valut l'accusation conventionnelle d'athéisme, mais l'athéisme de Toland était un matérialisme très spirituel.

Bien qu'on le considère en général comme un spinoziste, Toland doit beaucoup aux écrits de Giordano Bruno, de même qu'aux croyances des anciens Irlandais qui le fascinaient ; il publia une histoire des druides. D'un point de vue politique, il fut un important écrivain whig et bénéficia de la protection de Shaftesbury.

Malgré l'affection que lui témoigna Sophie Charlotte, reine de Prusse, durant ses séjours à Hanovre et Berlin, Toland connut une bien triste fin. Il est mort à Londres dans un état de pauvreté tel qu'aucune pierre tombale n'a été placée sur sa sépulture. Juste avant qu'il ne rende l'âme, on lui demanda de quoi il avait besoin ; il répondit qu'il voulait seulement mourir. Toland rédigea lui-même sa propre épitaphe, qui se conclut sur ces mots : « Pour en savoir plus sur lui, plongez-vous dans ses écrits. »

George Berkeley
(1685-1753)

Le conflit entre un radical comme Toland et un archi conservateur comme Berkeley tourne autour de la question de la matière. Au début du XVIIIe siècle, Berkeley s'opposa à la marée montante du matérialisme qui lui semblait menacer la Grande-Bretagne. Il rangeait sous cette étiquette aussi bien le matérialisme philosophique de Toland et autres « athées » que le matérialisme socio-économique dont il put faire l'expérience directe à Londres en 1720, au moment du premier krach boursier de l'histoire (consécutif à l'éclatement de la bulle des mers du Sud). Pour répondre à l'avidité si peu chrétienne d'un tel matérialisme, Berkeley conçut le plus spectaculaire des stratagèmes philosophiques : il s'agissait tout simplement pour lui de nier l'existence de la matière.

Pour Berkeley, *esse est percipi* : être, c'est être perçu. La perception est le seul accès des humains à la réalité. Cette théorie de la perception, combinée avec sa critique des idées abstraites, exerça une grande influence sur Hume et par là même sur Kant. Cependant, Berkeley lance un avertissement fondamental, déjà présent, on l'a vu, chez Malebranche : les perceptions sensibles ont leur origine en Dieu. Pour Berkeley, la Nature est le *sensorium* de Dieu ; c'est l'élément divin dans lequel apparaît tout ce que nous percevons et expérimentons. Ainsi, il n'y a aucune raison de supposer l'existence d'une matière séparée, qui serait en dehors de Dieu. D'ailleurs, insiste Berkeley, l'indépendance du monde matériel n'est nulle part affirmée dans la Bible.

Qu'en est-il alors de la mort ? On a raison de dire que Berkeley, qui était d'un naturel enjoué, ne se sentait guère concerné par la question philosophique de la mort. Il n'est pas difficile de voir pourquoi : si la matière n'existe pas et si le corps ne se nourrit que de la perception de Dieu, la mort est de peu de conséquence – à condition, bien sûr, d'être chrétien.

Dans une lettre à Samuel Johnson, Berkeley écrit : « Qu'on refuse ou qu'on admette une substance matérielle, je n'ai aucune difficulté à concevoir un changement d'état tel que celui qu'on appelle vulgairement la mort. » La réponse de Johnson à l'immatérialisme de Berkeley est célèbre : donnant un coup de pied à un caillou, il s'exclama : « Je le réfute *ainsi.* » Berkeley passa de vie à trépas d'une façon pour le moins « immatérielle » au cours d'un séjour à Oxford, un samedi, pendant que son épouse lui lisait un sermon.

Philosophes des Lumières, matérialistes et sensualistes

Charles-Louis de Secondat, Baron de la Brède et de Montesquieu
(1689-1755)

Montesquieu établit sa réputation littéraire en publiant, en 1721, ses *Lettres persanes* à l'âge de trente-deux ans. Le monde décadent du Paris du début du XVIIIe siècle, en particulier la cour de Louis XIV, est vu à travers les yeux de deux visiteurs perses, Rica et Usbek, et fait l'objet d'une délicieuse satire inversée. Ces personnages, habitués au monde des eunuques et du sérail, observent que, contrairement à la coutume perse, on fait porter des pantalons aux hommes et des jupes aux femmes. Le pape est décrit comme un grand magicien.

Tantôt il (...) fait croire que trois ne sont qu'un, que le pain qu'on mange n'est pas du pain, ou que le vin qu'on boit n'est pas du vin, et mille autres choses de cette espèce.

Les coutumes européennes concernant la mort sont également moquées. Usbek s'en prend à l'interdit du suicide :

La vie m'a été donnée comme une faveur ; je puis donc la rendre, lorsqu'elle ne l'est plus : la cause cesse ; l'effet doit donc cesser aussi.

Usbek insiste : « Je voudrais bannir les pompes funèbres. Il faut pleurer les hommes à leur naissance, et non pas à leur mort. »

La vérité gênante de la satire de Montesquieu consiste à montrer que le soi-disant « despotisme oriental » n'est pas une plante exotique étrangère à la raison occidentale : il pousse en son cœur. Le sérail est précisément le Paris de Louis XIV. Montesquieu chercha de nouveau à protester contre le despotisme dans *De l'esprit des lois* (1748), avec sa doctrine capitale de la séparation des pouvoirs – législatif, judiciaire et exécutif. Il y explique que la seule manière de contrôler le pouvoir est de lui opposer un contre-pouvoir.

Montesquieu eut le bon goût de mourir dans les bras de sa maîtresse, Madame Dupré de Saint-Maur, laissant inachevé un essai sur le goût pour l'*Encyclopédie* de Diderot et d'Alembert.

François-Marie Arouet de Voltaire
(1694-1778)

Les histoires abondent sur la fin de Voltaire à Paris, à l'âge très mûr de quatre-vingt-quatre ans. Dans sa *Vie de Voltaire,* Condorcet écrit : « L'abbé Gauthier confessa Voltaire, et reçut de lui une profession de foi par laquelle il déclarait qu'il mourait dans la religion catholique où il était né. » En apprenant la nouvelle, le curé de Saint-Sulpice fut si furieux qu'il exigea une discussion théologique approfondie avec le philosophe sceptique. Sachant que Voltaire avait nié la divinité du Christ dans ses diatribes incessantes contre l'Église, le curé lui cria à plusieurs reprises dans l'oreille : « Croyez-vous à la divinité de Jésus Christ ? » À quoi Voltaire répondit : « Monsieur, ne me parlez plus de cet homme-là, et laissez-moi mourir en repos. »

Une autre histoire raconte que sa lampe de chevet s'embrasa brusquement alors qu'il gisait mourant et qu'il s'écria : « Quoi ? Déjà les flammes ? » Dans son *Dictionnaire philosophique*, Voltaire tenait l'enfer pour une idée stupide, destinée à duper les pauvres et les analphabètes.

Pour autant, il n'était pas athée. Dans un autre article de son *Dictionnaire*, il exprime ses doutes sur l'idée qu'une société d'athées puisse un jour exister. Pensant sans aucun doute au destin d'Anaxarque :

> *Je ne voudrais pas avoir à faire à un prince athée, qui trouverait son intérêt à me faire piler dans un mortier : je suis bien sûr que je serais pilé.*

Voltaire était un déiste qui croyait en la religion naturelle. Il éprouvait une forte sympathie pour les Quakers dont les croyances et les pratiques lui paraissaient en accord avec le christianisme de la Bible ; et, ce qui n'est pas le moins intéressant, il tenait Confucius pour le plus sage des mortels.

Selon son secrétaire, Wagnière, Voltaire expira dans un état de parfaite tranquillité après avoir beaucoup souffert. Dix minutes avant de mourir, il prit la main de Morand, son valet de chambre, la serra fortement et dit : « Adieu, mon cher Morand, je me meurs. »

Après une vie d'exil, d'emprisonnement et de harcèlement de la part de l'Église et de l'État, Voltaire ne pouvait pas être enterré à Paris. Ses amis emportèrent secrètement son corps à l'abbaye de Seillière, à cent cinquante kilomètres de la capitale. En 1791, la dépouille mortelle fut ramenée en grande pompe à Paris et déposée au Panthéon. La procession funéraire était précédée d'un escadron de cavalerie ; quatre hommes vêtus de costumes de théâtre portaient une statue en or de Voltaire, suivis par les membres de l'Académie française et un coffre doré contenant les quatre-vingt-douze volumes de l'œuvre du philosophe qui venaient d'être publiés.

En 1841, les membres d'un groupe religieux royaliste, les « Ultras », dérobèrent les restes de Voltaire avant de les jeter dans un dépôt d'ordures. Fort heureusement, on avait déjà retiré le cœur du cadavre ; il se trouve aujourd'hui à la Bibliothèque nationale.

Albert Radicati, comte de Passeran
(1698-1737)

En incluant ce philosophe italien plutôt obscur, je veux soulever une question toujours très actuelle sur la mort : le droit au suicide. On sait que Montesquieu avait déjà abordé ce thème par la voix d'un de ses visiteurs perses, et que Hume réattaquera cette question un peu plus tard. Pourquoi devrait-on considérer le suicide comme illégal, immoral ou irréligieux ? Nous savons que les Anciens, les Romains en particulier, l'approuvaient. Quel problème le suicide pose-t-il donc ?

Né dans une famille aristocratique du Piémont, Radicati se convertit au protestantisme et s'exila volontairement à Londres. Dans un pamphlet de 94 pages, *Une dissertation philosophique sur la mort* (1732), il tentait de légitimer le suicide contre la position de l'Église et de l'État. Le pamphlet fit grand bruit ; le ministre de la Justice, sur les demandes réitérées de l'évêque de Londres, le déclara « livre des plus impies et immoraux ». Mis en prison, condamné à une lourde amende, Radicati réussit à s'échapper aux Pays-Bas en 1734. Il mourut trois ans plus tard à Rotterdam dans le dénuement le plus complet, assisté par un prédicateur huguenot qui déclara que, juste avant sa mort, Radicati, terrorisé, avait renié tout ce qu'il avait écrit et reconfirmé sa foi protestante.

La thèse de Radicati est simple : les individus sont libres de choisir leur mort. Ce droit repose sur une conception radicalement matérialiste de la nature et s'inspire des arguments épicuriens et stoïciens, qui voyaient dans le suicide un geste honorable : il est légitime de vouloir supprimer un état de douleur insupportable. La tradition chrétienne, avec notamment des auteurs comme Augustin et Thomas d'Aquin, rejetait de telles idées, qu'ils rattachaient aux païens, bien que Plotin eût déjà avancé des arguments hostiles au suicide. Pour les chrétiens, la vie est donnée, c'est un *datum* sur lequel nous avons un droit d'usage (*usus*), mais pas d'autorité (*dominion*), qui est la prérogative de Dieu. Un vrai chrétien se bat contre la souffrance comme un soldat chrétien. Au XVIIe siècle, cette conception commença à être remise en cause par les progrès de la science et l'émergence d'une vision matérialiste de la nature – en gros, l'idée de la réalité comme matière et mouvement chez Hobbes, et l'interprétation esthétique de l'identification spinoziste de Dieu avec la nature. Selon cette conception, la mort n'est rien d'autre que la dissolution d'un paquet d'atomes. C'est la transformation d'un morceau de matière en un autre morceau de matière, d'un être humain vivant en nourriture pour les vers. Radicati réécrit la sagesse d'Épicure dans les termes suivants : « Nous cessons d'exister sous une forme pour commencer à exister sous une autre. »

Mais si c'est le cas, pourquoi les gens ont-ils peur de la mort ? Là aussi les choses commencent à devenir intéressantes. Par définition, la peur de la mort ne peut pas se fonder sur l'expérience puisque personne ne fait deux fois l'expérience de la mort. On ne peut pas non plus l'attribuer à notre constitution naturelle. Par conséquent, la peur de la mort a été imposée à l'humanité par

> *des Hommes Ambitieux qui, ne se contentant pas de l'État d'Égalité que la Nature leur a donné, se mirent en tête de satisfaire leur soif de domination sur les autres.*

Radicati fait allusion au *Traité des trois imposteurs*, connu également sous le titre *L'Esprit de Spinosa.* Écrit en français et publié anonymement aux Pays-Bas, sans doute dans les années 1690, le *Traité* est probablement le texte le plus dangereux et le plus hérétique du XVIIIe siècle. Il incarne la tradition radicale de la pensée des Lumières que nous avons déjà vue chez Spinoza et Toland. Le *Traité* soutient que Moïse, Jésus et Mahomet sont trois imposteurs qui ont trompé l'humanité : « Ce qui rend le mal sans remède, c'est qu'après avoir établi les fausses idées qu'on a de Dieu, on n'oublie rien pour engager le peuple à les croire, sans lui permettre de les examiner. » Les trois imposteurs, avec les bons offices de leurs castes sacerdotales, ont propagé la culture de la peur de la mort qui est au cœur de ce stratagème.

Ce qui est fascinant dans le texte de Radicati et dans le contexte radical qui l'entoure, c'est le lien entre matérialisme, spinozisme, libre pensée et droit au suicide.

Mais ceci n'était (et ne reste) pas un simple débat théorique. En avril 1732, peu après la publication du pamphlet, l'histoire du suicide de la famille Smith est venue choquer toute l'Angleterre. Richard Smith et sa femme, qui vivaient dans une terrible pauvreté à Londres, avaient tué leur fille avant de se pendre. Dans sa longue lettre d'adieu, soigneusement construite, Smith, dont le métier était la reliure, fait allusion au pamphlet. Comme il l'explique, sa famille et lui avaient décidé de quitter ce monde inamical plutôt que de vivre dans la misère, en parfaite connaissance des lois interdisant le suicide ; « Il nous est indifférent de savoir où reposeront nos corps » indique encore la lettre. Smith avait formulé pour seul souhait qu'ils aient droit à l'épitaphe suivante :

Sans nom, à jamais silencieux, muets;
Poussière, cendres, rien d'autre dans cette tombe;
Où nous sommes nés et avons été élevés,
Qui étaient nos parents, qui nous engendra,
il n'importe pas;
Nous fûmes et nous ne sommes plus; ne pensez
plus à nous,
Comme nous, vous retournerez à la poussière.

Madame du Châtelet, Gabrielle-Émilie Le Tonnelier de Breteuil (1706-1749)

Cette femme extraordinairement douée a traduit et commenté les *Principia Mathematica* de Newton sous le titre *Principes mathématiques de la philosophie naturelle*. Elle est aussi l'auteur d'ouvrages importants sur la philosophie de la physique et des mathématiques qui contribuèrent à promouvoir la nouvelle physique en France. À vingt-sept ans, mère de trois enfants et mariée sans amour, comme le voulait l'époque, Madame du Châtelet entama une liaison avec Voltaire. Cette passion prit la forme d'une étroite relation intellectuelle qui dura seize années au cours lesquelles les deux amants vécurent ensemble avec l'assentiment de l'époux. Avec ironie, Voltaire dira un jour de sa maîtresse: « (C'était) un grand homme qui n'avait de défaut que d'être une femme. » Mme du Châtelet eut d'autres amants que Voltaire et connut sa dernière liaison avec le marquis de Saint-Lambert. Elle fut enceinte d'une petite fille et lui donna jour, mais succomba à une embolie six jours après sa naissance.

On ne saurait apprécier l'importance de Madame du Châtelet uniquement à l'aune de ses relations avec les hommes. Dans une lettre à Frédéric le Grand, elle écrit avec beaucoup d'audace :

> *Jugez-moi sur mes propres mérites, ou sur mes manques, mais ne me considérez pas comme un simple appendice de ce grand général, ou de ce savant renommé, cette étoile qui brille à la cour de France ou cet auteur célèbre.*

Julien Offray de La Mettrie
(1709-1751)

Médecin, philosophe, polémiste et gourmet, La Mettrie est une figure originale de l'histoire de la philosophie. Il fut le premier philosophe à tirer toutes les conséquences morales du rejet scientifique de la métaphysique et de la théologie. Sans contrition aucune, il revendiquait un matérialisme athée et hédoniste. Diderot le tenait pour « corrompu dans ses mœurs et ses opinions » tandis que le baron d'Holbach le décrivait comme un homme très agité. Voltaire dira de lui après sa mort : « C'était le plus fou des hommes, mais c'était le plus ingénieux. » Le scandale soulevé par la parution en 1745 de son *Histoire naturelle de l'âme* lui valut un mandat d'arrêt.

Dans son livre, La Mettrie faisait valoir – c'est aujourd'hui la banalité la plus largement acceptée par la science médicale – que les phénomènes psychiques sont directement liés à l'état du cerveau et au système nerveux. Il quitta clandestinement la France pour le climat plus tolérant de Leyde, en Hollande, où il écrivit son ouvrage le plus fameux, le manifeste matérialiste de *L'Homme-machine* (1748), suivi de *L'Homme-plante*, la même année. Confronté à des réactions haineuses et plusieurs menaces de mort après la publication de ces livres, La Mettrie finit par prendre la décision de fuir à la faveur de la nuit en Allemagne où Frédéric le Grand, protecteur de Voltaire, lui offrit son soutien.

Il mena à Berlin une existence libre, extravagante et bohème, tout en s'intéressant aux questions morales. On sait qu'il revendiquait une position épicurienne quant à la relation entre matière et moralité. Mais là où Épicure se contentait d'un gâteau d'orge, La Mettrie témoignait de goûts plus élaborés. Il est mort en s'empiffrant à la résidence de l'ambassadeur de France à Berlin, Monsieur Tirconnel. La situation était assez bizarre puisque l'ambassadeur avait organisé ce festin pour le remercier de l'avoir guéri d'une maladie. Il semble que La Mettrie ait succombé à une indigestion après s'être bâfré de pâté aux truffes.

L'Église catholique y vit la main de Dieu – ou du moins le pâté de Dieu. Voltaire rapporte que Frédéric le Grand, bien qu'affecté par les circonstances de cette fin, écrivit :

> *C'était un joyeux drille, un bon petit diable et un docteur honnête ; mais un très mauvais auteur. Ceux qui n'ont pas lu ses livres peuvent s'estimer heureux.*

Le despote éclairé ajouta toutefois : « Ce gourmand est mort en philosophe. » Dans son *Système d'Épicure*, La Mettrie écrivait :

> *Trembler aux approches de la mort, c'est ressembler aux enfants qui ont peur des spectres et des esprits. Le*

> *pâle fantôme peut frapper à ma porte quand il voudra, je n'en serai point épouvanté. Le philosophe seul est brave où la plupart des braves ne le sont point.*

David Hume
(1711-1776)

Surnommé par les uns le « Grand Infidèle », et par les autres le « bon David », Hume soulève en tout cas une question simple : un athée peut-il mourir heureux ? C'est-à-dire, un athée peut-il accepter la perspective de l'anéantissement sans abjurer son hérésie ni adopter Dieu dans une confession de dernière minute ?

Pour Hume, l'étude de la philosophie offre un grand bienfait : elle libère l'esprit de la superstition et des prétentions de la fausse religion. « De l'immortalité de l'âme » et « Du suicide », les essais de Hume publiés après sa mort par Adam Smith, son exécuteur testamentaire, révèlent leur auteur au meilleur de sa forme philosophique, disséquant en sceptique les clichés favorables à l'immortalité de l'âme :

> *Par quels arguments ou quelles analogies pouvons-nous prouver un état d'existence que personne n'a jamais vu et qui ne ressemble aucunement à tout ce qu'on a jamais vu ?*

Force est de conclure que l'âme est mortelle et qu'elle se dissout en même temps que le corps au moment de la mort.

Dès lors, s'il n'est pas d'âme immortelle, et pas de Dieu pour nous punir, le suicide relève-t-il d'une façon ou d'une autre de l'interdit ? Aucunement. Pour

Hume, comme pour Radicati, le suicide ne doit pas être puni car il offre une réponse parfaitement raisonnable à une souffrance intolérable. Hume ajoute : « Je crois qu'aucun homme n'a rejeté la vie quand elle valait la peine d'être conservée. » Notre horreur de la mort est telle que les gens ne se suppriment pas par hasard. Mais si la vie devient un fardeau insupportable, nous sommes justifiés d'y mettre un terme.

L'écrivain James Boswell, que l'on savait fortement troublé par l'athéisme de Hume, le sollicita à deux reprises pour s'entretenir de la question avec lui, la seconde fois peu avant le décès du philosophe. Comme il lui demandait s'il était terrifié à la pensée de l'anéantissement, Hume répondit : « Pas le moins du monde ; pas plus que ne m'effraie l'idée de n'avoir pas été avant ma naissance, pour reprendre les termes de Lucrèce. »

Boswell lui demanda alors si une vie après la mort était envisageable, et Hume lui dit : « [Il est] possible qu'un morceau de charbon posé sur un feu ne brûle pas. » Le philosophe expliqua qu'il n'avait jamais envisagé adhérer à une quelconque croyance religieuse depuis sa découverte des écrits de Locke. Le philosophe ajouta – ce qui lui vaudrait aujourd'hui bien des ennuis dans de nombreuses régions du monde – que :

> *les religions n'avaient pas grande valeur morale, avant d'avouer qu'il avait pour habitude de tenir tous les hommes de religion pour des coquins, bien qu'il en eût connu quelques-uns de très recommandables.*

Profondément scandalisé de voir Hume s'obstiner dans son athéisme, Boswell demanda conseil à son mentor Samuel Johnson, qui répondit : « Pourquoi seriez-vous choqué, monsieur ? Hume n'a jamais avoué avoir lu attentivement le Nouveau Testament. » En d'autres termes, vous ne pouvez pas croire ce que dit un athée parce que c'est un athée.

Dans une brève notice autobiographique, Hume observe : « Au printemps de 1775, je fus attaqué par un mal d'entrailles qui d'abord ne me donna aucune inquiétude, mais qui depuis est devenu, à ce que je crois, mortel et incurable. Je compte maintenant sur une prompte dissolution. »

On est stupéfié par le calme avec lequel Hume accueille sa fin, l'équanimité dont il fait preuve face à son sort. Dans la correspondance entre Adam Smith et le médecin de Hume, le mot « gaîté » revient régulièrement. Smith nous décrit le philosophe se plongeant joyeusement dans la lecture des *Dialogues des morts* de Lucien, quelques jours avant son propre voyage pour l'Hadès. Ainsi, l'athée David Hume est mort dans la bonne humeur et en échappant à l'angoisse. Smith conclut :

> *Je l'ai toujours considéré, pendant sa vie et depuis sa mort, comme l'individu s'approchant au plus près de cette idée d'un homme parfaitement sage et vertueux, du moins telle qu'on peut la concevoir au regard de la nature de la faiblesse humaine.*

Au moment de mourir, entouré de quelques amis proches, le 17 juillet 1790, Adam Smith afficha le même calme que son mentor.

Jean-Jacques Rousseau
(1712-1778)

Pour rester poli, disons que Rousseau n'était pas un homme facile à vivre. En 1765, Hume vint courageusement en aide au philosophe pour lui permettre de fuir la Suisse et la France où il était persécuté pour sédition et impiété. À la suite de quoi, dans sa paranoïa aux ressources infinies, Rousseau s'en prit à Hume, l'accusant de conspirer avec ses ennemis. Alors que la rumeur de sa prétendue trahison se répandait des deux côtés de la Manche, Hume entreprit calmement de réfuter les accusations de Rousseau, qualifiant la chose de « misérable affaire ». Comme Samuel Johnson en fit la remarque à Boswel, à propos du séjour de Rousseau en Angleterre :

> *Je pense que c'est l'un des pires hommes qui soient. Trois ou quatre nations l'ont expulsé ; et c'est une honte que ce pays le protège.*

L'essai autobiographique de Hume, *Ma vie*, couvre à peine dix pages et commence ainsi :

> *Il est difficile de parler de soi sans vanité ; je serai donc court.*

Il ne fallut pas moins de trois longs ouvrages autobiographiques au vaniteux Rousseau pour raconter sa vie. Ce n'est pas ici que nous nous interrogerons sur son masochisme sexuel évoqué dans les *Confessions*, ou sur son désir de se soumettre à la fessée. Je ne m'étendrai pas davantage sur les *Dialogues de Rousseau juge de Jean-Jacques,* cette étrange conversation avec lui-même dont on sait qu'un exemplaire fut un jour déposé sur l'autel de Notre-Dame par Rousseau lui-même. J'aimerais plutôt m'intéresser au dernier de ses trois autoportraits, les *Rêveries du promeneur solitaire.* Après l'orage des révélations antérieures, une atmosphère de calme envahit les *Rêveries.* Rousseau écrit : « L'étude d'un vieillard, s'il lui en reste encore à faire, est uniquement d'apprendre à mourir, et c'est précisément celle qu'on fait le moins à mon âge, on y pense à tout hormis à cela. »

Mais évidemment, avec Rousseau, les choses ne sont jamais simples. Le jeudi 24 octobre 1776, il partit faire une longue promenade dans les collines qui entouraient alors Paris – on sait que la botanique était la grande passion de la fin de sa vie, et qu'il aimait s'arrêter en cours de route pour cueillir des plantes et des fleurs.

Vers six heures du soir, Rousseau décida de rentrer en ville. Alors qu'il descendait la rue de Ménilmontant, le philosophe vit arriver dans sa direction un « gros chien danois » lancé à telle allure qu'aucune des deux créatures ne put éviter l'autre. Rousseau ne sentit ni l'impact du molosse ni sa propre chute, et ne put reprendre conscience qu'aux alentours de minuit. Emporté par le poids de son corps, il avait heurté le pavé de plein fouet. Il découvrit plus tard que sa lèvre supérieure était fendue jusqu'au nez et qu'il avait perdu quatre dents. Son visage et sa tête étaient enflés, son pouce gauche très abîmé et il souffrait d'une sévère entorse au bras et au genou gauches. On aurait pu s'attendre à ce que Rousseau ait été sérieusement traumatisé, ou du moins perturbé par la collision avec le chien. Pas le moins du monde. L'incident lui inspira même l'un des plus extraordinaires morceaux de prose que je connaisse. Il écrit qu'il reprit conscience sur le pavé froid :

> *Cette première sensation fut un moment délicieux. Je ne me sentais encore que par là. Je naissais dans cet instant de la vie, et il me semblait que je remplissais de ma légère existence tous les objets que j'apercevais. Tout entier au moment présent je ne me souvenais de rien ; je n'avais nulle notion distincte de mon individu, pas la moindre idée de ce qui venait de m'arriver ; je ne savais ni qui j'étais, ni où j'étais ; je ne sentais ni mal, ni crainte, ni inquiétude. Je voyais couler mon sang comme j'aurais vu couler un ruisseau, sans songer seulement que ce sang m'appartînt en aucune sorte. Je sentais dans tout mon être un calme ravissant auquel, chaque fois que je me le rappelle, je ne trouve rien de comparable dans toute l'activité des plaisirs connus.*

Rousseau fait ici l'expérience de l'éternité du présent sans passé ni futur, et sans l'encombrement de la conscience du moi. Il éprouve une impression de calme béatifique. La douleur la plus intense produit chez lui le plus grand plaisir imaginable. Les lecteurs voudront peut-être tester la chose avec un gros chien docile.

Rousseau était une personnalité si célèbre – en fait si tristement célèbre – que la rumeur de sa mort commença à circuler dans Paris. On parlait d'un suicide. Même le roi et la reine étaient convaincus de son trépas ; la presse commença à publier des notices nécrologiques, la plupart extrêmement défavorables et insultantes. Rousseau apprit qu'on avait ouvert une souscription pour la vente de ses manuscrits posthumes non publiés et plus encore, pour des textes qu'il n'avait jamais écrits. Ainsi, Rousseau est le seul exemple que je connaisse d'un philosophe qui ait vécu sa postérité. Sachant que son horrible réputation lui vaudrait de rester tristement célèbre, il réagit comme à son habitude en s'apitoyant sur son sort, plein d'orgueil : « Dieu est juste ; il veut que je souffre ; et il sait que je suis innocent. » Rousseau mourut deux ans plus tard d'une hémorragie cérébrale massive, peut-être consécutive à sa rencontre avec ce « gros chien danois ».

Denis Diderot
(1713-1784)

Les derniers mots de Diderot furent pour sa fille Angélique de Vandeul : « Le premier pas vers la philosophie, dit-il, c'est l'incrédulité. » L'histoire de sa mort a précisément de quoi nous laisser un peu incrédule : les circonstances de sa disparition restent entourées d'un certain flou, puisqu'on ne connaît ni la date ni le lieu de sa mort ; et l'on ne sait pas non plus si un prêtre fit le déplacement. Mais le témoignage de sa fille n'en reste pas moins extrêmement émouvant. Diderot fut l'auteur de cette phrase restée célèbre : « L'objet de mes désirs n'est pas de vivre mieux, mais de ne pas mourir. » Dans une lettre à sa sœur Denise, Denis exprime une certaine angoisse devant la venue de l'âge :

Je me porte assez bien ; mais je commence à sentir que je vieillis. Toutes mes dents s'ébranlent ; incessamment il faudra manger de la bouillie, comme les enfants. Incessamment je ne saurai plus parler ; ce qui sera un assez grand avantage pour les autres ; et un très petit inconvénient pour moi.

Pour autant, Diderot affronta la mort avec une grande dignité. Affaibli par un épuisant voyage de retour de Saint-Pétersbourg où il s'était rendu sur l'invitation de sa protectrice, la Grande Catherine de Russie, il se mit au lit et décida de ne plus parler. Une brève rémission lui permit toutefois de revenir s'asseoir à table avec sa femme. Après avoir mangé de la soupe, du mouton bouilli et de la chicorée, il prit un abricot (une fraise, selon d'autres sources). Angélique nous raconte la suite :

Ma mère voulut l'empêcher de manger ce fruit. « Mais quel diable de mal veux-tu que cela me fasse ? » Il le mangea, appuya son coude sur la table pour manger quelques cerises en compote, toussa légèrement. Ma mère lui fit une question ; comme il gardait le silence, elle leva la tête, le regarda, il n'était plus.

En grand encyclopédiste et en avocat de la science, Diderot avait exigé que son corps soit disséqué. Son cerveau était aussi bien conservé que celui d'un homme de vingt ans, et sa vésicule biliaire était parfaitement sèche, dépourvue de bile. L'examen révéla par ailleurs que notre philosophe avait un cœur deux tiers plus gros que la normale.

De nombreux Allemands et quelques non-Allemands

Johann Joachim Winckelmann
(1717-1768)

Winckelmann est à l'origine de l'idéal grec classique dans l'art et l'esthétique en Occident, et le fondateur de l'histoire de l'art moderne pour certains. Son *Histoire de l'art dans l'Antiquité* (1764) reçut un accueil chaleureux et lui permit d'établir sa réputation d'intellectuel, l'un des plus célèbres de son temps. Il mourut poignardé par un de ses partenaires homosexuels dans une chambre d'hôtel à Trieste.

Winckelmann avait quitté l'Allemagne pour s'installer à Rome. Il y mena une fructueuse carrière de bibliothécaire et de conservateur des antiquités au Vatican avant de décider de retourner pour la première fois dans son pays en 1768. Son voyage prit subitement fin à Munich après qu'il eût été victime, semble-t-il, d'une dépression nerveuse. Abandonnant ses compagnons de route, Winckelmann retourna incognito en Italie. Arrivé à Trieste au mois de juillet, il s'installa dans la plus grande auberge de la ville et noua une relation avec un certain Francesco Arcangeli. Après plusieurs nuits de passion, le désir d'Arcangeli se portait moins sur la personne de Winckelmann que sur ses médailles et ses habits. L'homme étrangla le philosophe et lui asséna plusieurs coups de couteau dans les parties génitales. Arrêté, Arcangeli fut condamné au supplice de la roue et exécuté.

Emmanuel Kant
(1724-1804)

Il n'y a souvent pas loin entre la vie du philosophe et celle du névrosé obsessionnel. Kant en est peut-être la meilleure illustration. Chaque jour, à 4 h 55 du matin, Lampe, son valet de pied, entrait dans sa chambre et hurlait : « Herr Professor, c'est l'heure. » Le temps que l'horloge sonne 5 heures, Kant prenait place à la table de son petit déjeuner. C'était le moment pour lui de boire plusieurs tasses de thé, fumer sa seule pipe de la journée, et préparer son cours du matin.

À 7 heures, Kant descendait dans son cabinet de lecture pour y enseigner jusqu'à 9 heures. Le philosophe remontait alors l'escalier et se mettait à écrire. À 12 h 45 tapantes, il lançait à son cuisinier : « Les trois quarts ont sonné » – façon de dire qu'il était temps pour lui de passer à table. Après avoir bu son « petit verre » (de vin), il entamait son déjeuner à 13 heures pile. Kant attendait ce moment avec une certaine impatience, à la fois parce que c'était son seul vrai repas de la journée et parce que, sociable comme il l'était, c'était pour lui une occasion de converser. De fait, Kant pensait – avec raison – que la conversation facilite la digestion. On sait aussi qu'il suivait la règle de Lord Chesterfield, puisque le nombre d'invités ne devait pas être inférieur à celui des Grâces ou supérieur à celui des Muses, et donc compris entre quatre et huit. Kant ne parlait jamais de philosophie à table et n'invitait jamais de femmes.

Après le déjeuner, il partait faire sa fameuse promenade ; pour les sages épouses de Königsberg qui le voyaient passer chaque jour, ce rituel offrait un bon moyen de connaître l'heure (Kant ne manqua sa promenade qu'une seule fois, un jour qu'il était trop absorbé par sa lecture de l'*Émile* de Rousseau). Le philosophe avait pour habitude de marcher seul afin de pouvoir respirer par la bouche, ce qu'il trouvait plus sain. On sait qu'il avait horreur de la transpiration, ce qui le conduisait en été à se tenir rigoureusement immobile dans l'ombre jusqu'à ce que la sudation ait séché. Par ailleurs, Kant ne portait pas de guêtres, pour favoriser la circulation sanguine.

Après une soirée de lecture, d'écriture et de rêverie, l'heure du coucher sonnait à 10 heures précises. Il s'emmaillotait dans les draps d'une manière très particulière, comme un ver à soie dans son cocon, puis répétait plusieurs fois le nom « Cicéron ». Son sommeil était excellent.

Kant connut un déclin lent et pénible que son serviteur et ancien étudiant Wasianski nous décrit de manière fortement émouvante, encore qu'assez pesante. Thomas de Quincey a traduit ces souvenirs avec des interpolations et les a publiés sous le titre *The Last Days of Immanuel Kant (Les Derniers jours d'Emmanuel Kant).*

Depuis des années, Kant souffrait de maux d'estomac qui avaient fini par lui couper l'appétit (le pain, le beurre et le fromage anglais faisaient exception). Ses nuits étaient hantées par des cauchemars épouvantables dans lesquels il pensait voir des assassins rôder autour de son lit. Pis, il était parfaitement conscient de son déclin et, devenu insensible aux plaisirs de la compagnie, ne nourrissait plus l'envie de voir ses amis.

Le dernier jour de sa vie, Kant n'était plus en mesure de parler. Wasianski lui donna quelques cuillères d'eau mélangées à du vin doux jusqu'à ce qu'il murmure *Sufficit* (« c'est assez »). (Ou, selon une autre version : *Es ist gut,* « c'est bien ».) Kant avait souhaité un enterrement simple, mais son cadavre fut exposé en grande pompe pendant seize jours et des milliers de spectateurs participèrent à la somptueuse procession funéraire organisée pour l'occasion. La fièvre kantienne continua à se répandre dans le monde de langue allemande et dans le reste de l'Europe.

Même si Kant se révèle parfois un grand prosateur, son corpus philosophique revêt trop souvent la tenue académique formelle de l'époque. Il fut le premier philosophe majeur des temps modernes à gagner sa vie en dispensant un enseignement professionnel, ce que feront à sa suite Fichte, Hegel et d'autres (mais Kant enseignait également une variété surprenante de matières : la géographie, la physique, l'astronomie, la géologie et l'histoire naturelle). Cette déformation professionnelle rend malheureusement indûment abstruse une grande partie de ses propos.

Si l'on devait résumer d'une phrase la philosophie de Kant dans sa maturité, on ne pourrait sans doute faire mieux que de reprendre celle du grand érudit kantien W. H. Walsh : « Il voulait insister sur l'autorité de la science et cependant préserver l'autonomie de la morale. » C'est précisément la tâche gigantesque qui reste devant nous : comment réconcilier le désenchantement de l'univers, provoqué par la révolution copernicienne et newtonienne dans les sciences naturelles, avec l'expérience humaine d'un monde imprégné de valeurs morales, esthétiques, culturelles et religieuses ? Cette réconciliation est-elle possible, ou la science et la morale sont-elles condamnées à s'éloigner l'une de l'autre dans un nihilisme général ? Telle est, je crois, la question qui se pose toujours à nous. Hölderlin, le grand poète allemand, faisait de Kant le « Moïse de la nation allemande ». On se demande lesquels de ses nombreux successeurs se prennent pour le Christ.

Edmund Burke
(1729-1797)

Le peintre Joseph Farington décrivit la fin de Burke d'une façon pour le moins abrupte :

> *Il est mort d'atrophie et n'a pas souffert. Après avoir craché du sang, il se dépouilla de sa chair.*

Une tuberculose de l'estomac fut probablement à l'origine de son décès ; la rumeur dit que Burke resta lucide et qu'on lui fit la lecture jusqu'au bout. À l'opposé, dans ses *Réflexions sur la Révolution française*, sa description de la mort de Marie-Antoinette révèle une sensiblerie et une nostalgie grandiloquentes. Burke décrit la reine comme l'« apparition la plus délicieuse » qui ait jamais « éclairé ce globe », qu'elle « semble à peine toucher». Dans un style mélodramatique, classique chez les conservateurs britanniques, il poursuit:

> *L'âge de la chevalerie est révolu; celui des sophistes, des économistes et des calculateurs lui a succédé, et la gloire de l'Europe est anéantie à jamais.*

Mary Wollstonecraft
(1759-1797)

C'est précisément contre ce sentimentalisme, cette vénération de la tradition et du statu quo que Mary Wollstonecraft s'insurge dans *A Vindication of the Rights of Men.* Ce pamphlet publié en 1790 fut l'occasion pour elle de répondre directement à Burke en dénonçant sa sensiblerie superficielle et son consentement aux inégalités sociales. Elle poursuivra son œuvre avec *A Vindication of the Rights of Women* (1792), sans doute l'ouvrage le plus important de la morale et de la philosophie politique féministe.

Wollstonecraft avait à cœur de démontrer que les femmes sont des êtres autonomes et moralement indépendants, capables d'obtenir l'égalité politique par l'usage de la raison et l'accès à l'éducation. Il s'agissait pour elle de dénoncer la sensiblerie tory de Burke, coupable à ses yeux de renforcer la soumission sociale de son sexe et de justifier le mariage conventionnel, qu'elle considérait comme une forme de prostitution légale où l'épouse n'est jamais que la possession de son mari. D'après la philosophe, l'oppression des femmes trouve son origine dans le fait qu'on les croit moralement inférieures aux hommes. La Déclaration des droits de l'Homme et du Citoyen de la Révolution française exige par conséquent une seconde déclaration des droits de la Femme, et une réforme radicale de la société qui permettra d'atteindre une égalité complète entre les sexes.

Wollstonecraft contribua plus que quiconque à montrer que la sphère privée est politique, et vice versa. Sa vie personnelle fut pour le moins tourmentée : en 1792, elle quitta l'Angleterre pour s'installer en France pendant deux ans ; à Paris, elle eut un enfant hors des liens du mariage de Gilbert Imlay, un spéculateur américain. Abandonnée par ce dernier, elle commettra deux tentatives de suicide, tentant de mettre fin à ses jours une première fois avec du laudanum, puis une seconde fois en se jetant dans la Tamise.

Quelques années plus tard, William Godwin, premier philosophe de l'anarchisme, fit d'elle sa maîtresse. Pour le plus grand amusement de leurs amis, le couple se maria et de cette union naquit une fille, également appelée Mary, qui sera plus tard l'auteure de *Frankenstein* et l'épouse de Percy Bysshe Shelley. Malheureusement, Wollstonecraft n'était pas parvenue à expulser le placenta pendant l'accouchement et elle mourut huit jours plus tard, terrassée par la fièvre.

Marie-Jean-Antoine-Nicolas de Caritat, marquis de Condorcet
(1743-1794)

Après la Révolution de 1789, les Girondins, faction politique modérée, et les Jacobins, radicaux menés par Robespierre, se partagèrent le pouvoir pendant quelques années.

Malgré son soutien enthousiaste et actif à la Révolution, qui lui valut d'être nommé secrétaire de l'Assemblée législative et représentant de Paris, Condorcet prit position contre l'exécution de Louis XVI. Dès lors, on le tint pour un Girondin. À partir d'octobre 1793, le grand mathématicien dut vivre caché pendant cinq mois après qu'un mandat d'arrêt eut été délivré contre lui. Condorcet profita de cette existence clandestine pour rédiger son *Esquisse d'un tableau historique des progrès de l'esprit humain* qui, dans la tradition des Lumières, annonce le progrès des êtres humains vers la perfection ultime. Cependant, de moins en moins convaincu qu'il était en lieu sûr, Condorcet décida de fuir Paris. On l'arrêta deux jours plus tard à l'extérieur de la capitale ; deux autres jours passèrent et on le retrouva mort dans sa cellule de prison. Selon certains, Condorcet se serait suicidé ; pour d'autres, il aurait été assassiné par ses ennemis jacobins.

Jeremy Bentham
(1748-1832)

À la pointe sud du principal bâtiment de l'University College, en plein Londres, sur Gower Street, Jeremy Bentham se tient bien droit derrière une vitre, figé à l'intérieur d'un meuble en bois aux faux airs de cabine téléphonique.

Dans un texte intitulé *Auto-Icon: or, Farther uses of the Dead to the living* (Auto-icône: ou comment rendre utiles les morts aux vivants), Bentham a donné des instructions minutieuses sur le traitement et l'exposition de son cadavre au vu et au su de tous. On sait qu'une icône est un objet de dévotion utilisé dans les rituels religieux; mais l'« auto-icône » de Bentham fut bien au contraire conçue dans un esprit de jovialité irréligieuse. Le terme désigne ici un être humain profane préservant sa propre image pour que la postérité en fasse profit. Bentham écrit qu'il l'a imaginée

> *dans le but que l'espèce humaine tire quelques petits avantages de mon décès, n'ayant guère eu l'opportunité d'apporter cette contribution de mon vivant.*

En tant que tel, le corps de Bentham est une protestation posthume contre les tabous religieux qui, à l'époque, entouraient les morts; dans le même temps, il est l'incarnation de l'esprit fondateur de l'University College de Londres: crée en 1828, cette institution fut le premier établissement supérieur libéré de l'influence de l'Église anglicane à voir le jour en Angleterre. Le corps fut disséqué, et le squelette nettoyé, avant d'être bourré de paille. On le revêtit des habits préférés de Bentham ; la badine favorite du défunt, « Dapple », qu'il tient d'une main, complète le tableau.

Bentham avait demandé que son corps soit assis sur une chaise dans une attitude qui donnerait le sentiment qu'il était plongé dans ses pensées. Très impressionné par des témoignages recueillis sur les procédés de momification des têtes pratiqués en Nouvelle-Zélande par les insulaires, il voulait que sa tête subisse le même traitement. Durant les dix dernières années de sa vie, Bentham transporta en permanence sur lui les yeux en verre qui devaient parer sa tête de mort. Malheureusement, le procédé de momification échoua et l'on eut recours à une tête en cire. Longtemps, la tête originale, pourrissante et noircie, reposa entre les pieds de Bentham sur le sol du cabinet en bois. Elle était souvent la cible des farces estudiantines et fut même utilisée une fois pour une partie de football dans le quadrilatère de la cour. En 1975, des étudiants la volèrent et demandèrent une rançon pour le Charity Shelter, l'organisation bénévole de recherche de logement pour les sans-logis. La rançon fut réduite de 100 à 10 livres, et l'on retrouva la tête dans un placard à la gare ferroviaire d'Aberdeen, en Écosse. Elle est aujourd'hui congelée dans les coffres du University College de Londres.

Il est dit que l'« auto-icône » participe aux réunions du conseil d'administration de l'université. Sa présence est enregistrée, avec le commentaire : « Jeremy Bentham – présent mais non votant. »

Johann Wolfgang von Goethe
(1749-1832)

Goethe estimait

totalement impossible pour un être pensant de penser à sa non-existence, à la cessation de sa pensée et de sa vie.

C'est assez vrai, est-on tenté de dire. Mais de ce caractère inconcevable de la mort dans l'esprit du vivant, Goethe conclut à l'immortalité de l'homme. Puisqu'il ne nous est pas possible de concevoir la fin de notre vie, alors notre vie n'a pas de fin. Ce que ses célèbres derniers mots, «*Mehr Licht*» («Davantage de lumière»), semblent être venus confirmer.

Les dernières paroles de Goethe ont toutefois laissé place à une autre interprétation. Thomas Bernhard raconte l'histoire d'un habitant d'Augsbourg, en Allemagne, qui répétait sans cesse que Goethe n'avait pas dit «*Mehr Licht*», mais «*Mehr Nicht*» («Ça suffit») et qui finit par être placé dans un asile d'aliénés. Pas moins de six médecins avaient pourtant opposé leur refus à l'internement du pauvre homme, avant qu'un septième ne cède à la pression des bons citoyens d'Augsbourg. Il reçut par la suite la médaille Goethe de la ville de Francfort, lieu de naissance du grand poète.

Friedrich Schiller
(1759-1805)

Il semble qu'en 1805 Goethe ait eu le pressentiment que la mort viendrait frapper Schiller ou lui-même dans le courant de l'année. En janvier, les deux poètes tombèrent gravement malades. Goethe se rétablit, mais sa convalescence dura plusieurs mois. Schiller, affaibli par la pneumonie et la pleurésie depuis 1791, eut moins de chance. Il contracta une double pneumonie le 1er mai, et ne fit plus que délirer à partir de ce jour-là.

Ses derniers mots sont placés sous le signe du doute : « *Ist das euer Himmel, ist das euer Hölle ?* » (« Est-ce là votre paradis, est-ce là votre enfer ? »)

Goethe et Schiller sont enterrés côte à côte à Weimar.

Johann Gottlieb Fichte
(1762-1814)

Le grand philosophe du Moi fut réduit au Non-Moi à l'âge de cinquante-deux ans. Fichte contracta la typhoïde par l'intermédiaire de sa femme, infirmière auprès des soldats blessés pendant la guerre de libération qui fit rage de 1813 à 1815, quand la Prusse tentait de chasser les forces d'occupation françaises.

Une fin convenablement patriotique pour ce philosophe dont la dernière œuvre majeure, *Discours à la nation allemande* (un livre qui a connu cinquante rééditions rien qu'en allemand), exhortait le peuple à expulser les envahisseurs napoléoniens et à restaurer l'unité et les principes moraux. Il écrit :

> *Toute mort dans la nature est naissance, et d'emblée, au seuil de la mort, l'intensification de la vie devient visible. La mort ne tue pas. Au contraire, derrière les vieilles obscurités, une vie animée commence et s'agite. La mort et la naissance ne sont que la lutte de la vie avec elle-même dans sa transfiguration perpétuelle.*

Fichte est enterré près de Hegel à la Dorotheenkirche à Berlin.

Georg Wilhelm Friedrich Hegel
(1770-1831)

Pour Hegel, la mort est « le travail du négatif ». Vu sous cet angle, l'ensemble de son œuvre peut donner le sentiment d'être une philosophie de la mort, dans la mesure où la méthode qu'il appelle « dialectique » est ce mouvement incessant de négation embrassant tous les domaines de l'existence.

Hegel conçoit l'expérience comme la négation d'un objet donné et l'émergence d'un nouvel objet pour la conscience, objet qui sera lui-même nié. On peut donc considérer l'expérience comme une longue marche funèbre. Toutefois, et ce point est capital, la *via dolorosa* de la négation ne mène pas à une impasse, mais à ce que Hegel nomme la « négation de la négation » – c'est ainsi que Hegel comprend l'« Esprit », qui n'est rien d'autre que le mouvement de la vie elle-même. Dès lors, ce qui, au premier abord, se donne à voir comme une philosophie de la mort correspondrait plutôt à une tentative de comprendre la vie dans son déploiement empirique et historique.

En ce sens, ce que dit Hegel sur la mort du Christ est révélateur et fascinant. Hegel considère le christianisme comme la plus haute forme de religion parce que, dans son geste fondamental, le Dieu universel s'incarne dans une forme humaine particulière. Le Christ est l'homme Dieu exposé à la mortalité par sa crucifixion. Dans le langage de la Trinité, la première personne, Dieu le Père, devient la seconde personne, Dieu le Fils.

Toutefois, les choses ne s'arrêtent pas là, car la conséquence de la « mort de Dieu » (et Hegel anticipe de près d'un siècle la célèbre expression de Nietzsche, bien qu'il lui donne une tout autre signification) est la troisième personne de la Trinité : l'Esprit. La notion d'Esprit tend à semer la confusion. Hegel ne croit pas à des esprits désincarnés ou à l'immortalité de l'âme. L'Esprit ne vit pas strictement dans la vie de l'Église, comme c'est le cas du catholicisme, mais dans la vie de la communauté elle-même. L'Esprit est simplement une communauté vivante qui se connaît et se détermine librement. Cette interprétation permet de voir combien, chez Hegel, l'Esprit libéré de sa coquille mystique s'apparente étroitement à ce qui pourrait paraître son inversion matérialiste dans le communisme de Marx. Bien que, dans une formule célèbre, Marx ait dit qu'il fallait remettre la philosophie hégélienne sur ses pieds pour en découvrir la substance rationnelle, l'auteur du *Capital* se présenta toujours comme le disciple de ce puissant penseur. Mais, comme on dit, c'est une autre histoire.

La mort de Hegel fut quant à elle rien moins que christique. À la fin du mois d'août 1831, une épidémie de choléra venue de l'est traversa l'Allemagne. Le « choléra asiatique » fut détecté une première fois chez des soldats anglais basés en Inde en 1817, avant d'atteindre la Russie en 1823. En 1832, 800 personnes y succombèrent dans les quartiers insalubres du East End londonien. L'eau non potable était en général à l'origine de la maladie.

À Berlin, l'épidémie fit 2 500 victimes entre le mois d'août 1831 et janvier 1832. Parmi elles, Hegel. Son corps trahissait les signes de l'infection, puisque son visage, ses mains et ses pieds étaient d'un bleu glacé. Pourtant, sa femme affirma qu'il était mort de complications dues aux maux d'estomac dont il souffrait depuis un voyage à Paris en 1827.

De nombreux biographes de Hegel se rangèrent derrière cette thèse par sympathie pour son épouse, mais les preuves accumulées par le Dr Helmut Döll dans *Hegels Tod* sont venues contredire une telle présentation des choses. L'insistance de Mme Hegel à nier que son « cher et adoré mari » (c'est ainsi qu'elle l'appelle dans une lettre écrite après sa mort) avait été victime du choléra serait due au sentiment de honte qui, à l'époque, entourait les funérailles réservées aux victimes de la maladie. En effet, les cholériques étaient, comme les lépreux, enterrés de nuit, sans cérémonie, dans un cimetière qui leur était réservé.

Quel est le lien entre Hegel et le pont de Brooklyn ? L'année de la mort de Hegel, Johann August Röbling, son étudiant favori et son protégé – il aurait écrit 2 000 pages d'une thèse sur le concept hégélien de l'univers – quitta la Prusse pour s'installer aux États-Unis. Röbling, qui avait conçu une technique révolutionnaire de construction de ponts suspendus avec des filins d'acier et des poutrelles armées, remporta l'appel d'offres pour le pont de Brooklyn. Les travaux commencèrent en 1867, mais malheureusement, l'un de ses pieds fut écrasé par un ferry-boat ; malgré l'amputation des orteils blessés, Röbling mourut seize jours plus tard du tétanos.

Énorme, massif, gothique et incroyablement solide, le pont de Brooklyn enjambe les deux rives opposées de l'East River comme pour les réconcilier et donne encore aujourd'hui l'impression de défier les lois de la gravité. Comme le système hégélien, l'édifice new-yorkais représentait sans conteste le plus grand et le plus impressionnant ouvrage du genre au moment de sa naissance. Et comme le pont de Brooklyn, l'énorme architecture du système de Hegel repose sur du sable.

Friedrich Hölderlin
(1770-1843)

En 1806, tandis que Hegel écrivait sa monumentale *Phénoménologie de l'Esprit*, Hölderlin, son ami proche et son ancien condisciple à l'université, était enfermé dans une clinique pour malades mentaux à Tübingen, au sud de l'Allemagne. Il avait été confié aux soins du célèbre Dr Autenrieth, inventeur d'un masque facial qu'il appliquait sur le visage de ses patients pour les empêcher de crier. Tous les rapports médicaux avaient diagnostiqué chez Hölderlin une schizophrénie catatonique. Il fut jugé incurable et les médecins s'accordèrent à lui donner tout au plus trois ans de vie. Il put néanmoins quitter la clinique et s'installer chez un modeste artisan, Ernst Zimmer, qui s'occupa de lui jusqu'à sa propre mort, trente et un ans plus tard. Hölderlin disparut quelques années après Zimmer, à l'âge de soixante-treize ans, des suites d'une pleurésie.

Peu avant sa mort, Christoph Schwab lui présenta une nouvelle édition de ses poèmes. Après avoir feuilleté l'exemplaire, Hölderlin aurait dit :

> *Oui, les poèmes sont authentiques, ils sont de moi, mais le nom est erroné ; je ne me suis jamais appelé Hölderlin, mais Scardanelli ou Salvator Rosa ou quelque chose comme ça.*

Hölderlin aimait aussi se dénommer « Buonarroti » et « Killalusimeno ».

Friedrich Wilhelm Joseph von Schelling
(1775-1854)

Schelling était un camarade de chambre de Hegel et de Hölderlin au séminaire théologique de Tübingen, où il avait été admis à l'âge très précoce de quinze ans et demi. À la différence de Hegel, qu'il appelait « le vieux » et qui connut les plus grandes difficultés à obtenir un poste universitaire, Schelling occupa une chaire professorale prestigieuse à l'université d'Iéna dès l'âge de vingt-trois ans.

Entre 1795 et 1809, Schelling écrivit un nombre stupéfiant d'ouvrages qui donnent l'impression d'une philosophie continuellement changeante. Une histoire datant du début des années 1800 rapporte que Schelling aurait demandé un jour à l'un de ses étudiants, le jeune Anglais Henry Crabb Robinson, si le serpent n'était pas emblématique de la philosophie anglaise. Robinson répondit qu'il voyait au contraire l'animal comme le symbole de la philosophie allemande puisque, comme Schelling, il muait chaque année. Schelling répliqua que les Anglais ne voient que la peau, et pas ce qui est en dessous.

En 1841, Schelling, déjà âgé, fut nommé professeur de philosophie à l'université de Berlin. Les autorités avaient décidé de le faire intervenir pour tenter d'éradiquer la fièvre d'hégélianisme dont certains redoutaient qu'elle se répande chez les intellectuels allemands tel le choléra. Son cours inaugural, très attendu, rassembla un vaste auditoire où l'on comptait Kierkegaard, Engels et Bakounine. Bien que le remède contre l'hégélianisme n'ait jamais vu le jour, Schelling connut une mort paisible à l'âge de quatre-vingts ans, en Suisse.

Novalis, Friedrich Leopold Freiherr von Hardenberg
(1772-1801)

Tout comme Friedrich Schlegel, Novalis représente la quintessence du philosophe romantique. Profondément influencé par le concept fichtien du Moi libre et mû par un effort sans fin, il écrit :

Le chemin mystérieux va vers l'intérieur. En nous, et nulle part ailleurs, se tient l'éternité avec ses mondes, le passé et le futur.

Novalis embrassa ce qu'il appelait l'« idéalisme magique ». Selon ce concept, « le monde est animé par moi » et le langage est le médium magique qui façonne le monde. Cependant, dans un changement conceptuel qui influencera la pensée déconstructive contemporaine, Novalis renonça à l'idée que le langage était un médium adéquat pour exprimer l'infini qui est en nous. Autrement dit, l'infini nous échappera toujours parce que l'être humain est fini. Les romantiques allemands appelaient *ironie* ce fossé entre le fini et l'infini ; Friedrich Schlegel expliqua un jour que « la philosophie est la vraie patrie de l'ironie ». Le médium le plus approprié pour exprimer cet échec « ironique » était le fragment, ou aphorisme spirituel. À la fin des années 1790, Novalis et Schlegel publièrent des recueils de fragments dans leur revue *Athenaeum,* dont l'influence était considérable. Leur comparaison entre le fragment et le hérisson est célèbre :

Le fragment, comme une œuvre d'art miniature, doit être entièrement isolé du monde environnant et clos sur lui-même, comme un hérisson.

Leurs écrits critiquaient le côté systématique de la philosophie de Hegel :

Il est aussi fatal pour l'esprit d'avoir un système que de ne pas en avoir. L'esprit doit simplement réunir les deux.

Ainsi, l'état d'abandon de l'homme moderne est tel que seul le poète est à même de ramener l'humanité chez elle – un thème fréquent chez les romantiques anglais.

Novalis est le seul penseur de ce livre (mis à part Leibniz) qui ait étudié l'exploitation des mines. Il travailla dans l'administration des mines de sel saxonnes à Weissenfels jusqu'à sa mort prématurée, à l'âge de vingt-neuf ans. Sa santé s'était détériorée après une attaque d'apoplexie, et il avait décidé de rassembler ses amis autour de lui. Le 25 mars 1801, veillé par Friedrich Schlegel, et tandis que son frère Karl jouait du piano, Novalis s'endormit de son dernier sommeil.

Heinrich von Kleist
(1777-1811)

À la fin de son bref et néanmoins puissant *Essai sur le théâtre des marionnettes,* Kleist médite sur l'essence de la grâce. Étant donné l'agitation de la conscience humaine, conclut-il, la grâce apparaîtra sous une forme corporelle seulement chez un être qui

> *soit n'a aucune conscience, soit possède une conscience infinie ; c'est-à-dire, chez une marionnette ou chez un dieu.*

Dans l'après-midi du 21 novembre 1811, au terme de leur pacte suicidaire, Kleist tua son amie Henriette Vogel d'un coup de feu dans la poitrine, avant de retourner l'arme contre lui et de se tirer une balle dans la bouche. Avant de se supprimer, Kleist et Vogel avaient demandé à une auberge voisine de leur apporter une table et un peu de café pour profiter une dernière fois du paysage. Tous deux furent enterrés le lendemain sur le lieu même de leur mort. Ainsi, le suicide est un retour à l'état de grâce. L'essai sur le théâtre des marionnettes s'achève sur ces mots : « Voici le dernier chapitre dans l'histoire du monde. »

Par une cruelle ironie de l'histoire, c'est sur le lieu même où Kleist et Henriette ont mis fin à leurs jours – le bord de la Wannsee, au sud-ouest de Berlin – que fut décidé, cent trente ans plus tard, le massacre des Juifs d'Europe.

Arthur Schopenhauer
(1788-1860)

Schopenhauer est peut-être le philosophe moderne qui en a dit le plus sur la mort ; son implacable pessimisme eut une énorme influence sur Freud et les existentialistes, et on la retrouve aujourd'hui chez des écrivains comme John Gray.

Schopenhauer est le Bourriquet de la philosophie continentale : aussi pessimiste que le personnage inventé par Alan Alexander Milne dans *Winnie l'Ourson*. Il maintient que l'existence est véritablement une sorte d'erreur et la vie « une expiation du crime originel », qui n'est jamais que « le fait même d'être né ». Pour autant, il y a du vrai dans ce que dit Schopenhauer : si le but de la vie humaine est de ne *pas* souffrir, alors les humains y sont mal préparés. L'affliction, la douleur, la maladie et le malheur sont partout. La vie est pure agitation, une constante inconstance qui se révèle le plus à elle-même dans la tragicomédie du désir sexuel.

> *Nous commençons dans la folie du désir charnel et les transports de la volupté, nous terminons dans la dissolution de nos particules et l'odeur fétide du cadavre.*

Schopenhauer était notoirement misogyne. Il écrivait : « Se marier est comme plonger aveuglément la main dans un sac en espérant trouver une anguille au milieu de serpents. » En 1820, il fut condamné pour voie de faits contre une couturière. Particulièrement sensible au bruit, les éclats de voix de la couturière sur le palier de son appartement le plongèrent dans un tel état d'exaspération qu'il poussa la malheureuse dans l'escalier. Il dut lui verser une indemnité mensuelle jusqu'à sa mort, vingt ans plus tard. Ce jour-là, il écrivit : *« Obit anus, abit onus »* (« La vieille est morte, le fardeau est levé »).

Pour Schopenhauer, c'est la mort qui nous donne matière à philosopher, la vie étant une agonie perpétuelle dans un état de souffrance. L'être humain est un *animal metaphysicum* ; notre besoin métaphysique vient de l'effort que nous faisons pour affronter notre condition de mortel. Ainsi, la vie n'est rien moins qu'une hypothèque, un contrat qui nous lie à la mort :

> *Il faudrait regarder notre vie comme un prêt accordé par la mort ; le sommeil serait alors l'intérêt quotidien de celui-ci.*

La question du suicide hante Schopenhauer. Son père avait mis fin à ses jours en 1805. Mais si la vie est aussi imparfaite que nous le dit le philosophe, pourquoi en effet ne se suicide-t-on pas ? Quelles peuvent bien être les raisons de vivre ? Dale Jacquette soutient à juste titre qu'on pourrait croire que Schopenhauer se positionne en ardent défenseur du suicide alors qu'il le condamne fermement comme un acte de lâcheté. Pourquoi ?

La réponse est contenue dans sa métaphysique. D'après la thèse centrale du plus grand livre de Schopenhauer, *Le Monde comme Volonté et comme Représentation*, le monde n'est qu'une série de représentations fugaces. Derrière ces représentations se déploie une Volonté immense, irrationnelle, impénétrable et impitoyable. Par conséquent – et cette pensée trouvera un écho chez Freud – nous ne voulons pas réellement, nous sommes « voulus » par un agent inconscient sur lequel nous n'avons aucun pouvoir. Le problème du suicide est qu'il entretient une illusion de volonté. Pour Schopenhauer, le seul suicide permissible est le jeûne de l'ascète, comme nous le verrons avec Simone Weil.

Pour Schopenhauer, la notion de Volonté a un corollaire particulier : la possibilité d'une vie après la mort. S'il est vrai que nous sommes « voulus » par une Volonté implacable et immortelle, et que toutes les choses matérielles, y compris nous-mêmes, sont seulement les conséquences de cette Volonté, la vie de cette Volonté ne s'achève pas avec notre mort. La mort n'est donc pas un anéantissement total, mais la décomposition et la reconstruction d'êtres individuels dans des formes nouvelles.

C'est ce que Schopenhauer, rappelant les stoïciens et les taoïstes, nomme *palingenesis* (renaissance). Qui sait si votre stylo, votre veste ou les céréales de votre petit déjeuner ne contiennent pas quelques petits morceaux de Schopenhauer ou de quelque autre individu –

y compris sa détestable couturière ? En tout cas, Schopenhauer expérimenta lui-même la théorie de la « palingenesis » en quittant sa forme matérielle après avoir subi deux crises cardiaques et une infection pulmonaire. Le 21 septembre 1860, on le trouva mort, assis sur sa chaise.

Heinrich Heine
(1797-1856)

Par son esprit et par ses écrits, Heine s'est toujours montré plus proche de Diderot ou de Laurence Sterne que de ses contemporains allemands. Il observa un jour que s'il était donné à un poisson de dire comment il se sent dans l'eau, sa réponse serait : « Comme Heine à Paris. » Heine est évidemment mort dans la capitale française, probablement de la syphilis. Ses derniers mots furent : « Dieu me pardonnera. C'est son *métier.* »

Ludwig Feuerbach
(1804-1872)

Le jeune Karl Marx avait écrit pour lui-même la note suivante :

> *Il n'y a pas d'autre voie pour toi vers la vérité et la liberté, que celle qui traverse le ruisseau de feu [Feuerbach]. Feuerbach est le purgatoire du temps présent.*

On connaît Feuerbach aujourd'hui davantage comme le précurseur de Marx, mais à la fin des années 1830 et au cours de la décennie suivante, il était le plus lu et le plus controversé des philosophes allemands. Ses idées radicales lui interdisant d'enseigner à l'université, il vivait grâce aux actions que son épouse possédait dans une usine de porcelaine à Bruckberg. En 1859, l'entreprise ayant fait faillite, le philosophe et sa femme se retrouvèrent dans la gêne. Les sympathisants du nouveau parti social-démocrate allemand durent ainsi se cotiser pour payer les soins médicaux de Feuerbach après une attaque cardiaque dont il ne se remit jamais.

Alors qu'il se contente de nier la possibilité d'une immortalité individuelle dans ses *Pensées sur la mort et l'immortalité*, écrites à l'âge de vingt-six ans, Feuerbach radicalise par la suite sa critique du christianisme. Pour lui, cette religion est essentiellement l'élévation et l'objectivation d'un idéal de la perfection humaine sous une forme divine : la personne du Christ. Les êtres humains sont alors amenés à s'en éloigner. Lorsqu'ils s'agenouillent, les chrétiens ne rendent en réalité un culte à personne d'autre qu'à eux-mêmes, sous une forme idéalisée. Le remède philosophique consiste à surmonter l'aliénation, à démystifier le christianisme et à pousser les humains vers une véritable compréhension d'eux-mêmes. Pour Feuerbach, cela implique que la philosophie devient anthropologie, la science de l'humanité. Dans son journal de 1836, Feuerbach écrit :

> *Assez de lamentations sur la brièveté de la vie ! C'est une ruse de la déité que de faire ainsi incursion dans notre esprit et notre cœur en vue d'extraire le meilleur de notre sève pour le bénéfice des autres.*

Max Stirner, né Johann Kaspar Schmidt
(1806-1856)

Pour Stirner, Feuerbach n'est pas allé assez loin dans sa critique de la religion. Dans *L'Unique et sa propriété* (1845), ce passionnant classique de l'égotisme individualiste et anarchique, Stirner rejette tous les concepts religieux, ainsi que toutes les normes morales et toutes les conventions sociales.

> *Le divin est la cause de Dieu, l'humain la cause de « l'homme ». Ma cause n'est ni le divin ni l'humain, ni le Vrai, ni le Bon, ni le Juste, ni le Libre, etc. mais seulement le Mien ; elle n'est pas générale, mais... Unique, comme Je suis unique. Pour Moi, il n'est rien au-dessus de Moi !*

L'Unique et sa propriété reçut un accueil critique considérable ; sur plusieurs centaines de pages de *L'idéologie allemande*, Marx et Engels citent « Saint Max » ligne après ligne, ce qui témoigne de son influence.

Ce succès fut bref et Stirner connut une fin de vie lamentable. Ses derniers livres n'obtinrent aucune attention et sa seconde femme le quitta ; elle confiera plus tard que le philosophe était un homme sournois et déplaisant. Stirner sombra dans un grand dénuement et fit deux séjours en prison.

Le 25 juin 1856, un insecte volant vint le piquer au cou ; Stirner mourut un mois plus tard, emporté par une forte fièvre.

Les maîtres du soupçon et quelques Américains au-dessus de tout soupçon

Ralph Waldo Emerson
(1803-1882)

Emerson est le premier philosophe américain que nous rencontrons dans ce livre. Nietzsche, à qui il était difficile de plaire, était plein d'enthousiasme et d'admiration pour lui. Ce qui ne l'empêcha pas d'écrire à propos de son œuvre : « C'est de la philosophie allemande qui aurait beaucoup pris l'eau en traversant l'Atlantique. » Cela dit, Emerson reste trop peu lu en Europe et sa pensée philosophique n'est pas suffisamment prise au sérieux dans le reste du monde. Les Américains lisent bien quelques-uns de ses essais à l'université, mais c'est pour l'oublier aussitôt après ; ailleurs, le plus souvent, on ne prend même pas la peine de le feuilleter. Son style dense, compact et prophétique, ainsi que le caractère méditatif de sa prose, sont autant de traits distinctifs qui se révèlent à la lecture d'*Expérience* (1844), un essai qu'Emerson rédigea suite à la mort de son fils deux ans plus tôt. Mais, étonnement, cette disparition ne s'accompagne pas chez lui des lamentations rituelles propres à de si tragiques circonstances. Emerson écrit au contraire : « Cette calamité ne me touche pas… Quelque chose que je tenais pour être une partie de moi-même, qui, je le pensais, ne pourrait m'être arrachée sans me déchirer, se détache de moi sans laisser de cicatrice. » Emerson poursuit : « Ma douleur, c'est que la douleur ne saurait rien m'apprendre. » Il conclut, dans une profonde noirceur :

Rien ne nous reste à présent que la mort. Nous l'envisageons avec une sombre satisfaction – nous disant que voilà au moins une réalité qui ne nous échappera pas.

Emerson est confronté non pas au refus, mais à l'incapacité de porter le deuil. Devant la mort, à quoi sert la pensée ? Comme il l'écrit pour railler Hegel : « La vie n'est pas une dialectique. » Ce n'est qu'une « bulle, un scepticisme, un sommeil à l'intérieur d'un sommeil ».

Et cependant, tout n'est pas perdu. Le bonheur consiste à vivre « le plus grand nombre possible de belles heures », mais cela exige de faire de la patience une vertu.

Patience et patience, nous vaincrons à la fin […] Peu importe le ridicule, la défaite ; debout, vieux cœur ! – semble-t-il dire –, il y a encore une victoire pour toute justice.

Emerson est mort, avec patience, des suites d'une pneumonie.

Henry David Thoreau
(1817-1862)

Disciple d'Emerson, ses méditations sur la nature dans *Walden*, et ses écrits visant à protéger la conscience individuelle des injustices de l'État, viennent inscrire le romantisme et l'esprit de réforme au cœur du mouvement connu sous le nom de transcendantalisme de la Nouvelle-Angleterre.

Habitué des excursions nocturnes, Thoreau attrapa une mauvaise bronchite par une nuit humide alors qu'il comptait les cercles dessinés à l'intérieur des souches d'arbres. Sa santé déclina régulièrement au cours des trois années suivantes ; il aurait été parfaitement conscient de l'imminence de sa mort, l'acceptant avec calme.

Quand on lui demanda s'il était en paix avec Dieu, il répondit : « Je ne savais pas que nous nous étions querellés. » Thoreau est mort à l'âge de quarante-quatre ans. Au Sleepy Hollow Cemetery de la ville de Concord (Massachusetts), l'épitaphe de sa pierre tombale se résume en cinq lettres : « Henry. »

John Stuart Mill
(1806-1873)

La salle 26 de la National Portrait Gallery de Londres abrite un portrait de Mill peint quelques mois avant sa mort par G. F. Watts : l'homme est en pleine méditation, les yeux baissés, les lèvres scellées, le visage immobile à moitié plongé dans l'ombre, son front de titan teinté d'une noirceur presque funèbre.

Fort heureusement, la fin de Mill est moins sinistre. Le philosophe s'était retiré dans sa villa de Saint-Véran, à Avignon, où il vivait avec sa belle-fille Helen Taylor, dont il appréciait la compagnie depuis la mort de sa femme quinze ans plus tôt. Comme Rousseau à la fin de sa vie, Mill trouvait dans la botanique une source de plaisir extraordinaire. La nuit du samedi 3 mai, il attrapa froid après une promenade de vingt-cinq kilomètres. Son état empira et il mourut calmement en plein sommeil quatre jours plus tard.

Sa devise personnelle était tirée du *Sartor Resartus,* la satire merveilleusement spirituelle de Thomas Carlyle sur la philosophie allemande : « Travaille tant qu'il fait jour, car ensuite vient la nuit où nul ne peut œuvrer. » Avant de mourir, il aurait dit à Helen : « Tu sais que j'ai fait mon travail. » John Stuart Mill est enterré près de sa femme dans le cimetière de Saint-Véran.

Charles Darwin
(1809-1882)

Un an avant sa mort, Darwin publia un dernier livre intitulé *La Formation de la terre végétale par l'action des vers, avec des observations sur leurs habitudes (The Formation of Vegetable Mould, through the Actions of Worms, with Observations on Their Habits).* On a connu titre plus accrocheur, mais à la surprise de l'auteur et pour son plus grand bonheur, le livre reçut un accueil enthousiaste, ses ventes dépassant celles de *L'Origine des espèces*. Comme l'observe John Bowlby, Darwin, avec son attention aux petits détails, sa persévérance et la tournure d'esprit théorique qui caractérise tout son travail, nous a révélé à quel point la totalité de notre écosystème dépend de l'activité des plus humbles créatures terrestres. Il y a bien sûr quelque chose de poignant à le voir ainsi s'intéresser aux vers qui finiront par le dévorer sous terre. Darwin semblait attendre la mort avec une certaine impatience. À ses yeux, le cimetière situé près de sa maison de Downe, dans le Kent, était tout simplement «l'endroit le plus plaisant au monde». Au cours de la dernière année de sa vie, Darwin fut gagné par une fatigue croissante.

> *Je n'ai pas le courage à mon âge de me lancer dans une recherche longue de plusieurs années ; c'est pourtant la seule activité à laquelle je puisse trouver goût.*

La vie était devenue source d'ennui pour lui. Frappé un jour par une crise cardiaque, et victime d'angines de poitrines quasiment quotidiennes, il avouera : « Je n'ai nulle peur de la mort. » Bien qu'il en ait exprimé le souhait, Darwin n'eut pas le plaisir d'offrir sa dépouille aux vers du cimetière de Downe. Ce célèbre agnostique (néologisme forgé par Thomas Huxley pour décrire l'attitude de Darwin envers la croyance religieuse) fut enterré au cours d'une cérémonie ecclésiastique en grande pompe à l'abbaye de Westminster, tout près de la tombe d'Isaac Newton.

Søren Kierkegaard
(1813-1855)

Mis à part une longue période de constipation dont il eut du mal à se défaire, Kierkegaard jouit d'une bonne santé jusqu'à ce 2 octobre 1855, où il s'écroula dans une rue de Copenhague. Son état empira à l'hôpital Fredrik où il avait demandé à être admis. D'après sa nièce, il aurait fait savoir en entrant qu'il n'en sortirait pas vivant.

Kierkegaard mourut six semaines plus tard à l'âge de quarante-deux ans. La cause du décès n'est pas claire ; un diagnostic non confirmé évoque la tuberculose.

Il semble qu'épuisé par l'abondance de ses travaux littéraires, déprimé par la désolation de sa vie personnelle et par l'état du christianisme au Danemark, Kierkegaard ait tout simplement perdu la volonté de vivre. À son ami de toujours, Emil Boese, qui lui rappelait gentiment lors d'une visite à l'hôpital que sa vie s'était bien passée dans l'ensemble, Kierkegaard répondit : « C'est pourquoi je suis très heureux et très triste, car je ne peux partager mon bonheur avec personne. » Il poursuivit : « Je prie pour être libéré du désespoir au moment de ma mort. »

Cette remarque est significative et poignante dans la mesure où, six ans plus tôt, en 1849, Kierkegaard avait publié La *Maladie mortelle* sous le pseudonyme d'Anticlimacus. Cette maladie fatale, c'est le désespoir ; Kierkegaard y voit la conscience du péché. La foi, spécifiquement la foi dans le pardon de nos péchés par le Christ, est le seul remède qui puisse empêcher la maladie de nous conduire à la mort. Pour Kierkegaard, dans la foulée de saint Paul et de Luther, surmonter le désespoir exige de mourir au monde dans la foi du Christ, qui est la mort de la mort. La foi est l'opposé du péché, elle est cet état où le moi, qui veut être lui-même, « devient transparent et se repose en la puissance qui l'a établi ».

Malheureusement, le repos de Kierkegaard fut de courte durée. Hans Christian Andersen raconte le scandale qui eut lieu au *Kierkegaard* (cimetière en danois). Bien que connu pour ses tirades inlassables contre le christianisme dévoyé des pasteurs danois, le philosophe eut droit à un service religieux complet et à une oraison prononcée par son frère Peter, évêque d'Aalborg. Indigné par tant d'hypocrisie, Henrik Lund, le neveu du philosophe, protesta devant la tombe. Son discours ridiculisa le clergé, et en particulier l'évêque Peter, qui osait ainsi enterrer un homme ayant rompu tout lien avec ce que Henrik nommait « le christianisme ludique des pasteurs ».

Quelques années après la mort de Søren, Peter Kierkegaard démissionna de son épiscopat et renonça à son droit légal de gérer les affaires de son frère. Il mourut en 1888 dans un état de démence.

Karl Marx
(1818-1883)

Marx a manifestement entretenu une longue et douloureuse relation avec la maladie. Pendant l'écriture du *Capital* (1860-1866), il fut en proie à la souffrance comme en témoignent plusieurs de ses lettres, où il dresse la liste de ses maux : « Un abominable catarrhe, une inflammation des yeux, des vomissements biliaires, des rhumatismes, de vives douleurs au foie, des éternuements, vertiges, toux persistantes et de dangereux furoncles. » Marx explique que ses furoncles, source de « douleurs affreuses », couvraient tout son corps (qu'il appelait son « cadavre ») pendant certaines périodes. Ils étaient particulièrement virulents sur les parties génitales. Cela sans mentionner la pleurésie et la tumeur pulmonaire qui finirent par l'emporter.

Les dix dernières années de la vie de Marx furent donc marquées par la maladie et d'incessants voyages à la recherche de remèdes susceptibles de le guérir de ses maux. Il fit ainsi de longs séjours dans diverses villégiatures en Autriche, Allemagne, Suisse, France, Algérie et autres destinations moins exotiques : Ventnor (sur l'île de Wight), les îles Anglo-Normandes, Eastbourne et Ramsgate. Visiblement, la pluie suivait Marx partout où il se rendait, même à Alger et Monte-Carlo.

À la fin de sa vie, le philosophe se montrait de plus en plus irrité par la politique, et il était trop déprimé pour se lancer dans des travaux sérieux. En 1881, la mort de son épouse adorée, Jenny, puis la disparition de « Jennychen », son premier enfant (et sa préférée), deux mois avant sa propre disparition, furent autant de coups durs dont il ne se releva pas. Sa fin fut néanmoins paisible puisqu'il s'endormit du dernier sommeil, assis sur sa chaise. Comme le dit Engels au cours de son oraison funèbre, avec une certaine emphase :

> *Le 14 mars, à trois heures moins le quart dans l'après-midi, le plus grand penseur vivant a cessé de penser.*

Marx est enterré avec sa femme au cimetière de Highgate, au nord de Londres. Le tombeau, longtemps un lieu de pèlerinage, porte en lettres d'or la fameuse Onzième Thèse de Feuerbach :

> *Les philosophes n'ont fait qu'interpréter différemment le monde, il importe de le changer.*

En juillet 2005, les auditeurs de la BBC Radio Four désignèrent Marx comme le plus grand philosophe de l'histoire à une écrasante majorité.

William James
(1842-1910)

Figure du pragmatisme, empiriste, il fut l'un des fondateurs de la psychologie scientifique. Mais James nourrissait également une fascination pour la recherche parapsychologique et les expériences mystiques. Cet intérêt le poussa à essayer diverses drogues ; le philosophe affirmait par exemple qu'il ne pouvait comprendre Hegel que sous l'influence de l'oxyde d'azote.

Dans ses derniers essais, James développe la notion d'« expérience pure ». Rejetant l'idée de conscience, qui n'est pour lui qu'une fiction, James définit l'expérience pure comme une appréhension du présent tel qu'il est, sans considération de la démarcation entre passé et avenir, sujet et objet. Dans l'expérience pure, le présent est simplement là pour être vécu.

Sur des questions telles que l'immortalité de l'âme et l'existence de Dieu, James adopte une position agnostique. Dans ses *Varieties of Religious Experience*

(Les formes multiples de l'expérience religieuse. Essai de psychologie descriptive), le penseur se dit prêt à accepter la possibilité de « quelque chose de plus grand que nous, mais de même nature », où il serait possible de « trouver un refuge suprême quand l'être intérieur fait naufrage ». Pour quelqu'un qui a souffert dans sa jeunesse de ce qu'il appelait « anhédonie », c'est-à-dire de longues périodes de dépression, voire de bouffées suicidaires, la curiosité de James pour de tels domaines d'expérience n'est visiblement pas que théorique.

James mourut d'une hypertrophie cardiaque due à ses courses énergiques en montagne, son mode de détente favori. Peu de temps avant sa mort, fidèle à son énergie intellectuelle sans limite, il s'était lancé dans l'écriture d'une introduction à la philosophie. On lit dans les premières pages :

> *La philosophie commence dans l'étonnement, comme l'ont expliqué Platon et Aristote. En ce sens, elle est capable d'imaginer chaque chose pour différente de ce qu'elle est. Elle voit de l'étrange dans le familier, et du familier dans l'étrange.*

L'année de sa mort, James vint écouter une conférence de Freud dont c'était le premier séjour en Amérique. Le fondateur de la psychanalyse raconte que, bavardant avec James au cours d'une promenade, ce dernier lui tendit brusquement son sac et le pria de continuer sa marche jusqu'à ce qu'il se remette d'une soudaine attaque d'angine de poitrine. Freud poursuit :

> *Il est mort du cœur un an plus tard ; j'ai toujours espéré être aussi impavide que lui devant l'approche de la fin.*

James expira dans les bras de sa femme, Alice, tandis qu'elle le berçait comme un enfant dans leur maison de Chocorua (New Hampshire). Il avoua à sa femme qu'il était impatient de mourir, et lui demanda de se réjouir pour lui. Dans son journal, Alice note: « William est mort dans mes bras juste avant 2 h 30... Aucune douleur au dernier moment, aucune conscience. » Son fils Billy photographia le cadavre de son père, allongé sur des draps blancs froissés recouvrant le lit en fer, et moula un masque mortuaire sur son visage.

Le romancier Henry James, frère de William, mourut six ans plus tard, en 1916. Pour sa beauté et sa sincérité, j'aimerais citer le témoignage qu'Edith Wharton a écrit sur la fin d'Henry James dans son autobiographie, *Les chemins parcourus*:

> *Sa mort fut lente et poignante. L'attaque finale avait été précédée d'une ou deux autres qui avaient causé une diminution de ses facultés juste assez prononcée pour que l'esprit toujours conscient l'enregistre ; le sentiment de déchéance devait être tragiquement exacerbé chez un homme comme James qui y avait si souvent et si profondément réfléchi et en avait intensément guetté les premiers symptômes. Il aurait dit à son amie de longue date, Lady Prothero, quand elle lui rendit visite après sa première attaque, que quand il était tombé (il était alors en train de s'habiller), il avait entendu dans la pièce une voix qui n'était visiblement pas la sienne, dire : « Alors, la voici enfin, cette chose distinguée ! » La phrase est trop magnifiquement caractéristique pour ne pas être authentique. Il vit la chose distinguée s'approcher, il lui fit face et l'accueillit avec des mots à la hauteur de son attitude envers la vie.*

Friedrich Nietzsche
(1844-1900)

On a beaucoup écrit – peut-être beaucoup trop – sur l'effondrement mental de Nietzsche le 3 janvier 1889 à Turin, sa « folie » et sa mort, onze ans plus tard. Les spéculations sur la démence de Nietzsche sont liées en bonne partie au rôle de sa sœur, Élisabeth Förster-Nietzsche. On sait qu'elle avait quitté un temps l'Allemagne pour tenter de fonder au Paraguay une colonie d'Aryens, *Nueva Germania*. (Son mari se suicida en 1889 et la colonie s'écroula financièrement.)

Antisémite forcenée, Élisabeth n'était certainement pas une personne agréable ; le rôle qu'elle a joué dans la publication et les distorsions de l'œuvre de Nietzsche, comme dans l'occultation du passé médical de son frère, est révélateur. Elle prétendit toute sa vie que la folie de son frère avait été la conséquence d'un épuisement mental dû à un labeur intellectuel excessif, et elle refusa toujours d'admettre que Nietzsche avait attrapé la syphilis dans un bordel de Cologne en 1865, quand il était étudiant (il fut traité pour son infection à Leipzig en 1867). Pourtant, l'état de santé de Nietzsche présentait tous les signes distinctifs de la syphilis, depuis les premiers symptômes invalidants observés en 1871 jusqu'à l'effondrement survenu en 1889 (la syphilis tertiaire était le sida de la fin du XIXe siècle).

La seule particularité médicale dans le cas de Nietzsche, c'est le laps de temps qui s'écoula entre son effondrement et sa mort. (À ce propos, Richard Wagner pensait plutôt que la maladie de Nietzsche était directement liée à son goût prononcé pour la masturbation ; le grand compositeur se fit d'ailleurs une joie de communiquer son diagnostic au médecin du philosophe).

Après son retour en Allemagne, Nietzsche fut confié aux soins d'Otto Binswanger, l'oncle du fameux psychologue existentiel Ludwig Binswanger qui allait être profondément influencé par Heidegger. Médecin remarquablement attentionné, Otto Binswanger se plongea dans l'œuvre de son patient pour mieux le comprendre (les écrits philosophiques de Nietzsche n'étaient pourtant pratiquement pas reconnus à l'époque). Son diagnostic, rédigé en langage diplomatique, fit mention d'une « paralysie progressive ». Le dossier médical du philosophe contenait quelques vilains détails. Il semble que Nietzsche eût été coprophage, goûtant à ses excréments et à son urine.

En une occasion, le malade et le médecin eurent un échange poignant au cours duquel Nietzsche demanda, un triste sourire en coin : « S'il vous plaît, redonnez-moi un peu de santé. »

Élisabeth était si préoccupée de cacher la vilaine vérité sur son frère qu'elle organisa le vol de son dossier médical, dont le contenu ne fut connu qu'après sa mort en 1935 (Hitler assista à l'enterrement de la sœur du philosophe).

Ce qu'on sous-estime souvent, me semble-t-il, dans les pages les plus « folles » de Nietzsche, c'est son ironie et son autodérision. Doit-on prendre au sérieux le titre de sa pseudo-autobiographie, *Ecce Homo,* directement inspiré de la formule que lança Ponce Pilate au Christ flagellé et humilié ? N'y a-t-il pas le moindre humour dans les titres des chapitres : « Pourquoi je suis si sage », « Pourquoi je suis si avisé »,

« Pourquoi j'écris de si bons livres » et « Pourquoi je suis un destin » ? Quand Nietzsche écrit : « On paie cher d'être immortel : pour cela il faut mourir plusieurs fois de son vivant », n'a-t-on pas le droit de sourire juste un peu ?

Voici ce qu'écrivait Nietzsche dans sa lettre du 6 janvier 1889 à l'attention de l'historien Jakob Burckhardt – lettre qui poussa son ami et ancien collègue Franz Overbeck, résidant à Bâle, à venir le récupérer à Turin :

Cher Professeur, je préférerais de loin être professeur à Bâle plutôt que Dieu, mais je n'ai pas osé pousser si loin mon égoïsme privé au point que, pour lui, je me dispense de créer le monde.

On pourrait considérer que Nietzsche envisageait dans les mêmes termes son rapport avec le christianisme. *Ecce Homo* s'achève sur ces mots apparemment dramatiques : « M'a-t-on compris ? – *Dionysos contre le Crucifié ?* » La longue guerre de Nietzsche contre le christianisme ne devrait pas pousser les tenants de cette religion à voir en lui une sorte d'apostat satanique. Le philosophe fit d'ailleurs remarquer : « Les chrétiens les plus sérieux ont toujours été bien disposés à mon égard. » L'actuel archevêque de Cantorbéry, Rowan Williams (un chrétien très sérieux), en est la meilleure illustration ; lisons les dernières lignes du poème qu'il a consacré à la « folie » et la mort de Nietzsche :

La nuit il rugissait ; le jour, ma voix n'est pas
Agréable, murmurait-il. Blanc,
Bouffi, son crâne l'emportait comme une pierre au
fond de l'eau,

Son souffle, à la fin, résonnait tel un bruit
De pas sur du verre brisé.

Comme le disait Nietzsche avec ironie : « Certains naissent posthumes. »

Sigmund Freud
(1856-1939)

Dans une lettre écrite la dernière année de sa vie, Freud parle d'une rechute de ce « cher vieux cancer » avec lequel « j'ai partagé seize ans de mon existence ». Entre avril 1923 et 1939, Freud subit trente-deux ou trente-trois opérations de la bouche, des mâchoires et du palais. L'origine de sa maladie ? Sa passion pour les cigares : il en fumait jusqu'à vingt par jour ; il ne put jamais y renoncer, incapable de réfléchir ou d'écrire sans fumer.

Freud vivait alors dans la douleur perpétuelle, mais avait limité son usage des médicaments à quelques prises d'aspirine, du moins jusqu'à la phase terminale de son cancer. Dans un message à Stefan Zweig, qui prononcerait un discours à son enterrement, il écrit : « Je préfère penser dans la douleur que de n'être pas en mesure de penser clairement. » Au cours de ses derniers mois, Freud développa une tumeur cancéreuse de la joue si nauséabonde que son chien préféré, un chow-chow (et Freud avait une affection exceptionnelle pour les chiens) refusait de rester à côté de lui, se réfugiant dans un coin de la pièce. Lorsque la tumeur eut dévoré sa joue et atrophié son corps qu'il ne pouvait plus nourrir, Freud annonça à Max Schur, son médecin en qui il avait toute confiance :

> *Mon cher Schur, vous vous souvenez de notre première conversation. Vous m'aviez promis alors de m'aider lorsque je n'en pourrai plus. Ce n'est plus à présent qu'une torture et cela n'a plus de sens.*

Schur lui donna de la morphine et Freud s'enfonça paisiblement dans le sommeil. Le lendemain, il était mort.

Freud, qui avait un tempérament assez morbide, disait penser à la mort chaque jour. Il avait aussi l'habitude troublante de dire à ses amis en les quittant : « Au revoir, peut-être ne me reverrez-vous plus jamais. » Sans entrer dans des débats sur la pulsion de mort dont Freud prétend – et il doit en cela beaucoup à Schopenhauer – qu'elle est la lutte obstinée de l'humanité tendant vers l'état d'inertie et la cessation de toute activité, il ne fait guère de doute que Freud avait un désir de mort. Après un évanouissement à Munich en 1912, ses premiers mots en reprenant conscience furent : « Comme cela doit être doux de mourir. »

Pour autant, Freud fit face à ses souffrances physiques en refusant de s'apitoyer sur lui-même. Il accepta totalement la réalité, sans se plaindre ou s'irriter, résigné à son sort. Beaucoup plus proche en cela d'Épicure ou de Montaigne que de Schopenhauer, il ne chercha en aucune manière à célébrer ou fuir la souffrance. On ne trouve chez lui que cette acceptation lucide de la réalité et de la douleur qui l'accompagne. Comme l'expliqua Ernest Jones dans son discours funèbre au crématoire de Golders Green, au nord de

Londres, quelques semaines après le début de la Seconde Guerre mondiale :

> *Si jamais on peut dire d'un homme qu'il a conquis la mort elle-même et qu'il a survécu en dépit du Roi des Ténèbres qui, à lui, n'inspirait aucune crainte, cet homme est Freud.*

Henri Bergson
(1859-1941)

Bergson a connu une fin philosophique authentiquement héroïque. Selon les lois raciales du gouvernement collaborationniste de Vichy, les juifs devaient se déclarer aux autorités. Bergson, que sa réputation exemptait d'une telle mesure, choisit de faire la queue le 3 janvier 1941 avec d'autres juifs ; le refroidissement qu'il attrapa pendant cette attente lui fut fatal. Bien que le christianisme l'attirât spirituellement, Bergson avait refusé de se convertir. Comme il l'expliquait :

> *Je me serais converti si je n'avais vu se préparer depuis des années [...] la formidable vague d'antisémitisme qui va déferler sur le monde. J'ai voulu rester parmi ceux qui seront demain des persécutés.*

Bergson fut énormément lu et exerça une grande influence tout au long de sa carrière de philosophe ; son œuvre lui a valu toutes les distinctions littéraires et universitaires imaginables. Sa renommée était telle qu'on parlait en France, après la parution de *L'Évolution créatrice*, du « choc Bergson ». En 1913, sa conférence inaugurale aux États-Unis déclencha le premier embouteillage automobile signalé sur Broadway, à Manhattan ; en 1928, il fut le premier des très rares philosophes à recevoir le prix Nobel de littérature. Après sa mort, Bergson a quelque peu disparu de la scène philosophique ; le récent regain d'intérêt pour son œuvre est dû largement au travail de Gilles Deleuze.

John Dewey
(1859-1952)

Dewey est une figure de la philosophie contemporaine injustement dépréciée. Deux facteurs ont favorisé l'éclipse de l'œuvre considérable qu'il rédigea au cours de sa vie : l'émergence, dans les années 1950, d'un courant de plus en plus scientifique au sein de la philosophie anglo-américaine, et en contrepoint l'essor, à la même période, d'un courant phénoménologique et marxiste dans la pensée européenne.

L'œuvre de Dewey n'appartient à aucune des deux tendances, bien qu'elle recoupe les préoccupations de l'une et de l'autre. Elle s'ouvre à l'influence de la pensée européenne, à Hegel en particulier, mais Dewey s'intéressa aussi beaucoup à la logique et à la philosophie des sciences, notamment à l'influence du darwinisme sur la philosophie. Les débats philosophiques contemporains sur la question du pluralisme sont aujourd'hui nombreux et parfois prétentieux. Dewey fut le premier à s'y intéresser, il y a longtemps.

La philosophie a toujours eu une réaction allergique à la démocratie, depuis Platon ridiculisant une politique fondée non sur le savoir mais sur l'opinion, jusqu'à Nietzsche tournant en dérision l'égalitarisme. Ce que Dewey démontre, c'est que la philosophie peut contribuer à la vie démocratique. Les philosophes ne sont pour lui ni des rois (comme chez Platon), ni au contraire des « ouvriers subalternes » ou des gardiens du temple de la science (comme chez Locke). Chez Dewey, tout tourne autour de la relation entre démocratie et éducation. Il estime que l'éducation est le développement dynamique et continu – ce qu'il appelle « reconstruction » – de la vie démocratique ; la société ne peut pas se transformer sans accorder une attention scrupuleuse à la pédagogie. Apprendre est plus important que savoir. Dewey, qui définissait la philosophie comme une « théorie générale de l'éducation », développa ses idées à la toute nouvelle université de Chicago à partir de 1894, et plus tard à Columbia University, à New York.

Il est mort d'une pneumonie après s'être fracturé la hanche en 1951 – blessure dont il ne se remit jamais.

LE LONG XXe SIÈCLE - I : LA PHILOSOPHIE EN TEMPS DE GUERRE

Edmund Husserl
(1859-1938)

Malgré sa conversion au protestantisme luthérien dans sa jeunesse, Husserl fut exclu de l'université de Fribourg du fait de ses origines juives après l'arrivée au pouvoir d'Hitler en 1933. Heidegger, autrefois élève et son successeur à la chaire de philosophie de l'université, fit preuve d'un comportement particulièrement honteux, allant jusqu'à refuser l'accès de la bibliothèque à son ancien maître.

En 1935 et 1936, alors que les lumières s'éteignaient partout en Europe, Husserl, alors âgé, se rendit à Vienne et à Prague pour y donner des conférences ; son dernier livre, *La crise des sciences européennes et la phénoménologie transcendantale*, devait être l'occasion de développer plus avant ses thèses, mais il resta inachevé. Pour Husserl, la philosophie est la liberté de l'autoresponsabilité absolue et les philosophes sont les « fonctionnaires de l'humanité ». Le philosophe a le devoir de résister à « l'hostilité à l'esprit et à la barbarie » ; il doit, par « un héroïsme de la raison », donner une nouvelle vie à la philosophie. En une époque de crise, hier comme aujourd'hui, la lassitude, le refus de poursuivre la bataille philosophique de la raison contre la barbarie sont les plus grands dangers qui menacent les « bons Européens ».

Selon Ludwig Landgrebe, son ancien assistant et dévoué disciple, Husserl ne formula qu'un seul souhait quand il se sut condamné par la maladie : être capable de mourir dignement, à la manière d'un philosophe. Refusant l'aide de l'église, il demanda à être incinéré pour que sa tombe ne soit pas profanée par les nazis et déclara : « J'ai vécu en philosophe, je veux mourir en philosophe. »

George Santayana
(1863-1952)

Après la mort de sa mère en 1912, Santayana – déjà célèbre et respecté – démissionna de son poste à Harvard pour s'installer définitivement à Rome, sa ville d'adoption. Il y vivait comme un moine dans un couvent au-delà de la colline du Capitole, mais ne se convertit jamais au catholicisme. Quand un de ses amis lui demanda un jour pourquoi il était resté célibataire, il lui fit cette réponse : « Je ne sais pas si je dois me marier ou acheter un chien. » Son directeur de conscience, Daniel Cory, qui était aussi son ancien assistant, nous donne un aperçu du quotidien de Santayana à la fin de sa vie :

Nous allions déjeuner dans un restaurant voisin sauf s'il tombait des cordes, et il commandait toujours un plat particulièrement riche et un dolce élaboré pour achever son festin. Et il buvait trois verres de vin – presque un mezzo litro. (Son habitude de répandre ses fonds de verre sur son gâteau m'a toujours surpris.)

Comme si son hédonisme immodéré ne suffisait pas pour choquer les puritains américains, Santayana affichait des idées non partisanes en matière de politique. Des soldats américains retrouvèrent sa trace à Rome en 1944 au moment de la libération de l'Italie, et le magazine *Life* lui consacra un article. Interrogé à propos de la Seconde Guerre mondiale, le philosophe fit cette réponse : « Je ne sais rien, je vis dans l'Éternel. » Santayana ne se montrait guère patient envers ce qui n'est pas source de plaisir. Si nous acceptons l'idée que l'esprit est ancré dans la chair, alors, comme il l'écrit dans une lettre,

la solution serait une sorte d'épicurisme, c'est-à-dire le plaisir de la vie d'instant en instant, dans toute sa pureté, au-delà de l'inquiétude et du regret.

Santayana compta parmi ses étudiants à Harvard des poètes aussi importants que Robert Frost, T. S. Eliot et Wallace Stevens, dont la poésie sera influencée par l'œuvre du philosophe. La mort de Santayana inspira à Stevens l'un de ses derniers poèmes intitulé « Pour un vieux philosophe à Rome », dans lequel son maître nous est dépeint « sur le seuil du paradis ». L'identification de Stevens, proche de sa fin, avec le philosophe mort, est évidente ; il écrit avec chaleur, mais non sans ambivalence :

Votre sommeil dans les profondeurs de l'insomnie,
Dans la chaleur de votre lit, sur le bord de votre
chaise, plein de vie
Et cependant vivant dans deux mondes, impénitent
dans l'un, vous repentant dans l'autre,
Attendant impatiemment la grandeur dont vous avez
besoin.

Santayana est mort des suites d'un douloureux combat avec le cancer. Deux jours avant sa fin, Daniel Cory lui demanda s'il souffrait et il répondit: « Oui, mon ami. Mais mon supplice n'est que physique ; je n'éprouve aucune forme de souffrance morale. »

Santayana n'est pas le seul philosophe à avoir choisi de mourir dans la Ville éternelle. Atteint d'un cancer en phase terminale, Bernard Williams mit lui aussi fin à ses jours à Rome en 2003.

Benedetto Croce
(1866-1952)

Croce, le philosophe italien le plus important de la première moitié du XXe siècle, et un symbole de l'opposition au fascisme de Mussolini, perdit ses parents après le tremblement de terre de Casamicciola, en 1883. Il décida alors de consacrer sa vie entière au travail. Peu avant sa mort, à l'âge de quatre-vingt-six ans, comme on lui demandait des nouvelles de sa santé, il répondit avec à propos : « Je me meurs à la tâche. »

Giovanni Gentile
(1875-1944)

Bien que Croce et Gentile aient été amis quand ils dirigeaient ensemble la très influente revue *Critica* entre 1903 et 1922, les deux hommes eurent un désaccord définitif suite au ralliement de Gentile à l'extrême droite. Gentile, qui s'était lui-même décrit comme le « philosophe du fascisme », fut ministre de l'Éducation et occupa plusieurs postes politiques importants dans les années 1920 et 1930. Le 15 avril 1944, après la libération de l'Italie, il fut assassiné par des partisans dans la banlieue de Florence, probablement sur ordre du Parti communiste italien.

Antonio Gramsci
(1891-1937)

Voici le plus grand philosophe communiste de l'histoire de l'Italie – et du monde entier, pourrait-on même avancer. Elu député au parlement en 1924, Gramsci fut emprisonné en 1926 par les fascistes, malgré l'immunité parlementaire dont il jouissait. Amené à comparaître devant un tribunal spécial en 1928, il fut condamné à vingt ans et huit mois de prison. (L'avocat général aurait dit : « Nous devons empêcher ce cerveau de fonctionner pendant vingt ans. »)

Malgré sa très mauvaise santé et la promiscuité de la cellule qu'il dut partager un temps avec cinq autres prisonniers, Gramsci prit soin de ne pas laisser son cerveau se ramollir et il s'attela à l'écriture de ses *Carnets de prison* ; publiés à titre posthume, ces carnets offrent une critique et une reconstruction importantes des concepts fondamentaux du marxisme. Gramsci décrit sa position comme une « philosophie de la praxis », impliquant l'unité de la réflexion théorique et de la pratique, comme on l'a vu précédemment dans la onzième thèse de Marx sur Feuerbach.

Entre les mains de Gramsci, le marxisme ne se réduit pas à une sorte de déterminisme historique sommé d'expliquer tous les aspects de la vie en fonction de leurs causes économiques. Il s'élargit, englobant les sphères de la politique, de l'idéologie, de la religion et de la culture au sens large.

Gramsci fut officiellement libre en 1937, mais la prison avait détruit sa santé et il fut incapable de reprendre le dessus. Le 27 avril, quelques jours après sa libération, il mourut à la suite d'une hémorragie cérébrale.

Bertrand Russell
(1872-1970)

Le premier livre relié que je me souviens d'avoir acheté était l'édition originale de *Why I am Not a Christian* (1957) (« Pourquoi je ne suis pas chrétien », dans *Le mariage et la morale*). Sur la quatrième de couverture, bleue et un peu défraîchie, les mots de Russell semblaient répondre à Épicure et à Lucrèce :

> *Je pense que la mort m'offrira à la pourriture et que rien ne survivra de mon moi. Je ne suis plus très jeune et j'aime la vie. Mais trembler de terreur à l'idée d'être anéanti serait pour moi chose des plus méprisables. Tout bonheur connaît une fin mais n'en reste pas moins authentique ; de même que la pensée et*

l'amour, pour limitée que soit leur durée, conservent de la valeur.

Par conséquent, toute conception de l'immortalité de l'âme est profondément pernicieuse, d'abord parce qu'elle n'est pas fondée en vérité, et ensuite parce qu'elle vient ruiner la possibilité même du bonheur, qui est acceptation de notre finitude. En ce sens, Russell estimait que les grandes religions sont à la fois fallacieuses et moralement préjudiciables. Le monde que nous habitons n'est pas la réalisation d'un plan divin, mais plutôt un mélange de désordre et de hasard. Le monde n'a pas besoin d'un dogme religieux, mais d'une approche scientifique qui donne un peu de sens à ce désordre et à ce hasard.

Veillé par sa quatrième épouse, Edith, Russell est mort des suites d'une bronchite aigue. Conformément à sa demande, il n'y eut aucun service funéraire ; le philosophe avait par ailleurs demandé à ce que le lieu de sa crémation ne soit pas rendu public, et qu'aucune musique ne soit jouée pour l'occasion. Ses cendres furent dispersées dans les collines du pays de Galles. Voici ce que sa petite-fille Lucy écrivit à l'attention de la seconde épouse du disparu, qu'on savait en proie au ressentiment : « Si des fantômes nous hantent toujours, enterrons-les avec nos enfances, au milieu des montagnes magnifiques. » Comme l'a montré Ray Monk, le biographe de Russell, la vie du philosophe était cernée par les fantômes de la folie, et ces fantômes lui ont survécu.

À sa mort, Russell laissait deux ex-épouses exaspérées, un fils schizophrène et trois petites-filles qui se sentaient hantées par les « fantômes des fous », comme Russell décrivait sa famille en 1893.

Cinq ans après la mort de son grand-père, Lucy prit un car pour St. Buryan, en Cornouaille, en descendit et s'inonda de paraffine pour s'immoler par le feu, tel un moine bouddhiste luttant contre l'occupation américaine au Viêt Nam. Devant l'intensité de la douleur, elle courut en hurlant jusqu'à la boutique d'un forgeron où on l'enveloppa dans des couvertures et des sacs afin d'éteindre les flammes. Lucy perdit conscience et mourut avant d'atteindre l'hôpital.

Moritz Schlick
(1882-1936)

L'histoire de la philosophie est jalonnée de hasards plus ou moins heureux. Moritz Schlick eut la chance d'occuper la chaire de philosophie à l'université de Vienne en 1921, l'année même où un jeune philosophe viennois, Ludwig Wittgenstein, publiait son *Tractacus Logico-Philosophicus*, un livre court et difficile.

Schlick devint la figure de proue d'un groupe intellectuel extrêmement important qui se fit connaître en 1929 comme le Cercle de Vienne. En gros et en bref, les tenants du positivisme logique viennois avançaient que toute vérité est soit logiquement valide, soit empiriquement vérifiable. Dans ce cadre, la métaphysique pouvait être éliminée de la philosophie. Le Cercle s'est disloqué après que Schlick eut été assassiné sur les marches de l'université par un étudiant déséquilibré mental. À cette époque, l'Autriche dérivait vers l'*Anschluss*, son rattachement à l'Allemagne, et les membres du Cercle s'exilaient les uns après les autres en Angleterre et aux États-Unis, où ils auront par la suite une influence marquante sur le développement de la philosophie.

On sait que l'étudiant qui agressa Schlick s'inscrivit au parti nazi après le meurtre, mais son acte semble avoir été la conséquence d'une animosité personnelle. Schlick avait refusé d'accorder au jeune homme sa thèse de doctorat, et ce dernier le harcela pendant des semaines. Quand le philosophe et sa femme se rendaient au cinéma, il s'installait sur la rangée immédiatement devant eux et, se tournant sur son siège, dévisageait Schlick pendant toute la durée du film. Des élèves et des amis du philosophe conseillèrent à Schlick d'alerter la police, mais en libéral convaincu, il refusa de faire intervenir la force publique.

Dans un article pour la *Philosophical Review* paru l'année de sa mort, Schlick écrivait :

> *Je peux facilement imaginer mes funérailles, car rien n'est plus simple que de concevoir un monde dont la différence avec mon univers quotidien tiendrait uniquement à l'absence des parties de mon corps.*

On ne sait si Schlick a vérifié empiriquement son hypothèse.

György Lukács
(1885-1971)

Rentré dans les bonnes grâces du régime hongrois depuis les années 1960, Lukács fut enterré à Budapest avec les honneurs du parti communiste. Il avait pourtant échappé de peu à la mort en 1956, alors qu'il était ministre de la Culture dans le gouvernement d'Imre Nagy. Une histoire sombre et amusante entoure cet épisode.

Lukács n'était pas un grand admirateur de Franz Kafka, qu'il tenait pour un « idéaliste » et un mauvais exemple de modernité esthétique décadente. Partisan d'un réalisme esthétique, il rejetait le monde kafkaïen de l'*Angst* et de l'aliénation où des individus isolés sont arrêtés pour des crimes inconnus, soumis à des procès absurdes et condamnés sans raison.

Après l'entrée des tanks soviétiques à Budapest pour écraser le soulèvement hongrois, Nagy fut exécuté, Lukács et d'autres membres du gouvernement arrêtés et jetés dans un camion militaire. Le camion s'enfonça dans l'obscurité de la campagne et roula vers ce lieu où le philosophe et les autres hommes avaient tous rendez-vous avec un destin inconnu, probablement funeste.

Lukács se retrouva dans un grand château en Transylvanie, sans qu'on lui dise s'il serait libéré ou resterait emprisonné, ni pour combien de temps. L'histoire veut qu'il se soit tourné vers un autre ministre détenu et lui ait dit : « Finalement, Kafka était bien un réaliste. »

La beauté froide de cette plaisanterie vient de ce que, dans cette situation périlleuse, Lukács ironise sur lui-même. Il se trouve ridicule parce que la réalité a produit une situation qui contredit directement son jugement esthétique, ce qu'il admet volontiers. Comme on le sait, le véritable humour consiste à rire de soi.

Franz Rosenzweig
(1886-1929)

En 1919, Lukács avait fait l'expérience quasiment religieuse d'une conversion au bolchevisme et participé au bref gouvernement de Béla Kun en Hongrie. Six ans plus tôt, Rosenzweig avait lui connu une conversion très différente. Dans la nuit du 7 juillet 1913, au cours d'une conversation passionnée avec son ami Rosenstock, il décida de se convertir au christianisme. Toutefois, Rosenzweig déclara qu'il ne pouvait « devenir chrétien qu'en tant que juif » et qu'il se rendrait à la synagogue de Berlin jusqu'à son baptême. Le 11 octobre, au cours du service du Yom Kippour, Rosenzweig traversa une nouvelle expérience religieuse qui le poussa à s'engager derechef dans le judaïsme. On ne connaît pas la nature exacte de cette expérience, mais il expliquera des années plus tard qu'il se serait abandonné lui-même s'il était devenu chrétien. « La vie du Juif (...) », a-t-il écrit,

> *ne doit précisément pas le mener hors de lui-même ; le Juif doit au contraire vivre sa voie encore plus profondément en lui-même.*

Après avoir servi pendant la Première Guerre mondiale dans une unité anti-aérienne de l'armée allemande sur le front des Balkans, Rosenzweig commença à écrire son chef-d'œuvre, *L'Étoile de la rédemption*, sur des cartes postales de l'armée (rappelons que Ludwig Wittgenstein rédigea de son côté la première mouture du *Tractatus Logico-Philosophicus* sur les fronts russe et italien en 1917-1918).

Reniant violemment son attachement à Hegel, Rosenzweig commence ainsi *L'Étoile de la rédemption* :

> *La philosophie entreprend de rejeter la peur du terrestre et d'enlever à la mort son dard venimeux.*

De la tentative de Thalès pour saisir le principe derrière l'unité de l'univers (« tout est eau ») à l'idée hégélienne de connaissance absolue, la philosophie a voulu appréhender l'unité et par conséquent nier la réalité singulière de la mort. Pour le philosophe, la mort n'est rien parce que nous pouvons saisir la réalité dans sa totalité. De sorte que pour Rosenzweig, la philosophie en tant que telle est un désaveu de la mort ; elle « se bouche les oreilles devant le cri de l'humanité angoissée ». Rosenzweig explique au contraire que nous devons apprendre à marcher humblement avec Dieu et regarder toute chose du point de vue de la rédemption. « La vie devient éternelle, dans la louange éternelle de la rédemption » écrit-il. Ainsi seulement pouvons-nous marcher « DANS LA VIE », comme l'indiquent les derniers mots de *L'Étoile de la rédemption.* En 1922, Rosenzweig se vit diagnostiquer une sclérose latérale amyotrophique (la même maladie dégénérative qui affecte aujourd'hui Stephen Hawking). Pendant ses dernières années, son seul mode de communication avec sa femme consistait à la laisser réciter les lettres de l'alphabet jusqu'à ce qu'il lui fasse signe d'arrêter et qu'elle devine le mot voulu. Les derniers mots de Rosenzweig, laborieusement écrits, forment une phrase inachevée :

> *Et maintenant voilà la plus importante des idées, qui me fut révélée dans mon sommeil par le Seigneur, d'après laquelle il...*

Apparemment, le philosophe fut interrompu par la visite du docteur. Rosenzweig s'éteignit la nuit suivante.

Ludwig Wittgenstein
(1889-1951)

L'ignorance de Wittgenstein sur des pans entiers de l'histoire de la philosophie est devenue légendaire. Elle a malheureusement autorisé la même ignorance chez nombre de ses disciples qui ne jouissaient pourtant pas de son intelligence supérieure. Nous trouvons dans le *Tractacus Logico-Philosophicus* un écho peut-être involontaire de la vision épicurienne de la mort :

> *La mort n'est pas un événement de la vie. On ne vit pas la mort. Si l'on entend par éternité non pas la durée infinie mais l'intemporalité, alors celui qui vit dans le présent a la vie éternelle. Notre vie n'a pas de fin, de la même façon que notre champ de vision n'a pas de limite.*

Dans la proposition suivante, Wittgenstein ajoute, un peu plus proche de Lucrèce : « Quelle énigme serait résolue par ma survie éternelle ? »

Quelques jours avant sa mort, juste après son soixante-deuxième anniversaire, Wittgenstein amplifia cette remarque dans un commentaire à son ami Maurice Drury :

> *N'est-il pas curieux, sachant que je n'ai pas longtemps à vivre, que je ne pense jamais à une « vie future » ? Toute mon attention se porte sur cette vie présente et sur le travail que je suis encore capable d'accomplir.*

Wittgenstein écrivit de la philosophie jusqu'à la fin de sa vie, éprouvant un sentiment d'éternité qui ne se laissait pas troubler par la perspective de l'anéantissement ou la vie après la mort. Il semble qu'il ait accueilli le diagnostic de son cancer en phase terminale avec un certain soulagement. Logé chez le docteur Bevan et sa femme, il expliqua à cette dernière : « Maintenant, je vais travailler comme jamais auparavant. » Durant les deux mois qui lui restaient à vivre, Wittgenstein rédigea l'intégralité de la seconde partie du manuscrit publié ultérieurement sous le titre *De la certitude.* Le dernier fragment du livre date du 27 avril, veille de sa mort.

On raconte que Wittgenstein était allé rendre visite au philosophe G. E. Moore en 1944. Ce dernier avait été victime d'une attaque cérébrale lors d'un voyage aux États-Unis et recevait régulièrement des hôtes, mais sa femme veillait à ce que les visites n'excèdent pas une heure et demie, suivant en cela les recommandations des médecins. Wittgenstein fut le seul à protester contre cette mesure qui, à ses yeux, condamnait la discussion à une conclusion artificielle. De plus, avança-t-il, disparaître ainsi en plein échange serait pour son ami une manière très convenable de mourir à la tâche, « with his boots on ».

Wittgenstein est mort *with his boots on.* Le philosophe s'était lié d'amitié avec Mme Bevan et la retrouvait chaque soir au pub à dix-huit heures. Mme Bevan avait pour habitude de boire du porto ; Wittgenstein, lui, vidait son verre dans un pot de fleur. Le jour de son anniversaire, Mme Bevan lui offrit une couverture électrique et lui dit, selon la formule consacrée : « Many happy returns ». Wittgenstein répondit en la regardant fixement : « There will be no returns. » (« Il n'y aura pas d'autres anniversaires ».)

Mme Bevan le veilla pendant sa dernière nuit ; quand elle lui annonça que ses amis lui rendraient visite le lendemain, il répondit : « Dites-leur que j'ai eu une vie merveilleuse. »

Étrangement, Wittgenstein eut droit à des funérailles catholiques dans la ville de Cambridge. Le philosophe n'était pas catholique, mais Ray Monk affirme qu'il mena une vie sincèrement religieuse. Sa vie et sa mort évoquent celles d'un saint de notre temps. Une vie définie par l'austérité, la frugalité, les tourments intérieurs, une relation à la sexualité profondément troublée et une sincérité éthique extrême.

Martin Heidegger
(1889-1976)

Pendant la Première Guerre mondiale, Wittgenstein se mit délibérément dans des situations dangereuses. C'est avec joie qu'il accueillit son affectation dans une unité combattante sur le front russe et qu'il se porta volontaire pour occuper le poste d'observateur, position la plus risquée. Ayant fait preuve d'un courage remarquable dans les combats, il fut rapidement promu. Mais après un incident dans les Carpates avec des soldats russes, il écrit :

> *Hier, on m'a tiré dessus. J'étais effrayé ! J'avais peur de la mort. J'ai tellement envie de vivre maintenant.*

Par comparaison, Heidegger ne servit durant la dernière année de guerre que dans une unité météorologique, d'abord à Berlin, puis sur la Marne. La plus dangereuse de ses missions consistait à prévoir le temps. Cependant, comme Lukács et Rosenzweig, la guerre produisit chez lui une sorte de conversion qui le fit rompre avec ce qu'il appelait « le système dogmatique du catholicisme ». Après 1919, il fut nommé assistant d'Husserl à l'université de Fribourg, dans le sud-ouest de l'Allemagne, et il entama une série de conférences et de séminaires qui culminèrent avec l'achèvement d'*Être et Temps*, en 1926. Au cœur de ce livre est une méditation très puissante sur la mort.

En dépit de sa longueur et de sa difficulté extrême, *Être et Temps* se fonde sur une idée des plus simples : l'être *est* le temps. En d'autres termes, pour un être humain, être signifie exister temporellement dans la période entre la naissance et la mort. L'être est le temps, et le temps est fini ; il cesse avec notre mort. Si nous voulons comprendre ce que cela signifie d'être un être humain authentique, nous devons impérativement projeter notre vie sans cesse sur l'horizon de notre mort, ce que Heidegger appelle l'« être-pour-la-mort ». Très sommairement, pour des penseurs tels que Paul, Augustin, Luther et Kierkegaard, le moi se trouve dans sa relation avec Dieu. Pour Heidegger, la question de l'existence ou de la non-existence de Dieu n'a aucune pertinence philosophique. Le moi ne peut devenir ce qu'il est vraiment que dans la confrontation avec la mort, en trouvant un sens à notre finitude. Si notre être est fini, être humain signifie comprendre cette finitude – « deviens ce que tu es », pour reprendre ces mots de Nietzsche qu'Heidegger aimait citer.

Malgré ses complexités linguistiques, l'analyse de Heidegger de l'être-pour-la-mort est exceptionnellement directe et puissante. Toutefois, elle prête le flanc aux objections suivantes : Heidegger soutient que seule notre mort est authentique ; mourir pour une autre personne, écrit-il, ne revient jamais qu'à faire le sacrifice de soi-même. Dans cette mesure, pour

Heidegger, la mort des autres ne vient qu'au second rang, après ma propre mort. On peut penser qu'une telle conception de la mort est à la fois fausse et moralement pernicieuse (Edith Stein et Emmanuel Levinas formulèrent les premiers cette critique). Il me semble en effet que la mort entre dans notre monde par le biais de la mort des autres, qu'ils soient proches en tant que parent, concubin(e), enfant, ou éloignés comme ces individus au visage inconnu, victimes d'une famine ou d'une guerre distante. Ma relation à la mort n'est pas d'abord et avant tout la peur de ma propre fin, mais le sentiment d'être défait par l'expérience du chagrin et du deuil.

Il y a aussi à l'œuvre dans l'approche heideggérienne de la mort un humanisme étonnamment traditionnel. Pour Heidegger, seuls les humains meurent, les plantes et les animaux ne font que périr. Bien que je n'aie aucune compétence pour parler de la mort des plantes, une recherche empirique montrerait certainement que les mammifères supérieurs – les dauphins, les éléphants, mais aussi les chats et les chiens – font l'expérience de la mortalité, à la fois de la leur et de celle de leur entourage. Nous ne sommes pas les seules créatures dans l'univers à être affectées par le sentiment d'être mortels.

Au cours de l'hiver 1975, alors que Heidegger venait d'avoir quatre-vingt-six ans, son ami Heinrich Petzet lui rendit visite pour la dernière fois. Il était sur le point de partir quand Heidegger leva la main et dit : « Oui, Petzet, la fin est proche. » Le 26 mai 1976, après une nuit d'un sommeil réparateur, Heidegger s'endormit à nouveau et ne se réveilla jamais.

Rudolph Carnap
(1891-1970)

Quel est le livre le plus court du monde? Réponse: *Ce que j'ai appris de Heidegger*, par Rudolph Carnap. Non, c'est une blague. En 1932, Carnap écrivit une critique de Heidegger vindicative et influente, intitulée «Le dépassement de la métaphysique par l'analyse logique du langage». Il soutenait que les propositions de Heidegger étaient absurdes parce que ni logiquement valides, ni empiriquement vérifiables. Assurément, elles exprimaient une attitude envers la vie, mais ne constituaient, aux yeux de Carnap, qu'un galimatias pseudo-philosophique et métaphysique. Pour lui, l'expression d'une telle attitude envers la vie n'avait aucun droit de cité dans la philosophie, et trouverait bien mieux à s'exprimer dans la littérature ou la musique. Le problème, ajoutait Carnap de façon sarcastique, est que «les métaphysiciens sont des musiciens sans talent musical».

Pour Carnap, la science peut tout dire de ce qui peut être dit et ne laisse potentiellement aucune question sans réponse. Qui plus est, la science est cumulative et il y a du progrès dans la connaissance. Carnap estimait que la philosophie pouvait et devait se modeler sur cette idée de science. Par conséquent, l'histoire de la philosophie (sans parler de l'histoire des philosophes) est une curiosité intéressante, mais sa place est parfaitement secondaire par rapport à l'activité scientifique de la philosophie. On peut dire que Wittgenstein exerça après sa mort une immense influence sur la philosophie en Grande-Bretagne. On peut également dire que par l'intermédiaire d'étudiants tels que Quine, Carnap influença énormément la formation philosophique aux États-Unis après la Seconde Guerre mondiale. Ce qui explique peut-être l'engouement de la philosophie américaine pour la science et son retrait par rapport aux arts et à la littérature.

La chose n'est pas très connue, mais toute sa vie, Carnap fut un socialiste et un humaniste. Il renonça à la chaire que lui proposa UCLA (l'université de Californie à Los Angeles) pour ne pas avoir à signer le serment d'obédience maccarthyste. Peu avant sa mort, il rendit visite à des philosophes emprisonnés à Mexico pour leur témoigner sa solidarité ; il était également très actif dans les mouvements antiracistes aux États-Unis. La dernière photographie qu'on ait de lui le montre assistant à un débat organisé par une organisation pacifique noire. Il est le seul Blanc dans l'assemblée. Carnap vivait juste en dessous de l'endroit où j'écris, dans une maison isolée sur les collines de Santa Monica. Sa femme, Ina, se suicida en 1964 ; il est mort à l'âge de soixante-dix-neuf ans après une courte mais pénible maladie.

Edith Stein
Sœur Thérèse-Bénédicte de la Croix
(1891-1942)

Encore une histoire de conversion, mais cette fois avec une fin tragique. Née dans une famille juive orthodoxe, Edith Stein devint athée en 1904. En 1916, Husserl fit de cette brillante étudiante en philosophie son assistante. Il occupait alors la chaire de philosophie à l'université de Fribourg. Rude tâche pour la jeune femme puisqu'on sait qu'Husserl, penseur particulièrement chaotique, utilisait pour écrire la sténographie Gabelsberger qui est difficile à déchiffrer et encore plus difficile à synthétiser.

Stein suivit une voie opposée à celle d'Heidegger : avant de perdre la foi, il était catholique et thomiste ; elle fut athée avant de se convertir au christianisme (et de traduire saint Thomas d'Aquin). Dans un appendice à son ouvrage philosophique majeur, *L'Être fini et l'Être éternel*, publié à titre posthume, elle critique la conception heideggérienne de l'être-pour-la-mort. Comme l'écrit Alasdair MacIntyre dans l'ouvrage qu'il lui consacre :

> *Nous apprenons à nous préparer à la mort au contact de ceux qui sont dans l'attente de la mort, et dont nous partageons l'expérience.*

Un soir de l'été 1921, restée seule chez des amis, Edith Stein se plongea dans l'autobiographie de sainte Thérèse d'Avila qu'elle lut d'une traite. Immédiatement, elle décida de se convertir au catholicisme et d'entrer dans l'ordre des carmélites de Thérèse à Cologne. Le 31 décembre 1938, elle traversa la frontière hollandaise pour échapper à la persécution nazie des « non-aryens ». Inutilement. Après la condamnation de l'antisémitisme nazi par les évêques hollandais en 1942, Hitler ordonna l'arrestation de tous les catholiques romains non aryens et Edith Stein fut expédiée à Auschwitz-Birkenau ; elle mourut dans la chambre à gaz avec sa sœur Rosa, qui s'était également convertie. Les survivants du camp de la mort ont témoigné de sa grande compassion pour les autres victimes.

Le pape Jean-Paul II (lui aussi phénoménologue, pour ceux qui l'auraient oublié) canonisa Edith Stein le 11 octobre 1998.

Walter Benjamin
(1892-1940)

Au lendemain de la prise du pouvoir par les nazis en 1933, Walter Benjamin quitta Berlin pour s'installer à Paris. Il y travailla à son monumental *Livre des passages*, une étude restée inachevée sur la marchandisation de la vie bourgeoise au XIXᵉ siècle vue sous le prisme des galeries marchandes de la capitale.

Après la capitulation de la France en 1940, Benjamin s'enfuit dans le sud du pays avec l'espoir d'atteindre les États-Unis à partir de l'Espagne. Mêlé à un groupe de réfugiés, il traversa une partie des Pyrénées et arriva à Port-Bou, sur la frontière franco-espagnole. Ce qui s'est passé par la suite n'est pas clair, mais nous savons de façon certaine que Benjamin se suicida en absorbant des pilules de morphine à l'hôtel de France dans la nuit du 27 au 28 septembre. Le chef de la police lui aurait annoncé qu'il le livrerait à la Gestapo. En tant que juif, ami de Brecht et d'Adorno, et critique déclaré du nazisme, Benjamin savait qu'il ne serait pas traité avec bienveillance.

Quelques semaines plus tard, Hannah Arendt traversa la frontière franco-espagnole exactement au même endroit. Arrivée à New York, elle donna à Adorno une copie de *Thèses sur la philosophie de l'Histoire,* qui est sans doute le dernier écrit de Benjamin. Ce texte extraordinairement puissant, bien qu'énigmatique, s'achève sur ces mots :

> *On sait qu'il était interdit aux Juifs de sonder l'avenir. La Torah et la prière, en revanche, leur enseignaient la commémoration. La commémoration, pour eux, privait l'avenir des sortilèges auxquels suc-*

combent ceux qui cherchent à s'instruire auprès des devins. Mais l'avenir ne devenait pas pour autant, aux yeux des Juifs, un temps homogène et vide. Car chaque seconde était la porte étroite par laquelle le Messie pouvait entrer.

Ce n'est qu'en cultivant la commémoration qu'on peut se détourner de l'obsession illusoire et finalement idéologique de l'avenir, cet avenir qui se présente comme toujours plus radieux grâce au progrès scientifique et technologique, et prétend conduire l'humanité vers l'éternel bonheur. Au contraire, soutient Benjamin, l'ange de l'histoire est tourné vers le passé. C'est en regardant le passé, en remontant l'histoire à contre-courant, que nous pouvons préserver « une *faible* force messianique ». Cette force faible, cet espoir contre l'espoir, c'est cette possibilité de voir survenir une transformation révolutionnaire à tout moment d'une époque donnée. Chez Benjamin, le judaïsme messianique et un marxisme révolutionnaire fusionnent en une vision désespérément apocalyptique.

Le long XXe siècle - II : Philosophes analytiques, européens, quelques moribonds et une expérience de mort imminente

Hans-Georg Gadamer
(1900-2002)

Gadamer est le seul philosophe de ce livre qu'il m'ait presque été donné de voir mourir. C'était à Pérouse, au nord de l'Italie, en 1986, pendant une université d'été consacrée à Heidegger, à une époque où je préparais mon doctorat en philosophie. Gadamer s'apprêtait à faire un exposé sur son ancien professeur ; une petite foule d'environ quarante personnes attendait avec impatience ce qu'il avait à dire sur la récente publication des conférences de Heidegger auxquelles il avait participé dans les années 1920.

Déjà fragilisé par l'âge, Gadamer se déplaçait avec une canne à cause de la polio dont il souffrait depuis l'âge de vingt-deux ans. Ce jour-là, il descendait l'imposant escalier pour se rendre à la salle du séminaire quand nous le vîmes soudain glisser ; le cliquetis de la canne et le choc de son corps heurtant l'une après l'autre les vingt-cinq marches en marbre de Carare retentirent alors en chacun de nous.

Tout le monde craignait le pire. Une ambulance l'emmena à l'hôpital. Par miracle, Gadamer se rétablit rapidement ; quand il fit son exposé quelques jours plus tard, seuls des pansements rappelaient l'incident.

L'histoire illustre assez bien la ténacité de l'homme et l'humanisme qu'il défendait au plan philosophique. Gadamer était un personnage très impressionnant. Je me rappelle une soirée pendant cette période italienne ; nous étions une poignée d'étudiants assis dans le jardin avec lui, jouissant de la nuit ombrienne et discutant de Platon, sa passion philosophique de toujours. Du vin rouge – en fait, beaucoup de vin rouge – avait été servi à l'occasion, et Gadamer dit : « Platon pensait que le vin est très important. Il active le sang. » Depuis, la science médicale a fort heureusement confirmé la sagesse platonicienne.

Gadamer avait 102 ans quand on l'interrogea sur son sentiment après l'attaque du World Trade Center, à New York. Il répondit en allemand : « Es ist mir recht unheimlich geworden » ; en d'autres termes, le monde était devenu pour lui étrange, sinon troublant. Il ajouta : « Les gens ne peuvent pas vivre sans espoir, c'est la seule thèse que je défendrais sans aucune restriction. » Quand son élève et successeur Dieter Henrich lui rendit visite pour la dernière fois à Heidelberg, Gadamer défendit à nouveau la même idée, mais ajouta que cet espoir s'était réduit à peu de chose : levant la main, il figura entre son pouce et son index un minuscule interstice de lumière.

Il disait sardoniquement de la mort : « C'est l'une des choses les plus déplaisantes de la vie. » Quand des journalistes lui demandèrent s'il se sentait angoissé, il répondit : « Non, pas vraiment, mais tout est devenu si difficile. » Sa mobilité s'était réduite au fil des ans, ce qui lui faisait dire ironiquement : « Dieu merci, on n'a pas besoin de penser avec ses jambes. »

Peu avant de mourir, Gadamer se plaignit de troubles d'estomac ; il subit une intervention chirurgicale et donna l'impression d'être totalement rétabli – chose remarquable chez un homme de son âge. Après s'être vu remettre un bulletin de santé impeccable en fin de journée, il but un bol de soupe et un verre de vin rouge. Le lendemain matin, il eut une attaque cardiaque, perdit conscience et mourut dans la soirée.

Jacques Lacan
(1901-1981)

S'il est une figure de discorde chez les intellectuels européens contemporains, c'est bien celle de Jacques Lacan. Pour les uns, c'était un charlatan obscurantiste qui partageait avec les sophistes le goût des vêtements colorés ; pour d'autres, c'était une autorité vénérée, dont les mots, souvent prophétiques sont investis de l'autorité des Écritures saintes.

Pour moi, Lacan doit se comparer à un maître. Il fut, d'abord et avant tout, un professeur de psychanalyse qui fournissait un cadre philosophique à une psychanalyse profondément originale et d'une grande importance clinique. Ses séminaires, qui se déroulèrent entre 1953 et 1979, étaient son médium en tant que professeur. S'adressant souvent à des centaines de personnes sans jamais utiliser de notes, Lacan témoignait d'une immense érudition, mais aussi d'une originalité et d'une perspicacité considérables.

Le 21 novembre 1978, à l'ouverture de la session de son vingt-sixième et ultime séminaire, Lacan ouvrit la bouche et fut incapable de parler. Son auditoire, incrédule, resta aussi silencieux que lui. La voix qui avait captivé les intellectuels français pendant un quart de siècle s'était éteinte. Se tournant vers le tableau, il se mit à dessiner des nœuds, des grilles et autres figures topologiques qui le fascinaient de plus en plus depuis quelques années. Selon Elizabeth Roudinesco, sa biographe fidèle quoique souvent acerbe, il « s'embrouilla, se retourna vers le public, parla un instant de son erreur, puis quitta la salle. "Peu importe, entendit-on murmurer, on vous aime quand même". »

Des silences de plus en plus nombreux étaient venus ponctuer les cours de Lacan au cours de ses dernières années d'existence. Certains les attribuaient à sa sagacité et à sa profondeur ; d'autres à une paralysie locale et à des dysfonctionnements vasculaires dans le cerveau. Quoi qu'il en soit, Lacan semble avoir lui-même diagnostiqué peu après un cancer du colon, mais il refusa toute opération par phobie de la chirurgie.

Lacan vécut la dernière année de sa vie dans un isolement et un désarroi croissants, cerné par un entourage familial qui supervisait à la fois la dissolution de son école de formation psychanalytique et le financement précipité d'une nouvelle école sous la responsabilité de sa fille et de son gendre. La progression du cancer suivait son cours et Lacan fut opéré ; on installa une suture mécanique. La suture lâcha brusquement, et Lacan fut atteint d'une péritonite suivie d'une septicémie extrêmement douloureuse.

Comme Freud, son grand héros, il eut droit à de la morphine. Avant qu'elle ne commence à agir, il eut le temps de murmurer : « Je suis obstiné… Je disparais. »

Theodore W. Adorno
(1903-1969)

Pendant la rédaction de ce livre, j'ai souvent pensé à Adorno, Teddie pour les amis – « votre vieux Teddie » pour les intimes. Exilé de Francfort, sa ville natale, pendant la Seconde Guerre mondiale, Adorno vécut presque huit années du côté de Brentwood, West Los Angeles, à cinq rues de l'endroit où je suis en train d'écrire ces lignes. Entre décembre 1941 et octobre 1949, les Adorno habitèrent une confortable maison sur South Kenter Avenue, à un jet de pierre du lieu où O. J. Simpson « aurait » assassiné son ex-épouse.

Pour Adorno, les années passées à Los Angeles furent extrêmement productives. C'est dans cette ville qu'il écrivit la *Dialectique de la raison* aux côtés de Max Horkheimer, acheva sa *Philosophie de la nouvelle musique*, collabora aux travaux de recherches publiés sous le titre *Études sur la personnalité autoritaire*, et rédigea les fragments merveilleusement piquants de ce qui reste son livre le plus accessible, *Minima Moralia*. Il est difficile de penser aux réflexions d'Adorno sur l'industrie culturelle et la société de consommation sans songer à l'opulente vacuité ensoleillée de West Los Angeles et aux silhouettes sombres et tranchantes des personnages des meilleurs films en noir et blanc de la période.

Bien que les jérémiades qui caractérisent la prose d'Adorno à l'époque ne le laissent nullement deviner (il écrit qu'il se sent « plus idiot et pire encore » après chaque sortie au cinéma), Teddie et Gretel, sa très soumise épouse, furent heureux à Brentwood. Ils passaient beaucoup de temps avec les Horkheimer et Thomas Mann qui vivaient tout près, fréquentaient activement la société hollywoodienne, rencontraient des célébrités comme Greta Garbo, et Teddie connut toutes sortes d'aventures sentimentales. En 1947, Charlie Chaplin l'invita à une projection privée de *Monsieur Verdoux* et, après le dîner, Adorno joua du piano tandis que Chaplin se livrait à des imitations parodiques.

Ce fut peut-être le « no » dans « Adorno » qui précipita sa fin (Teddie Wiesengrund avait pris le nom de sa mère, qui était corse et catholique, au moment de demander la nationalité américaine en Californie). En 1968, en pleine crise politique du mouvement étudiant à Francfort, Adorno devint la cible de la gauche radicale. Son « no » fut critiqué comme un rejet réactionnaire de la positivité de la politique révolutionnaire de l'action directe. Dans une lettre à Samuel Beckett, il confia : « Le sentiment d'être soudain attaqué comme un réactionnaire a tout de même quelque chose de surprenant. »

Le 22 avril 1969, au début de son dernier cours magistral, les choses dégénérèrent, donnant lieu à un incident qui choqua profondément Adorno. Deux étudiants montèrent sur l'estrade et exigèrent de lui une autocritique, l'accusant d'avoir fait appel à la police pour évacuer l'Institut de Recherche sociale, et de s'être joint aux poursuites légales menées contre un ancien étudiant, Hans-Jürgen Krahl, qui avait été au cœur d'un scandale ayant agité l'extrême gauche à l'époque.

L'un des deux étudiants écrivit sur le tableau noir : « Si Adorno est laissé en paix, le capitalisme ne connaîtra jamais sa fin. » Puis trois étudiantes entourèrent le philosophe, le couvrirent de pétales de fleurs et se dénudèrent la poitrine tout en pratiquant une sorte de « performance ». Teddie, qui était loin d'être prude sexuellement, aurait apprécié la séance en d'autres circonstances, mais il dut quitter l'amphithéâtre dans un état d'extrême angoisse. Il ne fut jamais en mesure de reprendre ses cours.

Épuisé physiquement et mentalement, Adorno partit en vacances en Suisse avec Gretel. Un jour, après la vigoureuse ascension d'un sommet de 3 000 mètres, il ressentit des palpitations cardiaques. Par mesure de précaution, Gretel l'emmena à l'hôpital le plus proche et retourna à l'hôtel. Le lendemain, dans la matinée, un coup de téléphone lui apprit qu'Adorno venait de mourir d'une crise cardiaque.

Ceux qui ont pratiqué l'incessante négativité critique prônée par Adorno ne peuvent s'empêcher de sourire en pensant qu'il est né un 11 septembre, date anniversaire de l'attaque des Twin Towers, et qu'il est mort un 6 août, date anniversaire de l'explosion d'Hiroshima.

En 1970, peu après la publication de *Théorie esthétique,* le dernier livre – non achevé – de son époux, Gretel essaya de se suicider en avalant des somnifères. Sa tentative échoua, mais son état exigea une surveillance permanente jusqu'à sa mort, en 1993.

Emmanuel Levinas
(1905-1995)

Dans « Signature », un inventaire de notations autobiographiques brèves et laconiques, Levinas dit que sa vie est « dominée par le pressentiment et le souvenir de l'horreur nazie ». Originaire de Lituanie et naturalisé français en 1930, Levinas perdit la majeure partie de ses parents proches et éloignés pendant la Seconde Guerre mondiale. Selon toute vraisemblance, ils furent assassinés au cours des pogroms organisés dès juin 1940 par les nazis avec la collaboration active et enthousiaste des nationalistes lituaniens.

En juin 1940, dans la foulée de la chute de Paris, Levinas fut capturé par les Allemands à Rennes, et transféré à Magdebourg, au nord de l'Allemagne. En tant qu'officier de l'armée française, il fut envoyé non pas en camp de concentration, mais dans un camp de prisonniers de guerre où il effectua cinq ans de travaux forcés en pleine forêt. Sa femme et sa fille changèrent de nom et restèrent cachées dans un couvent catholique près d'Orléans. Après la guerre, Levinas jura de ne jamais remettre les pieds en Allemagne.

Dans la dédicace en hébreu de son deuxième ouvrage philosophique majeur, *Autrement qu'être ou au-delà de l'essence* (1974), Levinas cite les noms des membres de sa famille assassinés. Cependant, dans une seconde dédicace, Levinas – et il pense spécifiquement à la guerre du Viêt Nam – évoque la mémoire des « victimes de la même haine de l'autre homme, du même antisémitisme ». Pour Levinas, l'antisémitisme est l'antihumanisme et la leçon morale de l'holocauste est d'apprendre à assumer la responsabilité pour l'autre être humain. Cette responsabilité a connu une éclipse totale au cours de la Seconde Guerre mondiale et de nombreux autres conflits.

Comme sa vie personnelle, la vie philosophique de Levinas fut dominée par le souvenir de l'horreur nazie. En 1928, étudiant à Fribourg, il fit un exposé pendant le dernier séminaire de Husserl et participa au premier séminaire de son successeur, Heidegger. Cette période fut l'occasion pour lui de se plonger dans une lecture intensive d'*Être et Temps*. Comme il le dira plus tard : « Je suis allé chez Husserl et j'ai trouvé Heidegger. »

Après son retour en France, Levinas envisagea d'écrire un livre d'introduction à la pensée d'Heidegger qui aurait été le premier au monde. Quelle ne fut pas sa surprise en apprenant que Heidegger était entré au parti nazi en 1933. « On peut pardonner à beaucoup d'Allemands, écrira-t-il dans *Quatre Lectures talmudiques*, mais il y a des Allemands à qui il est difficile de pardonner. Il est difficile de pardonner à Heidegger. » Levinas abandonna son projet et consacra les années suivantes à repenser son approche de la philosophie et du judaïsme.

Acceptant l'existence d'un lien fatal entre la philosophie de Heidegger et ses opinions politiques, Levinas se demande comment la philosophie est concevable sans subir le même sort. Comme nous l'avons déjà vu avec Edith Stein, la mort est le concept central qu'il faut repenser. Dans *Être et Temps,* Heidegger écrit que la mort est « la possibilité de l'impossibilité ». C'est-à-dire que ma mort est cette limite de ma vie que je dois saisir et comprendre pour devenir authentiquement qui je suis.

Levinas inverse simplement la proposition et affirme que la mort est l'« impossibilité de la possibilité ». C'est-à-dire que la mort est une chose qui ne peut pas être prédite, représentée ou même comprise. La mort n'est pas ce en vertu de quoi le moi devient authentique, elle est plutôt l'événement toujours inconnaissable qui détruit le cadre de ma vie et me laisse impuissant et passif. En d'autres mots, la mort n'est pas mienne, mais quelque chose d'autre. Sur cette base, Levinas essaie de bâtir une éthique perpétuellement ouverte à la surprise d'une altérité dont l'expression la plus éloquente est celle de l'autre personne.

Par une ironie involontaire, le grand philosophe juif est mort la veille de Noël 1995. Jacques Derrida prononça l'oraison funèbre à l'enterrement qui se déroula quatre jours plus tard. La cause du décès, probablement la maladie d'Alzheimer, n'a pas été confirmée à cause d'un long litige, d'une triste âpreté, entre le fils et la fille de Levinas, à propos de l'héritage.

Jean-Paul Sartre
(1905-1980)

Quelques années avant sa disparition, Sartre déclarait :

La mort, je n'y pense pas. Elle ne vient pas dans ma vie, elle sera dehors. Un jour, ma vie cessera mais je veux qu'elle ne soit obérée par la mort en aucun cas. Je veux que ma mort ne rentre pas dans ma vie, ne la définisse pas, que je sois toujours un appel à vivre.

Aveugle, édenté, à peine capable de travailler, son corps dévasté par l'abus d'alcool, de tabac et de médicaments, l'histoire des dernières années de Sartre n'est pas des plus plaisantes à lire. Sartre semblait avoir l'étrange don, plus exactement le désir, de s'entourer de jolies femmes fragiles et dépendant financièrement de lui. Simone de Beauvoir, qu'il appelait son « Castor », lui resta continûment loyale et dévouée. Au terme d'une des nombreuses urgences médicales qui ponctuèrent la dernière décennie de sa vie, Sartre, angoissé, demanda à Beauvoir : « Comment ferons-nous pour les frais de l'enterrement ? » Avant de glisser dans un ultime coma, fermant les yeux, il prit Beauvoir par le poignet et lui dit : « Je vous aime beaucoup, beaucoup, mon cher Castor. »

Après la mort de Sartre, Beauvoir et un groupe d'amis proches restèrent près du corps, évoquant des souvenirs, pleurant et buvant du whisky. Puis Beauvoir demanda à rester seule avec Sartre. Les autres s'en allèrent. Selon le témoignage de Hazel Rowley :

> *Elle tira le drap et voulut s'allonger à côté de lui. « Non, ne faites pas ça ! » s'écria une infirmière. Elle lui expliqua : « C'est la gangrène, madame. » Beauvoir n'avait pas réalisé que les escarres de Sartre étaient gangreneuses. L'infirmière la laissa s'allonger à côté de Sartre, mais sur le drap. Elle avait pris tant de calmants qu'elle s'assoupit quelques instants. À cinq heures du matin, on emmena le corps.*

Valéry Giscard d'Estaing, qui était alors président de la République, se rendit personnellement à l'hôpital et passa une heure près du cercueil. Giscard rappelle l'événement dans une anecdote pleine d'humour noir :

> *Je suis arrivé à l'hôpital, où le directeur m'attendait pour me saluer. Puis j'ai tourné à gauche et, sous un hangar, j'ai trouvé le cercueil de Sartre avec, à côté, un autre cercueil. Je suis resté là une heure. Personne d'autre n'est venu. À l'extérieur, il y avait tant d'agitation dans la presse, tant d'informations sur l'enterrement, qui aurait lieu deux jours plus tard, et je me trouvais là, seul, recueilli devant le cercueil de Sartre, sous un hangar banal et anonyme. En repartant, je me dis que Sartre eût aimé cet hommage sans parade du premier personnage de l'État.*

Giscard déclara aux amis de Sartre que le gouvernement paierait les frais des funérailles. Ils refusèrent et quelque 50 000 personnes participèrent à l'enterrement, décrit par Claude Lanzmann comme « la dernière des manifestations de 1968 ». Les amis de Sartre ayant refusé toute présence policière, on assista à des scènes chaotiques, un homme tomba dans la fosse où se trouvait le cercueil et des masses de bouquets de fleurs passèrent de main en main avant d'être jetées dans la tombe.

Malgré son athéisme, qui fut l'un des principes de sa philosophie et de sa vie, Sartre fit un jour cette remarque curieuse, à l'occasion d'un entretien avec Simone de Beauvoir en 1974 :

> *Moi, je me sens non pas comme une poussière apparue dans le monde, mais comme un être attendu, provoqué, préfiguré. Bref, comme un être qui ne semble pouvoir venir que d'un créateur, et cette idée d'une main créatrice qui m'aurait créé me renvoie à Dieu.*

Mais comme le fit remarquer un de mes étudiants lors d'un cours où je parlais de Hegel : les gens, quand ils ont bu, disent toutes sortes de choses.

Simone de Beauvoir
(1908-1986)

Beauvoir commence *La cérémonie des adieux*, le dernier livre qu'elle ait publié de son vivant, par ces mots :

> *Voici le premier de mes livres – le seul sans doute – que vous n'aurez pas lu avant qu'il ne soit imprimé.*

Beauvoir est décédée, comme Sartre, d'un œdème pulmonaire, et plus de 5 000 personnes accompagnèrent son cortège funéraire jusqu'au cimetière du Montparnasse, où ses cendres furent déposées à côté de celles de Sartre. Tous deux partagent une tombe d'une élégante simplicité, sans décoration ni inscriptions autres que leurs noms et leurs dates respectives de naissance et de mort.

Mais on ne saurait considérer l'importance philosophique de Beauvoir à travers le seul prisme du compagnon de sa vie. Dans *La Vieillesse,* ce livre perspicace bien que déprimant, elle prolonge l'analyse existentielle entamée dans le révolutionnaire *Deuxième Sexe* (1949) en abordant la question du vieillissement. Beauvoir explique qu'aux yeux de la société « la vieillesse apparaît comme une sorte de secret honteux dont il est indécent de parler ». Nous ne faisons pas l'expérience de la vieillesse de l'intérieur, mais de l'extérieur. On ne découvre pas son vieillissement, le monde extérieur l'impose. Comme l'écrit Stella Sandford :

> *C'est le moment où se donne à voir toute l'illusion pathétique qui s'attache à une formule du type : « on est aussi vieux qu'on le sent ». Au contraire, on est aussi vieux que les autres nous le disent.*

Vieillir ouvre un abîme entre son existence subjective et la manière dont cette existence est vue objectivement. Dans la vieillesse, c'est le regard des autres qui définit l'être, indépendamment de ce qu'on ressent subjectivement. La chirurgie esthétique ne peut pas combler ce fossé entre le subjectif et l'objectif. Au contraire, elle le transforme en un abysse grotesque, celui de la jeunesse artificielle qu'on voit dans les bars et les restaurants à Los

Angeles et ailleurs. Bien entendu, il est toujours possible de mentir sur son âge, mais ce déni de sa propre vie, de son propre passé, de ses propres souvenirs n'est-il pas la chose la plus triste au monde ? Pour ma part, j'estime que c'est dans le stigmate lié à la vieillesse que notre société est la plus condamnable. Comme l'écrit Beauvoir :

> *C'est tout le système qui est en jeu et la revendication ne peut être que radicale : changer la vie.*

Hannah Arendt
(1906-1975)

Dans son dernier ouvrage inachevé, *La vie de l'esprit*, Arendt se livre à une réflexion subtilement érudite et sceptique sur la relation entre la philosophie et la mort. Elle médite longuement sur l'idée classique que philosopher c'est apprendre à mourir, et elle cite Zénon de Cittium : « Le philosophe doit prendre l'apparence du mort. » Pour Platon, mais aussi pour Montaigne, pour Schopenhauer comme pour Heidegger, qui fut le maître et l'amant d'Arendt, la mort est le « génie inspirateur de la philosophie ».

Arendt critique la prééminence de la contemplation sur l'action, ce qu'elle appelle la *vita contemplativa* qui définit le niveau le plus élevé de la philosophie dans l'Antiquité : le philosophe est un simple spectateur ou un touriste dans le monde des affaires humaines ; il n'y participe pas pleinement. En ce sens, la distraction notoire du philosophe confirme sa disparition de la *vita activa*, la vie d'action avec les autres. La vie contemplative est une sorte de mort à l'intérieur de la vie, une mort vivante.

Quand bien même Arendt accepte que la pensée contemplative est essentielle dans la vie de l'esprit, ce qui compte pour elle c'est l'action dans le monde et l'analyse concrète de ce monde. C'est ce qu'elle a accompli avec tant de puissance intellectuelle dans les livres qui précèdent *La Vie de l'esprit*, *Les Origines du totalitarisme* (1951), *Eichmann à Jérusalem* (1963) et *Sur la violence* (1970). Arendt raconte cette histoire, évoquée au début de ce livre, où la paysanne de Thrace éclate de rire en voyant Thalès, le penseur professionnel, tomber dans un caniveau parce qu'il regarde les étoiles.

À l'évidence, il s'agit là d'une parabole autobiographique : Arendt est la fille de Thrace, et Heidegger le penseur professionnel. La morale de l'histoire est que si l'on considère la vie politique avec une distance philosophique contemplative, on voit inévitablement les gens comme une cohue qu'il faut contrôler par une forme ou l'autre d'autoritarisme, plutôt que comme une pluralité humaine à laquelle on doit participer et qu'il convient de célébrer. En d'autres mots, le philosophe est peut-être un expert de la pensée, mais pas du jugement, en particulier pas du jugement politique.

Malgré des problèmes d'angine de poitrine qui se déclarèrent dès 1971 et une attaque cardiaque presque fatale un an avant sa mort, Arendt déclara à Mary McCarthy : « Je ne vais certainement pas vivre pour ma santé. » Elle continua de fumer et accepta de donner beaucoup trop de conférences.

En 1975, au lendemain de Thanksgiving, comme elle rentrait chez elle à Manhattan, Arendt mit le pied dans un nid-de-poule en sortant d'un taxi. Elle ressentit une légère douleur et contacta son médecin. Puis elle annula le rendez-vous à cause du mauvais temps. Ses amis Salo et Jeannette Baron vinrent dîner chez elle quelques jours plus tard. Alors qu'elle leur servait le café, elle eut une brève quinte de toux et perdit connaissance. Arendt venait d'être emportée par un arrêt cardiaque.

Après sa mort, on trouva une feuille de papier engagée dans sa machine à écrire. Un seul mot figurait sur la feuille : « Juger », le thème de la troisième et dernière partie de *La Vie de l'esprit*. Arendt avait achevé la précédente, « Vouloir », le samedi précédant sa mort. Il est très émouvant de voir que les deux derniers paragraphes sont un éloge d'Augustin, le sujet de sa thèse de doctorat en 1929. Elle note avec ironie qu'« Augustin est le seul philosophe que les Romains aient jamais eu ».

Ses réflexions l'amènent à débattre de la *natalité*, thème capital dans son œuvre. Arendt écrit : « La création de l'homme avait pour intention de rendre possible un *commencement.* » Arendt se méfiait – peut-être à juste titre – de l'importance que la philosophie ancienne et moderne accorde à la mortalité. C'est une chose de philosopher sur la mort, mais si ces méditations ne laissent aucune place à la question de la naissance, au pouvoir du commencement, en quoi font-elles justice au phénomène de la vie ? Cela donnera peut-être à quelqu'un l'idée d'écrire un livre sur les naissances des philosophes.

Maurice Merleau-Ponty
(1908-1961)

Une histoire rapporte la dernière rencontre de Lacan et Merleau-Ponty, qui étaient amis intimes. Ils s'étaient retrouvés tous deux dans la maison de campagne de

Lacan à l'extérieur de Paris, et étaient allés cueillir du lilas pour le 1er mai. On sait que le lilas est la fleur traditionnelle de la mort et que sa présence aux enterrements symbolise l'innocence restaurée du disparu.

Merleau-Ponty mourut brutalement deux jours plus tard, à cinquante-trois ans, d'une thrombose coronaire. Paul Ricœur expliqua que « cette mort, plus improbable qu'aucune, [lui] avait, au sens littéral, *coupé la parole* ». Elle nous laissait le tronc sectionné d'un manuscrit intitulé *Le Visible et l'Invisible* qui promettait d'être l'œuvre la plus originale et la plus stimulante du philosophe.

Pour Merleau-Ponty, la vraie philosophie consiste à réapprendre à voir le monde. Le philosophe explicite ce qu'il entend par là dans un merveilleux essai sur Cézanne paru l'année de sa mort. Les tableaux du peintre, écrit-il – pensons à ses nombreuses interprétations de la montagne Sainte-Victoire –, ne nous conduisent pas à quelque royaume transcendant au-delà des apparences ou situé dans les coulisses. Au contraire, l'art de Cézanne nous renvoie au monde où nous vivons, momentanément libéré du poids des habitudes et de l'aveuglément de la routine quotidienne. La philosophie doit tenter de faire quelque chose de similaire pour nous renvoyer à ce que Merleau-Ponty appelle la « foi perceptive » de notre ouverture au monde.

Il est mort dans son bureau, le visage appuyé contre un livre de Descartes. C'est ce qu'on dit mais, pour reprendre les termes de Ricœur, cela a un léger parfum d'improbabilité. Merleau-Ponty était philosophiquement beaucoup plus proche de Montaigne que de Descartes. Dans un article sur le premier, publié un an avant sa mort, il soulignait que le propos d'une méditation sur la mort n'est pas la morosité. Au contraire. « Montaigne veut que nous mesurions le non-être d'un regard sec, et que, connaissant la mort toute nue, nous connaissions la vie toute nue. » Paradoxalement, les indications sur notre mortalité nous permettent de saisir cette portion d'existence hasardeuse, mais précieuse qu'est notre vie. Le remède contre la mort, ce n'est pas de nous en détourner avec effroi, mais de la traverser et de retourner à notre vitalité première.

Willard van Orman Quine
(1908-2000)

Quine exerça une énorme influence sur ses pairs et fit preuve d'une inventivité linguistique considérable (voyez ses amusantes *Quiddités*, de 1987). D'un point de vue philosophique, c'était un naturaliste ; il affirmait que le rôle de la science était d'expliquer ce qui existe et comment cela existe. Il rejetait toute métaphysique ou tentative de fonder l'activité scientifique sur autre chose qu'elle-même. Le champ de la philosophie se trouve extraordinairement réduit si l'on suit cette perspective – la philosophie bien réussie étant simplement de la science.

Sagement, peut-être, Quine semble n'avoir émis aucune opinion sur la mort, bien qu'il ait enlevé le point d'interrogation de sa machine à écrire pour le remplacer par un symbole mathématique.

Quine fut emporté par une brève maladie le jour de Noël 2000. Lors d'une cérémonie commémorative à Harvard en 2001, il fut donné à sa fille Norma de lire cette note écrite par son père : « Derniers mots célèbres : à suivre. »

Simone Weil
(1909-1943)

Selon Schopenhauer, une seule forme de suicide est permise : celle de l'ascétique qui se condamne à mourir de faim. Il écrit :

> *La mort volontaire par le jeûne est le plus haut degré de l'ascétisme, le refus le plus total de la conscience temporelle.*

Pour parvenir à une telle mort – qui est véritablement celle d'un saint – il faut remplir deux conditions. Premièrement, une renonciation complète de la volonté. Si le suicide est un acte de la volonté, il reste par conséquent, selon la métaphysique de Schopenhauer, prisonnier de l'illusion de la vie volontaire dans le monde de la représentation. Deuxièmement, l'ascétique qui jeûne doit atteindre le degré de sagesse philosophique le plus élevé avant de mourir. Le saint doit être aussi un philosophe. Il ne fait aucun doute que Simone Weil remplissait pleinement ces deux conditions.

Elle enseigna la philosophie dans une école de filles, travailla comme ouvrière dans une usine de montage de voitures, servit dans une unité anarchiste durant la guerre civile espagnole et fut servante de ferme après avoir fui Paris en 1940. En 1942, elle s'embarqua à Marseille pour rejoindre New York dans l'un des derniers convois qui purent quitter la France. Après avoir étudié intensivement à la New York Public Library durant son séjour, elle n'eut de cesse de se rendre en Grande-Bretagne afin de travailler pour la Résistance. Sur place, elle refusa d'absorber plus de nourriture que la ration officielle dans la France occupée. Victime de malnutrition et de surmenage, elle finit par s'effondrer. Prise en charge dans un hôpital du Middlesex, au nord de Londres, on lui diagnostiqua une tuberculose. Simone Weil est morte quelques mois plus tard dans un sanatorium à Ashford, dans le Kent.

Weil avait conservé de volumineux carnets de notes qui montrent l'étendue et la diversité extraordinaires de ses lectures, et le cheminement au terme duquel elle en vint à défendre cette position théologique unique : un christianisme hétérodoxe et gnostique où l'on nous demande d'attendre un Dieu presque absent.

Si l'on tient compte de son jeûne, il est poignant de constater que Simone Weil consacra sa dernière réflexion à la dimension spirituelle de la nourriture, mentionnant des délices tels que le pudding traditionnel de Noël et l'œuf de Pâques. Dans ce qui fut peut-être sa toute dernière observation, elle écrit : « La joie et la signification spirituelle de la fête est *dans* la friandise spéciale à la fête. »

Rowan Williams, archevêque de Cantorbéry, écrit dans « Simone Weil à Ashford » :

... Et si je ne peux marcher comme Dieu,
du moins puis-je m'affamer et devenir légère, évidant mes boyaux
jusqu'à devenir un os où le dieu condamné peut siffler.

Alfred Jules Ayer
(1910-1989)

On pourrait m'accuser, tout au long de ces pages, de desservir la philosophie analytique – le type de philosophie qui domine dans les universités anglophones – et de réserver la meilleure part de ce livre aux penseurs européens (en particulier dans cette dernière partie).

Dans une certaine mesure, mes propres lubies intellectuelles, que je pourrais parer du manteau de la spécialité universitaire, motivent ces choix, mais ils sont dictés par une raison plus intéressante. Quand on étudie des philosophes analytiques tels que Quine, Donald Davidson ou John Rawls, qui ont mené de magnifiques et importantes carrières professionnelles, on constate qu'il n'y a guère de rapport entre les circonstances peu dramatiques de leur mort et leurs idées philosophiques.

En revanche, si l'on s'intéresse à des philosophes européens tels qu'Arendt, Foucault ou Derrida, ce ne sont pas leur vie plus complexe et plus captivante, ou leur fin plus dramatique qui nous frappent, mais plutôt la plus grande difficulté à établir chez eux une frontière entre la philosophie et la vie. La philosophie exerça sur la vie de ces penseurs un pouvoir de transformation qui influence aussi la vie de leurs lecteurs. Il se peut en outre, et peut-être pour des raisons rien moins qu'honorables, que les gens soient tout bonnement intrigués par la vie et la mort d'un Sartre ou d'un Althusser.

Comme nous l'avons vu, l'idée que la philosophie est un transformateur ou un perturbateur du moi est un lieu commun depuis l'Antiquité. En ce sens, les condamnations à mort, l'exil ou les punitions imposées aux philosophes paraissent répondre au besoin profond d'un accord entre la philosophie et la vie, quitte à ce que la force transformative de la philosophie s'exerce au prix de la vie. Comme l'écrit à juste titre Alasdair MacIntyre :

> *Emprisonner la philosophie dans la professionnalisation et les spécialisations d'un curriculum institutionnalisé, comme cela se pratique dans notre culture contemporaine européenne et nord-américaine, est sans aucun doute beaucoup plus efficace pour en neutraliser l'impact que la censure religieuse ou la terreur politique.*

La conséquence de cette professionnalisation est le sentiment que la philosophie ne compte pas ou ne devrait pas compter dans la conduite d'une vie ; elle devrait aspirer à l'impersonnalité des sciences naturelles et rien de plus. Dans cette optique, la philosophie est conçue comme une discipline académique d'une grande complexité technique, avec ses propres critères internes d'excellence ; avec ce corollaire : plus elle restera tenue à l'écart des autres disciplines humanistes et du désordre inconvenant de la vie privée et publique, mieux ce sera. Il va sans dire que j'ai tenté de récuser ce point de vue dans ce livre.

Outre Wittgenstein et Russell, A. J. Ayer (« Freddie » pour ses amis) est l'exception éclatante à ce que je viens de dire sur les philosophes analytiques. C'est d'autant plus paradoxal qu'Ayer tenta, plus que quiconque, de séparer la philosophie de la vie. Ben Rogers raconte une promenade d'Ayer et d'Isaiah Berlin dans les rues d'Oxford dans les années 1930. Les deux hommes discutaient de la nature et de la portée de la philosophie quand Ayer s'exclama :

> *Il y a la philosophie, qui porte sur l'analyse conceptuelle – la signification de ce que nous disons – et il y a tout ceci* (avec un grand geste de la main), *toute cette vie.*

Bien des histoires circulent sur Ayer. Beaucoup de gens ont entendu parler de sa confrontation avec Mike Tyson, alors champion du monde dans la catégorie poids lourd, lors d'une soirée à Manhattan chez Fernando Sanchez, un styliste à la mode spécialisé dans les sous-vêtements (peu de philosophes sont invités à des soirées de stylistes de sous-vêtements). Ayer parlait avec un groupe de mannequins quand une femme se précipita en annonçant qu'une de ses amies se faisait agresser dans la pièce voisine. Ayer décida d'aller prêter main-forte à la victime et découvrit Mike Tyson en train d'« insister » fortement auprès d'un jeune modèle britannique, Naomi Campbell. Ayer s'interposa, sommant Tyson de laisser la jeune femme tranquille. À quoi Tyson répondit : « Putain, vous savez à qui vous parlez ? Je suis le champion du monde poids lourd. » Ayer répliqua du tac au tac : « Et moi, je suis un ancien professeur d'Oxford. Nous sommes tous les deux éminents dans nos domaines. Je propose que nous parlions de ceci comme des hommes rationnels. » Entre-temps, Naomi Campbell était parvenue à s'échapper.

Peu de gens savent qu'Ayer connut une expérience de mort imminente. Il est difficile de penser à un philosophe plus résolument athée et plus sincère que lui. (Quand Brian Magee lui demanda, au milieu des années 1970, quel était le principal défaut de *Langage, vérité et logique* – son livre, paru en 1936, avait connu un grand succès – il répondit calmement : « Eh bien, je pense que son principal défaut est d'être quasiment erroné de bout en bout. ») L'année précédant sa mort, alors qu'il se remettait d'une pneumonie au University College Hospital à Londres, Ayer avala de travers un morceau de saumon, perdit conscience et cessa techniquement de vivre. Son cœur s'arrêta de battre pendant quatre minutes avant qu'on le réanime. Le lendemain, il était d'aplomb et parlait joyeusement de ce qui s'était passé pendant sa mort. Il avait vu une vive lumière rouge qui apparemment administrait l'univers. Il avait rencontré des ministres qui étaient responsables de l'espace, mais n'avaient pas fait correctement leur travail avec ce résultat que l'espace, comme le temps dans *Hamlet*, « était légèrement hors de ses gonds ». Les ministres de l'espace étaient étrangement absents, mais Ayer voyait au loin les ministres chargés du temps. Il s'était brusquement rappelé l'idée d'Einstein selon laquelle l'espace et le temps sont une seule et même chose, et il avait essayé d'attirer l'attention des ministres du temps en marchant de long en large, et en agitant sa montre et sa chaîne de montre. Sans résultat. Il devenait de plus en plus désespéré lorsqu'il avait repris connaissance. Fortement secoué par l'expérience, Ayer publia dans le *Sunday Telegraph* un article suggérant que « la mort ne met pas un terme à la conscience ».

Il semble qu'après sa résurrection Ayer fut une compagnie beaucoup plus agréable qu'avant. Comme Dee, son épouse, l'avouait à Jonathan Miller : « Freddie est tellement plus gentil depuis sa mort. » Il mourut en philosophe l'année suivante, apparemment aussi calme et joyeux que Hume à la fin de ses jours.

Albert Camus
(1913-1960)

Au début du *Mythe de Sisyphe*, Camus écrit cette phrase célèbre: « Il n'y a qu'un problème philosophique vraiment sérieux: c'est le suicide. » Il le résout apparemment cinquante pages plus loin en affirmant: « Maintenant, il s'agit de vivre. »

Malheureusement, Camus est mort dans un brutal accident de voiture en 1960, trois ans après avoir reçu le prix Nobel de littérature à l'âge de quarante-quatre ans. Il avait dit un jour qu'il ne pouvait pas imaginer de mort plus dénuée de sens qu'un accident de voiture. Telle est peut-être la force hasardeuse de l'absurde que Camus décrit avec tant d'éloquence.

Paul Ricœur
(1913-2005)

Le grand et distingué herméneuticien est mort paisiblement et sans incident dans son lit à l'âge de quatre-vingt-douze ans.

Roland Barthes
(1915-1980)

L'auteur du célèbre essai *La Mort de l'auteur* (1968) est mort, comme Camus, des suites d'un accident de la circulation après que la camionnette d'un teinturier l'eut renversé dans une rue proche du Collège de France où il enseignait. Barthes venait de déjeuner avec Jack Lang, le futur ministre de la Culture.

Il y a quelque chose de troublant dans la disparition de Barthes. On sait qu'au cours des quelques mois précédant sa mort, il citait volontiers la phrase de Michelet : « La vieillesse, ce lent suicide. » La mort de sa mère, survenue l'été précédent, l'avait rendu morbide et déprimé. Toute sa vie, Barthes avait entretenu des liens extrêmement étroits avec sa mère qui avait en permanence le prénom « Roland » à la bouche. Bien que ce dernier lui ait toujours caché son homosexualité, il semble que quelque chose en lui soit mort après sa disparition et qu'il ait perdu le désir de continuer à vivre. Après l'accident, Barthes cessa pratiquement de communiquer ; selon Hervé Algalarrondo, il se laissa simplement mourir.

Donald Davidson
(1917-2003)

Une des questions que pose ce livre est de savoir si l'essor inéluctable de la conception scientifique du monde laisse quelque espace à la liberté humaine. Pouvons-nous réconcilier l'idée d'une nature gouvernée par des lois physiques déterministes avec l'expérience de l'autonomie humaine ? Nos actes sont-ils simplement les effets de causes physiques ? Nous avons vu précédemment que Kant cherchait à préserver l'autorité de la science tout en insistant sur la primauté de l'autonomie humaine.

Davidson propose une défense énergique et réactualisée de la position de Kant dans ce qu'il appelle le « monisme anomal ». Cette notion plaide pour une conception totalement matérialiste de ce qui est, les événements n'étant ni plus ni moins que « la matière et le mouvement » de Hobbes gouvernés par les lois physiques. Cependant, cette notion n'offre pas d'explication convaincante à ce que Davidson appelle « anomalisme du mental » – ce que Kant nommait plus élégamment la « pensée de la liberté ». Davidson écrit :

> *Même si l'on connaissait l'histoire physique complète du monde et si tout événement mental était identique à un événement physique, il ne s'ensuivrait pas que nous puissions prédire ou expliquer un événement mental particulier.*

La science physique ne peut pas expliquer les événements mentaux à la manière d'un matérialisme réductif. Au contraire, la liberté humaine est « anomale » dans son rapport au fait et au mouvement. Il s'ensuit que la liberté et le déterminisme ne tirent pas dans des directions opposées, mais sont, selon les mots de Kant, « nécessairement unis dans le même sujet ». Ainsi, bien que la mort ait une cause physique indéniable, notre attitude envers la mort ne se réduit pas à cette cause, pas plus que cette cause n'offre d'explication convaincante à notre attitude. On trouve une preuve de l'anomalisme du mental dans le fait que nous pouvons savoir à la fois que la mort a une cause physique et que sa signification dépend de notre attitude librement choisie envers la mort.

Davidson est décédé d'une insuffisance cardiaque après une opération du genou à l'âge de quatre-vingt-six ans. Il avait mené une vie active, et même dynamique. Au cours de la Seconde Guerre mondiale, il fut instructeur dans la marine américaine et risqua sa vie trois ans et demi durant en aidant les artilleurs et les pilotes à identifier les avions ennemis. Il avait également participé au débarquement en Sicile, à la prise de Salerne et à la campagne d'Anzio. Interrogé par Ernie Lepore sur le chaos de la guerre, il expliquait :

> *Cela ne me plaisait pas de risquer ma vie et ce que je faisais était très dangereux. Plus de la moitié des embarcations de la flottille ont sombré avec tous ceux qui étaient à bord. J'ai eu de la chance. Je détestais l'idée d'être tué. Je ne me suis pas battu tant que ça ; je détestais le concept. Sur ces bateaux, presque tout le monde était déboussolé et tout était déboussolant.*

Lepore raconte aussi qu'au cours de sa première rencontre avec Davidson dans les années 1970, le philosophe lui demanda de l'accompagner dans une subdivision de l'université du Minnesota où il devait faire une conférence. Ils prirent un petit avion privé et, une fois dans les airs, Davidson demanda à prendre les commandes. Il pilota à l'aller comme au retour.

Louis Althusser
(1918-1990)

Dès 1938, Althusser commença à souffrir de graves crises de mélancolie qui apparemment s'intensifiaient en février. Prisonnier de guerre, il fut hospitalisé pendant quatre ans. Son long combat contre la maladie mentale s'acheva non par un suicide, comme il l'annonçait parfois, mais par des pleurs sur le meurtre de sa femme, Hélène Rytman, qui était juive et avait activement participé à la Résistance.

Dans son autobiographie, *L'Avenir dure longtemps*, suivi de *Les Faits*, Althusser nous décrit ce meurtre d'une manière assez effrayante. Par une matinée grise de novembre 1980, son épouse et lui dormaient dans leur appartement de l'École normale supérieure à Paris. Althusser se réveilla. Il se souvient s'être agenouillé près de sa femme et lui avoir massé la nuque en silence. On sait qu'il avait pour habitude de masser sa compagne en utilisant une technique apprise en captivité auprès d'un certain Clerc, un footballer professionnel. Althusser poursuit :

> *Mais cette fois, c'est le devant de son cou que je masse. J'appuie mes deux pouces dans le creux de la chair qui borde le haut du sternum et, appuyant, je rejoins lentement, un pouce vers la droite un pouce vers la gauche en biais, la zone la plus dure au-dessous des oreilles. Je masse en V. Je ressens une grande fatigue musculaire dans mes avant-bras : je sais, masser me fait toujours mal aux avant-bras. Le visage d'Hélène est immobile et serein, ses yeux ouverts fixent le plafond. Et soudain je suis frappé de terreur : ses yeux sont interminablement fixes et voici qu'un bref bout de langue repose, insolite et paisible, entre ses dents et ses lèvres. Certes j'ai déjà vu des morts, mais de ma vie je n'ai vu le visage d'une étranglée. Et pourtant je sais que c'est une étranglée. Mais comment ? Je me redresse et hurle : j'ai étranglé Hélène !*

Mais comment, en effet ? Devons-nous croire le témoignage d'Althusser ? Il est évident que lui et Hélène vivaient dans ce qu'Althusser décrit comme « notre enfer », n'ouvrant plus la porte, ne répondant plus au téléphone et se bourrant d'antidépresseurs. Un journal médical français décrit le meurtre d'Hélène comme un cas d'« homicide altruiste ». Cela paraît légèrement généreux. Quoi qu'il en soit, Althusser fut déclaré dément au moment des faits et interné à Sainte-Anne.

Après sa libération, en 1983, il cessa d'écrire, à l'exception de son autobiographie. Althusser est mort d'une défaillance cardiaque sept ans plus tard.

John Rawls
(1921-2002)

Certains le considèrent comme le plus important philosophe politique du XXe siècle. En 2002, Rawls s'est glissé derrière « le voile d'ignorance », pour reprendre un de ses concepts, à la suite d'un arrêt cardiaque, mais il n'était «pas bien » depuis une attaque survenue en 1995.

L'expérience de la guerre a profondément transformé de nombreux philosophes dont nous avons parlé. C'est également vrai de Rawls, à sa manière douloureuse et réservée. En 1990, le photographe Stephen Pyke lui ayant demandé de synthétiser son idée de la philosophie en cinquante mots, Rawls écrivit :

> *Depuis le début de mes études de philosophie, à moins de 20 ans, je me préoccupe de questions morales, et des fondements religieux et philosophiques qui permettraient d'y répondre. Trois années passées dans l'armée américaine pendant la Seconde Guerre mondiale m'ont conduit à m'intéresser aussi aux questions politiques. Vers 1950 j'ai commencé à écrire un livre sur la justice que j'ai fini par achever.*

Il y a là une bonne soixantaine de mots. Rawls fut témoin du conflit sanglant entre les États-Unis et le Japon dans le Pacifique Sud, et des séquelles de la bombe atomique d'Hiroshima, un acte qu'il considérait comme immoral. Le livre auquel il fait si modestement allusion est bien entendu *Théorie de la justice* (1971). Sa conception d'une justice équitable, et sa vision d'une société légitime comme un consensus général entre des individus ayant des idées différentes du bien à l'intérieur d'un cadre de libertés et de droits fondamentaux, ont profondément influencé les politiciens libéraux et socio-démocrates dans les années 1980 et 1990. En 1999, Bill Clinton lui remit la médaille de la Liberté. Mais il y a fort à parier que son successeur à la Maison-Blanche ne fit probablement jamais de *Théorie de la justice* son livre de chevet.

Jean-François Lyotard
(1924-1998)

Dans les *Confessions* librement traduites par Lyotard, saint Augustin écrit :

> *Écoute, abaisse ton regard et vois, seigneur mon Dieu, prends pitié de moi et guéris-moi. Je suis sous tes yeux devenu à moi-même une interrogation, et c'est cela, cette langueur,* languor, *que maintenant je suis.*

Ces mots d'Augustin sont tirés de *La confession d'Augustin*, le dernier et remarquable écrit de Lyotard. Non achevé, publié à titre posthume, c'est un texte extrêmement chrétien de la part d'un païen avéré. Pour Augustin : « Ma langueur est l'interrogation que je suis devenu pour moi en relation à Dieu qui me regarde, qui peut me soigner et avoir pitié de moi, mais que je ne peux pas connaître et dont la bonne grâce n'est pas garantie. Les questions que je pose à Dieu font de moi une question à moi-même. » Lyotard ajoute, de façon énigmatique :

> Lagaros, *languide, dit en grec une humeur de mollesse, la disposition à l'À quoi bon ? Le geste s'y relâche. Ma vie à moi, la voici :* distentio, *laisser-aller, étirement. La durée s'avachit, c'est sa nature.*

Pour Lyotard, l'expérience de la langueur est à la fois la mollesse du corps, son affaiblissement tandis qu'il cesse d'être, et le temps comme dilatation, déploiement, procrastination. Dans la langueur, je souffre d'un retard à l'égard de moi-même, ma souffrance est ce que Lyotard appelle « attente » : « Les *Confessions* s'écrivent sous le signe temporel de l'attente. » Le poids du passé me fait attendre, et, dans l'attente, je languis. Je vieillis ; je commence à flotter dans mes habits. Je suis plein de nostalgie.

Lyotard, près d'être emporté par la leucémie, cite une seconde fois le passage ci-dessus d'Augustin et ajoute :

> *Je suis sous tes yeux devenu à moi-même une interrogation, et c'est cela, cette langueur, languor, que maintenant je suis. Voilà tout l'avantage de la foi, devenir une énigme à soi-même, vieillir en espérant de l'Autre la solution, la résolution. Aie pitié de moi, Iahvé, car je suis languissant. Guéris-moi, car mes os sont usés.*

Frantz Fanon
(1925-1961)

Le 7 décembre 1961, le *New York Times* publiait une notice nécrologique de Fanon qui commençait ainsi :

> *Nations Unies, N.Y., 6 déc – Le Dr Franz Fanon, un dirigeant du Front de libération national algérien, est mort aujourd'hui d'une leucémie au National Institutes of Health à Bethesda, dans le Maryland. Il avait 37 ans.*

Cette nécrologie, outre qu'elle révèle l'ignorance du *New York Times* à propos de Fanon, pose une question évidente : comment le héros des luttes de libération anticoloniales, le critique acharné de toutes les formes de racisme et d'impérialisme, a-t-il pu atterrir dans un hôpital proche de Washington ?

À la fin de 1960, Fanon s'était vu diagnostiquer une leucémie à Tunis. Ne pouvant recevoir un traitement adéquat en Afrique du Nord, il avait refusé de se rendre aux États-Unis, le pays des foules lyncheuses et du racisme, leur préférant Moscou. De retour à Tunis, il commença à dicter à sa femme Josie son second livre majeur, *Les damnés de la terre*. Bien qu'écrit, comme il le dit lui-même, avec la « hâte pitoyable » d'un mourant, ce livre extraordinairement passionné est devenu la « bible du tiers-mondisme ».

Début octobre 1961, Fanon connut une sérieuse rechute. Épuisé, émacié, aphone, il se rendit d'abord à Rome où Sartre le rencontra une dernière fois. Le philosophe français sera l'auteur d'une préface controversée aux *Damnés de la terre* que l'épouse de Fanon supprimera des rééditions ultérieures de l'ouvrage.

Grâce à l'aide d'un certain Ollie Iselin, agent de la CIA en Afrique du Nord, Fanon se rendit aux États-Unis en avion le 3 octobre. Son état empira malgré les efforts des médecins américains. En lisant les premières critiques favorables aux *Damnés de la terre*, il eut ce commentaire : « Cela ne me rendra pas la moelle de mes os. » Certains affirment que Fanon fut exécuté par la CIA. Malgré l'absence de preuves, il y a toujours place pour une théorie du complot.

Le corps fut réexpédié à Tunis dans un Lockheed Electra II. Fanon avait demandé à être inhumé en Algérie, le pays où il s'était installé en 1953 et dont la guerre de libération avait consumé les dernières années de sa vie. Le 12 décembre, une petite colonne de ses camarades du FLN transporta le corps de l'autre côté de la frontière tunisienne ; Fanon fut enterré avec tous les honneurs à 600 mètres à l'intérieur du territoire algérien. Le jour où la nouvelle de sa mort atteignit Paris, la police confisqua tous les exemplaires des *Damnés de la terre,* les autorités françaises estimant que le livre menaçait la sécurité nationale.

Gilles Deleuze
(1925-1995)

Un concept de vie qui n'est pas simplement organique agite l'œuvre de Deleuze qui écrit : « Ce sont ces organismes qui meurent, pas la vie. » Deleuze est un penseur vitaliste dans la tradition de Bergson et de Nietzsche – une tradition qui, d'après Spinoza, le « Christ des philosophes », selon Deleuze, « ne pense à rien moins qu'à la mort ». Cette vie s'éprouve dans l'expérience de la création comme puissance affirmative, dans une intensité à même de faire naître un sentiment de joie.

Comment comprendre dès lors que Deleuze soit mort en se défenestrant dans son appartement parisien ? Apparemment, la défenestration n'est pas inhabituelle chez les patients qui, comme Deleuze, souffrent d'emphysème. Ils étouffent, sont réellement submergés par le manque d'air et éprouvent un besoin désespéré de respirer. Sous l'effet d'une brusque impulsion, une chute à toute vitesse leur paraît une manière de forcer le passage de l'air dans les poumons, d'avaler désespérément une gorgée d'air frais. (Ce serait l'une des raisons pour lesquelles les bâtiments hospitaliers destinés à l'accueil des malades atteints d'insuffisance respiratoire sont situés au rez-de-chaussée, ou sont pourvus de barreaux aux fenêtres.)

Deleuze n'accordait aucune importance particulière à son autobiographie ; il disait, à juste titre, que la vie des universitaires est rarement intéressante. Après sa défenestration, Lyotard, son collègue de longue date, trouva le ton juste dans l'article, intitulé « Il était la bibliothèque de Babel », qu'il adressa à *Libération* le 7 novembre 1995 :

> *Il était trop dur pour éprouver déceptions et ressentiments, affections négatives. Dans cette fin de siècle nihiliste, il était l'affirmation. Jusque dans la maladie et la mort. Pourquoi ai-je parlé de lui au passé ? il rirait, il rit, il est là. C'est ton chagrin idiot, dit-il.*

Michel Foucault
(1926-1984)

Foucault eut cette formule : « Un jour, peut-être, le siècle sera deleuzien. » Deleuze renvoya le compliment en publiant un livre sur Foucault deux ans après la mort de ce dernier. Foucault aimait aussi à citer cette phrase de René Char : « Développez votre étrangeté légitime. » Il l'a mise à exécution théoriquement et pratiquement au cours d'une série de visites à l'université de Californie à Berkeley, à la fin des années 1970 et au début des années 1980. Foucault se réjouissait de l'ouverture d'esprit de la culture gay à San Francisco. Dans un entretien avec un journal gay de Los Angeles, *The Advocate*, il disait :

> *La sexualité fait partie de nos conduites. Elle fait partie de la liberté dont nous jouissons dans ce monde. La sexualité est quelque chose que nous créons nous-mêmes – elle est notre propre création, bien plus qu'elle n'est la découverte d'un aspect secret de notre désir. Nous devons comprendre qu'avec nos désirs, à travers eux, s'instaurent de nouvelles formes de rapports, de nouvelles formes d'amour et de nouvelles formes de création. Le sexe n'est pas une fatalité ; il est une possibilité d'accéder à une vie créatrice. Nous n'avons pas à découvrir que nous sommes homosexuels. Nous devons plutôt créer un mode de vie gay.*

Parallèlement, Foucault développait ses idées sur la constitution de soi et l'usage des plaisirs qu'il exprime dans le second et le troisième volume de *L'Histoire de la sexualité*. Il se préoccupait beaucoup en particulier de l'idée grecque et romaine du souci de soi, et des techniques de gouvernement de soi. Il se documentait soigneusement sur les pratiques alimentaires, économiques, philosophiques et sexuelles relatives à la formation du soi et à son usage des plaisirs.

Le concept central de l'œuvre de Foucault est sans doute la liberté, mais il ne s'agit pas chez lui d'une abstraction philosophique ou d'une rhétorique politique. Foucault s'intéressait au souci de soi comme pratique de liberté, comme quelque chose de formé et de développé : une étrangeté légitime.

On pourrait demander : quelle est la différence entre le paganisme et le christianisme ? Foucault établit une distinction entre ce qu'il appelle l'« herméneutique du désir » chrétienne et l'« esthétique de l'existence » païenne. Il aurait expliqué, lors d'un séminaire à la New York University en 1980, que la différence entre l'Antiquité tardive et les débuts du christianisme pouvait se résumait à la question suivante : le patricien païen demande : « Compte tenu que je suis qui je suis, qui puis-je baiser ? » C'est-à-dire, compte tenu de mon statut social, qui serait-il approprié que je prenne comme amant, quelle fille ou quel garçon, quelle femme ou quel homme ? À l'opposé, le chrétien demande : « Compte tenu que je ne peux baiser personne, qui suis-je ? » C'est-à-dire que la question : « Que signifie être humain ? » se pose aux chrétiens d'abord sous le regard de Dieu. Pour des penseurs tels que Paul et Augustin, la perfection de Dieu me rend conscient de moi-même comme imparfait et pécheur ; ainsi commence à se développer la conscience aiguë de la mauvaise conscience.

Foucault fut hospitalisé en juin 1984 avec les symptômes d'une grippe maligne et persistante, de la fatigue, une terrible toux et des migraines épouvantables. « C'est comme d'être dans le brouillard », disait-il. Mais il ne renonça pas à son implacable rythme de recherches et poursuivit son travail jusqu'à la fin du second et du troisième volume de l'*Histoire de la sexualité*, parus peu avant sa mort. Alors que les premières victimes du sida ignoraient souvent la nature de leur mal, Foucault, lui, se savait contaminé par le virus. Son ami, l'historien Paul Veyne, spécialiste de la Rome antique, raconte :

> *Foucault n'éprouvait pas la peur de la mort : il le disait à ses amis, lorsque la conversation en revenait au suicide, et les faits ont prouvé, quoique d'une autre manière, qu'il ne se vantait pas. La sagesse antique lui était devenue personnelle d'une autre manière encore ; durant les huit derniers mois de sa vie, la rédaction de ses livres a joué pour lui le rôle que l'écriture philosophique et le journal intime jouaient dans la philosophie antique : celui d'un travail de soi sur soi, d'une autostylisation.*

Foucault, qui avait pris beaucoup de plaisir à lire Sénèque vers la fin de sa vie, est mort le 25 juin 1984 comme un philosophe antique. Il ambitionnait de montrer par ses recherches sur l'Antiquité tardive préchrétienne qu'une vie peut devenir une œuvre d'art. L'une des ambitions de ce livre aura été de montrer que souvent, la plus grande œuvre des philosophes est leur comportement face à la mort.

Jean Baudrillard
(1929-2007)

Avec un clin d'œil à sa déformation professionnelle comme professeur de sociologie et à Emile Durkheim, l'un des fondateurs de la sociologie, Jean Baudrillard écrit : « La philosophie mène à la mort, la sociologie mène au suicide. »

Dans son dernier livre, *Cool Memories V*, rédigé au moment où on diagnostique le cancer qui l'a emporté, Baudrillard explique n'avoir jamais imaginé la mort. Pour lui, c'était la meilleure attitude à adopter : la mort reste une surprise, quelque chose d'autre et de magique, une étrange rivale dans un duel avec la vie. Il écrit avec piquant :

> *La mort arrange bien les choses, car en votre absence le monde mérite déjà nettement moins d'être vécu.*

Jacques Derrida
(1930-2004)

Dans un long et fascinant entretien, aujourd'hui un peu attristant, publié dans *Le Monde* daté du 19 août 2004, et republié après sa mort, Derrida décrit son travail en terme d'« éthos d'écriture ». À mon avis, Derrida était le lecteur suprême des textes philosophiques et son exemple est une leçon de lecture : patiente, méticuleuse, ouverte, interrogatrice, infiniment inventive. Au meilleur d'elle-même, l'écriture de Derrida réussit à déstabiliser les attentes du lecteur et à transformer complètement sa compréhension du philosophe et de la philosophie soumise à son examen. Ce qui a été confusément nommé « déconstruction », un terme que Derrida a toujours considéré avec suspicion, se conçoit mieux comme un éthos de lecture et d'écriture. Le travail de Derrida exemplifie une vigilance philosophique sans compromis qui est constamment en guerre avec l'orthodoxie intellectuelle dominante, ce qu'il aimait appeler – je pense dans un esprit socratique – la *doxa*, l'opinion ou image narcissique de l'époque.

L'œuvre de Derrida est animée d'une curieuse agitation, on pourrait même dire angoisse. Un célèbre philosophe américain, qui avait beaucoup de sympathie pour Derrida, me confia un jour : « Il ne sait jamais quand ou comment s'arrêter. » Dans l'entretien avec *Le Monde*, Derrida déclare : « Je suis en guerre contre moi-même. » Il ne tenait pas en place intellectuellement, toujours à l'affût de nouveaux objets d'analyse, acceptant de nouvelles invitations, se confrontant à de nouvelles références, s'adressant à de nouveaux publics, écrivant de nouveaux livres. Dans la discussion, il témoignait d'une capacité époustouflante tout simplement à écouter, puis à répondre par de longues analyses détaillées et fascinantes. Comme beaucoup, je l'ai vu à l'œuvre à maintes reprises, toujours patient, poli, modeste et civil. Tout l'éthos de son travail était l'antithèse de la suffisance professionnelle qui définit tellement la philosophie et tant de philosophes.

Derrida considérait que soutenir, comme Cicéron, que philosopher, c'est apprendre à mourir, était une idée plutôt rébarbative par son narcissisme. Il affirmait : « Je reste inéducable quant à la sagesse du savoir-mourir. » Philosopher, au contraire, c'est apprendre à vivre. Dans les mots qui ouvrent *Spectres de Marx* (1993), Derrida fait le ventriloque, comme souvent dans son travail, et parle d'une autre voix : « Je voudrais apprendre à vivre enfin. »

Cependant, apprendre à vivre n'a pas éradiqué la terreur de la mort. En 2002, peu avant la diffusion d'un documentaire sur sa personne et son œuvre, Derrida accorda une interview au *Los Angeles Weekly*. Il dut répondre à une série de questions particulièrement stupides. L'intervieweur lui ayant demandé : « Un philosophe doit-il avoir une biographie ? » il rétorqua : « Comment un philosophe pourrait-il ne pas avoir de biographie ? » À la question : « Qu'est-ce qui est important pour vous aujourd'hui ? », il répondit avec bonne foi et une candeur extraordinaires :

> *La conscience permanente de ce que je vieillis, que je vais mourir et que la vie est courte. Je suis constamment attentif au temps qu'il me reste à vivre, ce depuis ma jeunesse. J'y pense davantage encore aujourd'hui à l'âge de 72 ans. Je n'ai pas fait la paix avec le caractère inévitable de la mort, et je doute y parvenir jamais. Aucune de mes pensées ne parvient à se défaire de la conscience de ma fin prochaine. Certes, les événements terribles qui agitent le monde occupent une place dans mon esprit ; mais toujours au côté de cette terreur de ma propre mort.*

C'est peut-être pour apaiser cette terreur que Derrida écrivait sans cesse sur la mort d'amis et de philosophes dont il était parfois proche (Maurice Blanchot, Levinas), parfois pas (Foucault, Deleuze), mais avec lesquels il avait en tout cas une affinité élective.

Après la mort de Barthes en 1980 et, plus encore après la mort brutale, en décembre 1983, de son ami et collègue Paul de Man, le thème du deuil devient central dans son travail. Dans *Mémoires. Pour Paul de Man* (1988), Derrida écrit avec beaucoup de passion et de perspicacité sur l'expérience de la mémoire dépossédée. Être dépossédé d'un ami, c'est porter en soi son souvenir d'une manière qui ne peut pas être simplement intériorisée. C'est comme si l'ami disparu continuait à vivre d'une manière qui hante le moi à la manière d'un fantôme. Après la mort de l'autre, le moi n'est pas guéri ou réparé, il est blessé et divisé contre lui-même. Ceci résiste à ce que Freud nomme le « deuil normal », où le moi est censé récupérer son intégrité et son unité après s'être « consolé » de la perte de l'être aimé. Derrida plaide au contraire pour ce qu'il appelle le « deuil impossible », celui où, précisément, nous ne nous consolons pas de la mort des autres qui continuent de vivre dans notre mémoire dépossédée. Il explique que le deuil impossible n'est ni la résurrection de l'autre ni sa possession narcissique par le moi. Au contraire, l'ami(e) ou l'aimé(e) vit à l'intérieur de moi comme un fantôme qui brouille la ligne de partage entre les vivants et les morts. Les fantômes, les spectres et les revenants préoccupaient beaucoup Derrida, en particulier dans les écrits de ses dix dernières années.

Bien que Derrida refuse l'idée classique que philosopher, c'est apprendre à mourir, Cicéron fait une apparition dans l'épigraphe de cet important ouvrage qu'est *Politiques de l'amitié* (1994). Derrida cite les mots : « ... *et quod difficilius dictu est, mortui vivunt* » qu'il traduit ainsi : « ... et, ce qui est plus difficile à dire, les morts vivent. » Les morts continuent à vivre, ils vivent à l'intérieur de nous d'une manière qui dérange tout contentement de soi, mais nous trouble et nous invite à réfléchir davantage sur eux. Nous pourrions dire que chaque fois qu'on lit un philosophe, il n'est pas mort. Si vous voulez communiquer avec les morts, lisez un livre.

Guy Debord
(1931-1994)

L'auteur de *La Société du spectacle*, et l'un des fondateurs de l'Internationale situationniste, se tira une balle en plein cœur dans sa propriété isolée de Champot, en Haute Loire. Bien que certains aient prétendu que sa mort était le dernier communiqué situationniste, dans un monde d'échanges capitalistes où la mort n'était plus qu'un produit comme les autres permettant de promouvoir la vente de ses livres, il semble que Debord se soit suicidé pour mettre un terme aux souffrances dues à la polynévrite alcoolique qu'il avait contractée. Dans son autobiographie, *Panégyrique, tome premier* (1989), il écrit :

> *Dans le petit nombre des choses qui m'ont plu, et que j'ai su bien faire, ce qu'assurément j'ai su faire le mieux, c'est boire. Quoique ayant beaucoup lu, j'ai bu davantage. J'ai écrit beaucoup moins que la plupart des gens qui écrivent ; mais j'ai bu beaucoup plus que la plupart des gens qui boivent.*

Dominique Janicaud
(1937-2002)

Le 18 août 2002 au matin, à Èze sur la Côte d'Azur, Janicaud fut emporté par un arrêt cardiaque après une baignade. Il se trouvait non loin du point de départ de ce qu'on appelle le chemin Nietzsche, un sentier escarpé de 1 000 mètres menant du rivage au vieux château et au village d'Èze, là où le philosophe allemand était venu faire de la marche durant les sept hivers qu'il passa à Nice dans les années 1880, et où il composa des fragments d'*Ainsi parlait Zarathoustra*. Ancien étudiant de Janicaud, j'ai eu l'occasion d'effectuer cette ascension avec lui en deux occasions mémorables.

Èze se situe à l'est de Nice, une ville que Dominique adorait et où il enseignait la philosophie depuis 1966, refusant les nombreuses invitations qu'on lui adressait pour s'installer à Paris ou ailleurs. Il vivait et travaillait dans une merveilleuse maison perchée haut sur les pentes de l'arrière-pays, près de la vallée du Var. La veille de sa mort, il avait achevé la première mouture d'une introduction à la philosophie destinée à sa fille Claire, qui envisageait d'enseigner la philosophie dans le secondaire. Dominique était si insatisfait de l'académisme abscons des différentes introductions à la philosophie qu'il avait décidé d'écrire la sienne.

Pour Janicaud, la question fondamentale de la philosophie est le « Être ou ne pas être » d'Hamlet. C'est-à-dire que les nombreuses questions apparemment abstraites de la philosophie décrivent des cercles qui ramènent à la question existentielle de qui nous sommes et de l'être. Voici ce que dit Janicaud de l'expérience d'un tel questionnement :

Mais l'étonnement devant l'être, devant le fait même qu'il y a de l'être, ne doit-il pas être salué et sauvegardé comme l'acte le plus philosophique qui soit ?

Ce qui est fondamental ici, c'est que nous devons faire l'expérience de cet étonnement face à la *mise en doute* des choses. Nous ne sommes pas certains de qui nous sommes et de ce qui existe : ce sont là des questions auxquelles nous devons répondre. Bien entendu, nous avons commencé ce livre avec ces mêmes questions, 190 morts et quelques millénaires plus tôt. La philosophie est un retour permanent au commencement. C'est sans doute pourquoi son histoire, et celle des philosophes, ne forme pas un registre redondant des erreurs passées, mais une série de tentations intellectuelles irrésistibles à partir desquelles nous pourrions finalement apprendre à vivre.

Simon Critchley
(1960- ?)

Quitte la scène, poursuivi par un ours.

Derniers mots

L'état de créature

La mort demeure notre grand tabou. Il nous est impossible de la regarder en face, de peur de voir le squelette qui se cache sous notre peau. Des études sur les attitudes envers la mort montrent que la plupart des gens veulent disparaître rapidement, sans souffrir et « sans être un fardeau pour personne ». Je soupçonne cette dernière platitude de cacher que les gens ne veulent pas devenir un fardeau parce qu'ils craignent que leurs enfants ou leurs proches ne s'occupent pas d'eux. Il y a dans la peur de la mort la peur d'être vulnérable dans l'infirmité, de se retrouver piégé dans une maison de retraite, d'être ignoré par les amis embarrassés et les membres de la famille trop occupés ou éloignés.

Notre finitude défait bien des truismes. En 2003, une enquête nationale approfondie de la « Opinion Dynamics Corporation » a montré que 92 pour cent des Américains croyaient en Dieu, 85 pour cent au paradis et 82 pour cent aux miracles. Mais la vérité la plus profonde est que cette croyance religieuse, et ce bonus d'une vie au ciel après la mort, offrent peu de consolation aux croyants. Le seul clergé auquel les gens croient *réellement*, c'est la profession médicale avec sa panoplie de drogues sacramentelles et de technologies dispensatrices de longévité, le seul bien incontesté aujourd'hui.

S'il fallait une preuve que de nombreux croyants ne pratiquent pas ce qu'ils prêchent, on la trouverait dans l'ignorance des préceptes religieux, en particulier des préceptes chrétiens envers la mort ; c'est pourquoi j'ai insisté sur ce point dans certains portraits de ce livre.

Le christianisme ne parle de rien d'autre que de se préparer à mourir. C'est un entraînement rigoureux à la mort, une sorte de mort dans la vie qui accorde peu de valeur à la longévité. Entre les mains d'un Paul, d'un Augustin ou d'un Luther, le christianisme est une manière de se réconcilier avec la brièveté de la vie humaine et de renoncer au désir de richesses, de biens matériels et de pouvoir temporel. Rien n'est plus inamical envers la plupart de ceux qui se disent chrétiens que le véritable christianisme. Ils mènent en réalité des vies athées tranquillement désespérées, limitées d'un côté par le désir de longévité et de l'autre par la terreur de l'anéantissement.

Si l'idéal de la mort philosophique nous fascine aujourd'hui, c'est parce qu'il s'attaque aux doctrines contemporaines négatrices de mort. Notre individualité se façonne par rapport à notre mortalité. C'est par rapport à la réalité de la mort, la mienne et celle des autres, que le moi devient le plus véritablement lui-même. Le moi se construit dans l'acceptation de la perte du moi. En d'autres mots, et bien entendu il s'agit là d'une banalité, la mort est la limite de la vie. Accepter sa mortalité, c'est accepter sa limitation.

Cela signifie également, et c'est fondamental à mes yeux, d'accepter ce qu'on peut appeler notre *état de créature*. Dans la théologie traditionnelle, être une créature, c'est être en position de dépendance par rapport à Dieu. Je propose une variante moins théiste de cette pensée. En l'occurrence, l'existence humaine est limitée. Elle est façonnée par les forces de l'évolution au-delà de notre contrôle et par le mouvement d'un désir qui menace de nous étouffer dans l'étreinte d'un roman familial.

Nous ne pouvons pas rendre à la nature et à la culture les cadeaux que nous n'avons pas demandés. Nous ne pouvons pas davantage sauter par-dessus l'ombre de notre mortalité. Mais nous pouvons transformer notre manière d'accepter ces cadeaux ; nous pouvons nous tenir plus pleinement sous la lumière qui projette cette ombre. Je fais le pari que si nous admettions nos limites, nous renoncerions à certains phantasmes de toute-puissance infantile, de richesses terrestres et de pouvoir boursouflé qui s'achèvent en conflits personnels agressifs et en guerres sanglantes entre dieux rivaux et exclusifs. Être une créature, c'est accepter sa dépendance et son étroitesse d'esprit sans pour autant sombrer dans le ressentiment et le désespoir. C'est en faire un facteur de courage et d'endurance.

Pour en revenir à Montaigne, avec qui j'ai commencé ce livre, qui philosophe prend l'habitude d'avoir continuellement la mort dans la bouche. C'est ainsi qu'on commence à se confronter à la terreur de l'anéantissement, à cet asservissement qui nous pousse à la fuite ou au divertissement. En parlant de la mort, et même en riant de notre fragilité et de notre mortalité, nous acceptons la limitation de notre état de créature qui est la condition même de la liberté humaine.

Cette liberté n'est pas un état passif, ou la simple absence de nécessité ou de contrainte. Au contraire, c'est une activité en mouvement qui requiert le consentement de la nécessité et l'affirmation des contraintes perpétuellement changeantes de notre mortalité. Ce n'est pas facile, je le sais. Philosopher, c'est apprendre à aimer cette difficulté.

Détails géographiques et remerciements

La première mouture de ce livre a été conçue et écrite entre un appartement sur West Sunset Boulevard et le Getty Research Institute à Los Angeles, de novembre 2006 à juin 2007. L'étrange atmosphère de cette ville et ses incontournables clichés imprègnent cette phase d'écriture : les tournants mélancoliques de Santa Ana, les larges rues flanquées de hauts palmiers, désertes la nuit, et la lumière du soleil, si forte qu'elle ne se différencie plus de l'obscurité. Pour moi, Los Angeles est la ville du film noir, en particulier *Sunset Boulevard* (1950), de Billy Wilder. La mort, l'obscurité et le désespoir se tapissent derrière les différents écrans que les humains utilisent pour bloquer l'accès au monde extérieur : larges lunettes de soleil, stores vénitiens aux fenêtres et vitres teintées des SUV noirs, en général allemands.

Tout près du Santa Monica Boulevard, dans l'ombre des studios Paramount, les touristes sont invités à visiter le « cimetière du Hollywood de toujours ». L'endroit se définit comme le « lieu de repos des immortels de Hollywood », tels Rudolph Valentino, Douglas Fairbanks, Jayne Mansfield et Cecil B. De

Mille, qui fait une apparition à la fin de *Sunset Boulevard*. Le cimetière s'enorgueillit des dernières innovations technologiques, comme la retransmission de cérémonies funéraires aux quatre coins du monde via internet. Ceux qui souhaitent participer à la visite hebdomadaire du cimetière sont invités à appeler une certaine Karie Bible au 323 769 0195. Los Angeles, dans sa terreur particulière de l'anéantissement, est certainement candidate au titre de capitale mondiale de la mort.

J'aimerais remercier mon ami George Miller qui m'a proposé d'écrire ce livre il y a plusieurs années, et qui en a relu le manuscrit méticuleusement et attentivement. Je voudrais également remercier Bella Shand pour son appui continu et ses conseils éditoriaux hors pair. Je tiens à témoigner ma gratitude à Marty Asher qui a apporté ce livre à Vintage, et à Jeff Alexander pour sa contribution avisée et ses améliorations constantes à l'édition américaine de *Les philosophes meurent aussi*. Qu'il me soit permis de remercier, chez Vintage, Daniel Yanez, Sloane Crosley et Russell Perreault.

L'écriture de ce livre a été rendue possible grâce à la générosité du Getty Research Institute qui m'a accueilli comme boursier 2006-2007. Merci en particulier à mon assistante en recherches, Courtney Bigg, qui s'est révélée très utile en trouvant des sources obscures et en répondant à mes vagues demandes bibliographiques. Merci à Jack Miles, Peter Goodrich et Christopher Tradowsky qui ont lu ma première mouture et m'ont proposé d'importantes suggestions. L'équipe de la bibliothèque du Getty Research Institute s'est montrée très efficace, et quelques-uns de mes collègues m'ont fait part d'informations précieuses, en particulier Silvia Berti, Todd Cronan, Bertram Kaschek et Thomas Lentes.

À l'extérieur des murs du ghetto Getty, je tiens à remercier Giovanni Levi pour son aide approfondie sur la philosophie chinoise, Shehab Ismail pour quelques pistes utiles sur les penseurs médiévaux islamiques, Lisabeth During pour une citation qui m'a fait démarrer, Genevieve Lloyd pour quelques conversations mémorables, ainsi que James Plath, Cecilia Sjöholm, Anne Deneys-Tunney, Niklaus Largier, David McNeill, John Milbank, Mark Wrathall et Andrew Thomas. Merci en particulier à Raymond Geuss pour quelques corrections fort utiles à un stade crucial de l'écriture, elles ont été silencieusement insérées dans le texte. Je voudrais remercier les étudiants et auditeurs brillants et assidus à mon séminaire « Philosopher c'est apprendre à mourir » à la New School for Social Research, à l'automne 2007. Enfin, je tiens à témoigner ma reconnaissance à Jamieson Webster qui m'a fait part de cette observation : « Bien entendu, le mâle obsessionnel s'inquiète d'une question, à savoir s'il est vivant ou mort. » Grâce à elle, je me sens légèrement plus proche du premier état que du second. Pour le moment, du moins.

Bibliographie sélective

Note de l'éditeur : La bibliographie du livre initial de Simon Critchley comporte plus de 200 références. Elle est consultable en anglais sur le site www.bourin-editeur.fr. *La bibliographie sélective qui suit est composée exclusivement de titres mentionnés par l'auteur, classiques de la philosophie et ouvrages récents français ou traduits en français, que l'on trouvera aisément en librairie.*

Abélard, Pierre, *Lamentations. Histoire de mes malheurs. Correspondance avec Héloïse*, (traduction par Paul Zumthor, Actes Sud, Babel, 1992).

Adorno, Theodor, *Minima Moralia : Réflexions sur la vie mutilée* (traduction par Eliane Kaufholz et Jean-René Ladmiral, Payot, 2003).

Algalarrondo, Hervé, *Les Derniers Jours de Roland B.* (Stock, 2006).

Althusser, Louis, *L'avenir dure longtemps*, suivi de *Les Faits* (Stock/IMEC, 1992).

Arendt, Hannah, *La Vie de l'esprit* (traduction par Lucienne Lotringer, PUF, Quadrige, 2005).

Aristophane, *Nuées* (traduction par Hilaire Van Daele, Les Belles Lettres, 2009).

Augustin (Saint), *Les Confessions*, (traduction par Patrice Cambronne, Gallimard, La Pléiade, 1998).

Baudrillard, Jean, *Cool Memories V. 2000-2004* (Galilée, 2005).

Benjamin, Walter, *Œuvres* (en trois volumes, traduction par Maurice de Gandillac, Rainer Rochlitz et Pierre Rusch, Gallimard, Folio Essais, 2000).

Berkeley, George, *Œuvres* (en quatre volumes, traduction sous la direction de Geneviève Brykman, PUF, 1985-1996).

Bernhard, Thomas, *L'Imitateur* (traduction par Jean-Claude Hémery, Gallimard, Folio Bilingue, 1997).

Boèce, *La Consolation de Philosophie* (traduction par Eric Vanpeteghem, LGF/Le Livre de poche, 2008).

Bowlby, John, *Charles Darwin : Une nouvelle biographie* (traduction par Pierre-Emmanuel Dauzat, PUF, 2005)

Brochard, Victor, *Les Sceptiques grecs* (Vrin, 1923 ; LGF/ Le Livre de poche, 2002).

Camus, Albert, *Le Mythe de Sisyphe* (Gallimard, Folio Essais, 1985).

Cicéron, *Des termes extrêmes des fins et des maux* (en deux tomes, traduction par Jules Martha, Les Belles Lettres, 2002).

Cicéron, *Des devoirs* (en deux tomes, traduction par Maurice Testard, Les Belles Lettres, 2010).

Cohen-Solal, Annie, *Sartre. 1905-1980* (Gallimard, Folio Essais, 1999).

Confucius, *Entretiens* (traduction par Anne Cheng, Seuil, Points Sagesses, 1981).

Davidson, Donald, *Actions et événements* (traduction par Pascal Engel, PUF, 1993).

Derrida, Jacques, *Mémoires: pour Paul de Man* (Galilée, 1988).

Diogène Laërce, *Vies et doctrines des philosophes illustres* (traduction sous la direction de Marie-Odile Goulet-Cazé, LGF/La Pochotèque, 1999).

Epictète, *Manuel d'Epictète* (traduction par Pierre Hadot, LGF/Le Livre de poche, 2000).

Epicure, *Lettres et maximes* (traduction par Marcel Conche, PUF, 2009).

Eribon, Didier, *Michel Foucault* (Flammarion, Champs, 1993).

Ficin, Marsile, *Lettres* (traduction de Sébastien Galland et Julie Reynaud, Vrin, 2010).

Fontenay, Élisabeth de, *Diderot ou Le matérialisme enchanté* (Grasset, 1981 ; LGF/Le Livre de poche, 1984).

Heidegger, Martin, *Être et temps* (traduction par François Vezin, Gallimard, 1986).

Hölderlin, Friedrich, *La mort d'Empédocle* (traduction par Eloi Recoing, Actes Sud, Babel, 2004).

Hume, David, *Essais moraux, politiques et littéraires* (traduction par Gilles Robel, PUF, 2001).

Hume, David, « Du suicide » (dans *L'histoire naturelle de la religion*, traduction par Michel Malherbe, Vrin, 1989).

James, William, *Introduction à la philosophie* (traduction par Stéphan Galetic, Les Empêcheurs de tourner en rond, 2006).

Janicaud, Dominique, *Les bonheurs de Sophie. Une initiation à la philosophie en 30 mini-leçons* (Encre Marine, 2003).

Jankélévitch, Vladimir, *Penser la mort?* (Liana Levi, 2003).

Jones, Ernst, *La vie et l'œuvre de Sigmund Freud* (en

trois tomes, traduction par Anne Berman et Liliane Flournoy, PUF, Quadrige, 2006).

Kierkegaard, Søren, « La Maladie à la Mort » (dans *Œuvres complètes*, volume 16, traduction par Else-Marie Jacquet-Tisseau et Paul-Henri Tisseau, L'Orante, 1971).

Kübler-Ross, Élisabeth, *La mort, dernière étape de la croissance* (traduction par Pierre Maheu, Pocket, 2002).

La Mettrie, Julien Offray de, *Textes choisis* (Editions Sociales, 1954).

La Rochefoucauld, François de, *Maximes* (Flammarion, GF, 1999).

Leibniz, Gottfried Wilhem, *Protogaea* (traduction par Jean-Marie Barrande, PUM, 1993).

Le Livre des morts. Tibétain, égyptien, chrétien (édition et traduction par Jean-Yves Leloup, Albin Michel, 2009).

Locke, John, *Essai sur l'entendement humain* (traduction par Pierre Coste, LGF/Le Livre de poche, 2009).

Long, Arthur Anthony, et Sedley, David, *Les philosophes hellénistiques* (en trois tomes, traduction par Jacques Brunschwig et Pierre Pellegrin, Flammarion, GF, 1997-2001).

Lucien, *Dialogues des morts* (dans *Voyages extraordinaires*, traduction par Jacques Bompaire et Anne-Marie Ozanam, Les Belles Lettres, 2009).

Lucrèce, *De la nature* (traduction par José Kany-Turpin, Flammarion, GF, 1999).

Lyotard, Jean-François, *La Confession d'Augustin* (Galilée, 1998).

Machiavel, Nicolas, *Le Prince* (traduction par Jacques Gohory, Gallimard, Folio Classique, 2007).

Marc Aurèle, *Pensées* (en deux volumes, traduction par Emile Bréhier, Gallimard, Folio, 2006-2007).

Ménage, Gilles, *Histoire des femmes philosophes* (traduction par Manuella Vaney, Arléa, 2003)

Merleau-Ponty, Maurice, *Signes* (Gallimard, Folio Essais, 2001).

Monk, Ray, *Wittgenstein, Le devoir de génie* (traduction par Abel Gerschenfeld, Odile Jacob, 1999 ; Flammarion, 2009).

Montaigne, Michel de, *Les Essais* (LGF/La Pochotèque, 2002).

Montaigne, Michel de, *Œuvres complètes* (Gallimard, La Pléiade, 1962).

Nietzsche, Friedrich, *Ecce Homo* (avec *L'Antéchrist*, traduction par Jean-Claude Hémery, Gallimard, Folio Essais, 1990).

Pascal, Blaise, *Pensées* (LGF/Le Livre de poche, 2008).

Pétrone, *Satyricon* (traduction par Laurent Tailhade, Flammarion, GF, 2008).

Platon, *Apologie de Socrate*, suivi de *Criton* (traduction par Luc Brisson, Flammarion, GF, 1999).

Platon, *Euthyphron* (avec *Lachès*, traduction par Louis-André Dorion, Flammarion, GF, 1998).

Platon, *Phédon* (traduction par Monique Dixsaut, Flammarion, GF, 1999).

Platon, *Phèdre* (traduction par Luc Brisson, Flammarion, GF, 2006).

Plotin, *Première Ennéade* (traduction par Emile Bréhier, Les Belles Lettres, 2002).

Plutarque, *Vies parallèles* (traduction par Anne-Marie Ozanam, Gallimard, Quarto, 2001).

Quincey, Thomas de, *De l'assassinat considéré comme un des beaux-arts* (traduction par Pierre Leyris, Gallimard, 2002).

Quincey, Thomas de, *Les confessions d'un mangeur d'opium anglais* (avec aussi *La malle-poste*, traduction par Pierre Leyris, Gallimard, 1990).

Ricœur, Paul, *Sur la traduction* (Bayard, 2004).

Rosenzweig, Franz, *L'Étoile de la rédemption* (traduction par Alexandre Derczanski et Jean-Louis Schlegel, Seuil, 2003).

Roudinesco, Élisabeth, *Jacques Lacan* (Fayard, 1993).

Rousseau, Jean-Jacques, *Les rêveries du promeneur solitaire* (LGF/Le Livre de poche, 2001).

Rowley, Hazel, *Tête-à-tête. Beauvoir et Sartre : un pacte d'amour* (traduction par Pierre Demarty, Grasset, 2006).

Russell, Bertrand, « Pourquoi je ne suis pas chrétien » (dans *Le mariage et la morale*, traduction par Gabriel Beaufroy et Guy Le Clech, 10/18, 1997).

Safranski, Rüdiger, *Heidegger et son temps* (traduction par Isabelle Kalinowski, Grasset, 1996 ; LGF/Le Livre de poche, 2000).

Schopenhauer, Arthur, *Le Monde comme volonté et comme représentation* (en deux tomes, traduction par Christian Sommer, Vincent Stanek et Marianne Dautrey, Gallimard, Folio Essais, 2009).

Sénèque, *La brièveté de la vie* (avec *La vie heureuse*, traduction par José Kany-Turpin, Flammarion, GF, 2005).

Spinoza, Baruch, *Éthique* (traduction par Bernard Pautrat, Seuil, Point Essais, 1999).

Voltaire, *Dictionnaire philosophique* (Flammarion, GF, 2010).

Weil, Simone, *Cahiers. Février 1942-Juin 1942. La porte du transcendant* (Gallimard, 2002).

Yates, Frances Amelia, *L'art de la mémoire* (traduction par Daniel Arasse, Gallimard, 1987).

Young-Bruehl, Élisabeth, *Hannah Arendt. Biographie* (traduction par Joël Roman et Etienne Tassin, Calmann-Lévy, 1999).

Xénophon, *Banquet* (suivi de l'*Apologie de Socrate*, traduction par François Ollier, Gallimard, TEL, 1994).

Xénophon, *Mémorables* (tome I, traduction par Louis-André Dorion, Les Belles Lettres, 2000).

Zhuangzi (ou Tchouang tseu), *Les chapitres intérieurs* (traduction par Jean-Claude Pastor, Cerf, 1990).

Zourabichvili, François, *Le vocabulaire de Deleuze* (Ellipses, 2003).

Table

Introduction 7
Apprendre à mourir : Socrate 13
Mourir de rire 21
Écrire sur les philosophes disparus 29

Sur quelque 190 philosophes disparus

Présocratiques, physiologues, sages et sophistes 43
Thalès 44
Solon 45
Chilon 45
Périandre 45
Épiménide 46
Anaximandre 47
Pythagore 48
Timicha 51
Héraclite 52
Eschyle 53
Anaxagore 54
Parménide 55
Zénon d'Élée 55

Empédocle 57
Archélaos de Milet 59
Protagoras 59
Démocrite 61
Prodicos 62

Platoniciens, cyrénaïques, aristotéliciens et cyniques 65
Platon 65
Speusippe 67
Xénocrate 67
Arcésilas 68
Carnéade 68
Hégésias 69
Aristote 69
Théophraste 71
Straton 72
Lycon 73
Démétrios 73
Antisthène 73
Diogène 74
Cratès de Thèbes 77
Hipparchia 77
Métroclès 78
Ménippe 79

Sceptiques, stoïciens et épicuriens 81
Anaxarque 81
Pyrrhon 82
Zénon de Cittium 84
Ariston 85
Dionysius 86
Cléanthe 86
Chrysippe 87
Épicure 89
Lucrèce (Titus Lucretius Carus) 92

Philosophes classiques chinois 97

Confucius 97

Laozi 99

Mozi 100

Mencius 101

Zhuangzi 102

Han Feizi 107

Zen et l'art de mourir 108

Romains (sérieux et grotesques) et néo-platoniciens 111

Cicéron 111

Sénèque 113

Pétrone 116

Épictète 118

Polémon de Laodicée 120

Pérégrinus Protée 120

Marc Aurèle 121

Plotin 122

Hypatie 125

De la mort de quelques saints chrétiens 127

Saint Paul 127

Origène 130

Saint Antoine 132

Saint Grégoire de Nysse 135

Saint Augustin 136

Boèce 140

Philosophes médiévaux : chrétiens, islamiques et juifs 145

Bède le Vénérable 145

Jean Scot Érigène 146

Al-Farabi 148

Avicenne 149

Saint Anselme 151

Ibn Gabirol ... 153
Pierre Abélard ... 154
Averroès ... 156
Maïmonide ... 158
Sohravardi ... 159

La philosophie au Moyen Âge latin ... 161
Albert le Grand ... 161
Saint Thomas d'Aquin ... 162
Saint Bonaventure ... 164
Raymond Lulle ... 165
Siger de Brabant ... 167
Jean Duns Scot ... 167
Guillaume d'Ockham ... 168

Renaissance, Réforme et révolution scientifique ... 171
Marsile Ficin ... 171
Pic de la Mirandole ... 172
Machiavel ... 173
Érasme ... 175
Thomas More ... 176
Luther ... 178
Copernic ... 179
Tycho Brahe ... 180
Pierre de la Ramée ... 181
Montaigne ... 182
Giordano Bruno ... 186
Galilée ... 188
Bacon ... 188
Campanella ... 190

Rationalistes, empiristes et dissidents religieux ... 191
Hugo Grotius ... 191
Thomas Hobbes ... 192

René Descartes 194
Élisabeth de Bohême 197
Pierre Gassendi 198
La Rochefoucauld 199
Blaise Pascal 201
Arnold Geulincx 204
Anne Conway 205
John Locke 206
Damaris Cudworth 210
Spinoza 211
Nicolas Malebranche 216
Gottfried Wilhelm Leibniz 217
Giambattista Vico 218
Anthony Ashley Cooper 219
John Toland 220
George Berkeley 222

Philosophes des Lumières, matérialistes et sensualistes 225
Montesquieu 225
Voltaire 227
Albert Radicati 229
Madame du Châtelet 232
La Mettrie 233
Hume 235
Rousseau 238
Diderot 241

De nombreux Allemands et quelques non-Allemands 243
Johann Joachim Winckelmann 243
Emmanuel Kant 244
Edmund Burke 247
Mary Wollstonecraft 248
Condorcet 250
Jeremy Bentham 251

Goethe ... 253
Schiller ... 254
Fichte ... 254
Hegel ... 255
Hölderlin ... 258
Schelling ... 259
Novalis ... 260
Kleist ... 262
Schopenhauer ... 263
Heine ... 266
Feuerbach ... 266
Max Stirner ... 268

Les maîtres du soupçon et quelques Américains au-dessus de tout soupçon ... 269
Ralph Waldo Emerson ... 269
Henry David Thoreau ... 271
John Stuart Mill ... 271
Charles Darwin ... 272
Søren Kierkegaard ... 274
Karl Marx ... 275
William James ... 277
Friedrich Nietzsche ... 280
Sigmund Freud ... 283
Henri Bergson ... 285
John Dewey ... 286

Le long XXe siècle - I La philosophie en temps de guerre ... 289
Edmund Husserl ... 289
George Santayana ... 290
Benedetto Croce ... 292
Giovanni Gentile ... 293
Antonio Gramsci ... 293
Bertrand Russell ... 294

Moritz Schlick 296
György Lukács 297
Franz Rosenzweig 298
Ludwig Wittgenstein 301
Martin Heidegger 303
Rudolph Carnap 306
Edith Stein 307
Walter Benjamin 309

Le long xxe siècle - II Philosophes analytiques, européens, quelques moribonds et une expérience de mort imminente 311

Hans-Georg Gadamer 311
Jacques Lacan 313
Theodore W. Adorno 315
Emmanuel Levinas 317
Jean-Paul Sartre 320
Simone de Beauvoir 322
Hannah Arendt 324
Maurice Merleau-Ponty 326
Willard van Orman Quine 328
Simone Weil 329
Alfred Jules Ayer 331
Albert Camus 335
Paul Ricœur 335
Roland Barthes 335
Donald Davidson 336
Louis Althusser 338
John Rawls 340
Jean-François Lyotard 341
Frantz Fanon 343
Gilles Deleuze 344
Michel Foucault 346
Jean Baudrillard 349
Jacques Derrida 349

Guy Debord 353
Dominique Janicaud 353
Simon Critchley 355

Derniers mots. L'état de créature 357

Détails géographiques et remerciements 361

Bibliographie sélective 365

Achevé d'imprimer par SAGIM en septembre 2010
sur rotative Variquik à Courtry (Seine et Marne)

Dépôt légal : septembre 2010
N° d'impression : 12031

L'imprimerie Sagim est titulaire de la marque
Imprim'vert® depuis 2004

Imprimé en France

ISBN : 978-2-84941-193-3
724 597.4